Martin Bauschke

Der Freund Gottes

Martin Bauschke

Der Freund Gottes

Abraham im Islam

WBG
Wissen *verbindet*

Die Deutsche Nationalbibliothek verzeichnet diese Publikation
in der Deutschen Nationalbibliografie;
detaillierte bibliografische Daten sind im Internet über
http://dnb.d-nb.de abrufbar.

© 2014 by WBG (Wissenschaftliche Buchgesellschaft), Darmstadt
Die Herausgabe des Werkes wurde durch
die Vereinsmitglieder der WBG ermöglicht.
Satz: Jung Crossmedia Publishing GmbH, Lahnau
Einbandgestaltung: Peter Lohse, Heppenheim
Lektorat: Hildegard Mannheims
Einbandabbildung: Kalligrafie von Andreas Ismail Mohr
Gedruckt auf säurefreiem und alterungsbeständigem Papier
Printed in Germany

Besuchen Sie uns im Internet: www.wbg-wissenverbindet.de

ISBN 978-3-534-26416-2

Elektronisch sind folgende Ausgaben erhältlich:
eBook (PDF): 978-3-534-73907-3
eBook (epub): 978-3-534-73908-0

Inhaltsverzeichnis

Vorwort

Vordergründig ist dies ein Buch über Abraham, über das Bild, das vor allen Dingen der Koran von Abraham zeichnet. Hinter- oder untergründig jedoch ist dies zugleich ein Buch über Muhammad. Denn was der Koran über den Erzvater aus Ur sagt, gilt in vieler Hinsicht ebenso für den Propheten aus Mekka. Den koranischen Abraham kennen und verstehen zu lernen, bedeutet, Muhammad kennen und verstehen zu lernen. Des Weiteren wird in dieser Darstellung deutlich werden, in welchem Maße sich das Abrahambild im Islam unmittelbar demjenigen des Judentums verdankt. So stellt das vorliegende Buch das Gegenstück zu meinem Buch über Jesus im Koran dar, das unter dem Haupttitel „Der Sohn Marias" bereits in diesem Verlag erschienen ist. Wie die spezifische Gestalt des koranischen Jesus ohne genauere Kenntnisse über die neutestamentlichen Evangelien, vor allem aber über die außerkanonischen Evangelien und die christologischen Konflikte der Alten Kirche in den Jahrhunderten bis Muhammad gänzlich unverständlich bleiben muss, so kann der Abraham des Korans und der islamischen Tradition nur verstanden werden, wenn man neben dem ersten Buch der Hebräischen Bibel vor allen Dingen die außerkanonische jüdische Abrahamüberlieferung hinzuzieht: hellenistisch-jüdische Schriften, den Talmud sowie die erbaulich-erzählende Midraschliteratur. Kurz gesagt: Der Jesus des Korans erschließt sich erst, wenn man ihn nicht nur mit dem Jesus des Neuen Testaments vergleicht, und der Abraham des Korans erschließt sich erst, wenn man ihn nicht nur mit dem Abraham der Tora vergleicht. In beiden Fällen bildet die jeweilige außerkanonische Tradition die zweite, womöglich wichtigere Quelle, und in beiden Fällen spielt die jeweils dritte monotheistische Religion (bei Jesus das Judentum und bei Abraham das Christentum) so gut wie keine vermittelnde Rolle.

Die Vorgeschichte dieses Buches gleicht ebenfalls derjenigen meines Jesusbuches. Die vorliegende Ausgabe ist eine stark überarbeitete und erweiterte Fassung meines älteren Buches mit dem Titel: „Der Spiegel des Propheten: Abraham im Koran und im Islam". Es war 2008 im Lembeck-Verlag erschienen, jedoch infolge der Insolvenz des Verlages 2011 allzu früh vom Buchmarkt verschwunden. Für die Neuausgabe habe ich die zwischenzeitlich erschienene Literatur berücksichtigt. Die ursprüngliche Anlage ist fast dieselbe geblieben. Die Textauslegung wird noch detaillierter durchgeführt. Hinzugekommen sind die acht Exkurse. Der Mittelteil über Abraham in der islamischen Tradition wurde erweitert. Der Schlussteil wurde völlig neu verfasst. Seitdem Abraham Konjunktur hat und während der letzten beiden Jahrzehnte quasi zum Patron des sog. Trialogs der drei monotheistischen Religionen wurde, sind etliche Beschreibungen des koranischen Abrahambildes erschienen. Allerdings handelt es sich dabei stets um summarische oder exemplarische Überblicksdarstellungen, die nur einen Teil der Abrahamtexte berücksichtigen. Darum wird hier erneut eine Gesamtschau vorgelegt, die sämtliche Verse des Korans über Abraham berücksichtigt und im Zusammenhang beschreibt.

Das Buch wendet sich an eine breite, am Erzvater, am Koran und am Islam interessierte Leserschaft, insbesondere an Religionslehrkräfte, an Imame, Rabbiner, Pfarrer und an die, die es werden wollen. Ob Sie als Leserin oder Leser darüber hinaus auch am interreligiösen Dialog Interesse haben oder nicht, spielt für das Verstehen meiner Darstellung keine Rolle. Vorkenntnisse über Bibel und Koran sind natürlich nützlich, werden jedoch nicht vorausgesetzt, da neben den Koranversen auch sämtliche Vergleichstexte aus der Hebräischen Bibel, der jüdischen Tradition sowie ab und an aus dem Neuen Testament hier mit aufgeführt werden. Damit die Darstellung für diejenigen, die nicht vom Fach sind, gut lesbar bleibt, habe ich alle fremdsprachigen Zitate ins Deutsche übersetzt. Auch wird auf arabische und hebräische Schriftzeichen verzichtet. Zudem werden die arabischen Namen und Begriffe – außer in davon abweichenden Zitaten – in etwas vereinfachter Umschrift wiedergegeben: mit den Langvokalen, doch ohne diakritische Punkte und ohne Sonderzeichen am Wortanfang (also etwa *Muhammad* statt *Muḥammad*, *alīm* statt *ʿalīm*, *hidjra* statt *hiğra*, aber *Kaʿba* statt *Kaaba*). An allgemein eingebürgerten Schreibweisen (z. B. Hadith statt *Hadīth*, Koran statt *Qurʾān*) halte ich fest.

In dieser Neuausgabe wird der Koran, wenn nicht anders angegeben, nach der Übertragung von Hartmut Bobzin (2010) wiedergegeben. Dieser hebt oft einzelne Worte kursiv hervor, was ich beibehalten habe. Aus meiner Sicht nötige Verbesserungen seiner Übersetzung werden so kenntlich gemacht: Meine Hinzufügungen sind in eckige Klammern gesetzt; für das Verständnis notwendige Erläuterungen stehen in runden Klammern mit voranstehendem *scilicet* („das heißt"). Generell sind in allen Zitaten runde Klammern ohne „sc." stets Klammern der originalen Quellen. Jahreszahlen und Todesdaten, auch muslimischer Personen, folgen der hier gebräuchlichen Zeitrechnung (u. Z.). Viele Quellen, auch andere Koranübersetzungen, aus denen ich zitiere, verwenden die alte Rechtschreibung. Diese wird in den Zitaten beibehalten.

Zum Schluss bleibt mir, wieder einmal Andreas Ismail Mohr von Herzen zu danken! Denn wie bereits für das Jesusbuch, so hat er auch für diese Ausgabe eine schöne Kalligraphie angefertigt, die das Titelblatt schmückt und den Haupttitel des Buches auf Arabisch wiedergibt: „Abraham, der Gottesfreund" (*Ibrāhīm khalīlullāh*).

Berlin, im März 2014   *Martin Bauschke*

Einleitung

Wer den Koran aufschlägt und einfach zu lesen beginnt, wird schnell bemerken: In der Heiligen Schrift der Muslime gibt es so gut wie keine weit ausgespannten Erzählbögen, in denen die Geschicke großer Gestalten entfaltet werden wie in der Bibel. Vielmehr springt der Koran ständig von einem Thema zum nächsten, von dieser Figur zu jener. Dieser häufige Wechsel macht dem Ungeübten nicht nur eine fortlaufende Lektüre des Korans, sondern auch den gezielten Zugang zu bestimmten Themen und Personen schwer. Dies gilt auch für Abraham. Um sich einen Überblick zu verschaffen, bietet es sich zunächst an, alle Textpassagen über Abraham zu sammeln und sie in der Reihenfolge ihres Vorkommens im Koran zu lesen. Dann stellt man fest: Abraham (arab. *Ibrāhīm*) kommt in 25 der insgesamt 114 Suren (Kapitel) des Korans in rund 208 Versen vor. Explizit wird sein Name 69 Mal erwähnt. Damit ist Abraham der am zweithäufigsten im Koran genannte Prophet, nur Mose wird noch öfter erwähnt (136 Mal) und kommt in noch mehr Versen (rund 500) vor.[1] Hinzu kommen noch etliche verstreute Passagen über Abrahams Neffen Lot (arab. *Lūt*), auf den ich nur am Rande eingehen werde (Exkurs 2). Denn wie Sara steht auch Lot im Koran ganz im Schatten der überragenden Gestalt Abrahams. Auch wenn man alle Abrahamtexte nacheinander in der Reihenfolge liest, wie sie im Koran begegnen, bleibt das Gesamtbild verwirrend. Es fehlt der rote Faden, die unsichtbare Schnur, anhand derer man die disparaten abrahamischen Motive auffädeln, strukturieren und zu einem kohärenten Ganzen verbinden könnte.

Um eben dies zu erreichen, bietet sich als zweite und aus meiner Sicht beste Möglichkeit an, die Abrahamtexte chronologisch in der Reihenfolge ihrer mutmaßlichen Entstehung bzw. Offenbarung zu ordnen. „Offenbarung" sage ich deshalb, weil die meisten Muslime selbstverständlich davon überzeugt sind, dass Muhammad sich die Texte des Korans nicht ausgedacht hat, sondern dass sie ihm von Gott – über den Engel Gabriel (arab. *Djibrīl*) vermittelt – im Laufe seines insgesamt mehr als

---

[1] Gegen *Mehmet Katar*, der behauptet (Art. Abraham, islamisch, in: Lexikon des Dialogs. Grundbegriffe aus Christentum und Islam, hg. von R. Heinzmann, Bd. 1, Freiburg 2013, S. 33): „Abraham ist der im Koran am häufigsten erwähnte Prophet." Das ist schlicht falsch, wie jede Korankonkordanz zeigt, sowohl hinsichtlich der Häufigkeit der *Erwähnung seines Namens* als auch hinsichtlich dessen, in wie vielen Koranversen insgesamt Abraham *vorkommt*, was ja nicht dasselbe ist.

zwanzigjährigen Wirkens in Mekka (ca. 610–622) und später in Medina (622–632) sukzessive offenbart wurden. Erst bei einer *chronologischen* Lektüre der Texte fangen diese an zu „sprechen". Eine *Entwicklung,* in manchen Fällen eine regelrechte Dramaturgie wird erkennbar. Das verwirrende, sozusagen zweidimensional „flache" Bild Abrahams erhält Konturen, Tiefe, Transparenz – und zwar nicht nur bezogen auf Abraham selbst, sondern auch im Hinblick auf den Propheten Muhammad. Teilt man nämlich die zeitliche Anordnung der Texte in die vier Hauptphasen der Wirksamkeit Muhammads ein, wie sie sich in der neueren Koranforschung seit Theodor Nöldeke (gest. 1930) etabliert hat, dann wird deutlich: Das Bild, das der Koran von Abraham malt, ist nicht einfach eine Wiederholung oder weitere Variante der zahllosen Erzählungen vom Erzvater aus dem Judentum, sondern zugleich eine Art *Selbstporträt Muhammads.* Es lässt sich zeigen, dass die Entwicklung und Profilierung der Figur Abrahams in einem direkten Zusammenhang mit den Umständen und Entwicklungen der Wirksamkeit Muhammads stehen. Der Prophet geht beim Patriarchen gleichsam in die Schule. Muhammad findet sich und seine Sendung als arabischer Prophet in zunehmendem Maße in der Ur-Geschichte, dem Ur-Bild und Vor-Bild Abrahams wieder.

Das mag für manche Leser überraschend sein. Man muss ganz offen zugeben: Wer Abraham wirklich *war,* wissen wir nicht! Seine Existenz ist historisch nicht einmal zu beweisen. Wer Abraham hingegen zu bestimmten Zeiten für bestimmte Gruppen *ist,* was er ihnen theologisch und auch politisch *bedeutet,* das lässt sich fassen und beschreiben, so dass sich die grundlegende und nicht nur für Muhammad gültige Einsicht einstellt: *Abraham ist seit jeher eine Projektions- und Identifikationsfigur par excellence.* In ihm spiegeln und spiegelten sich die unterschiedlichsten religiösen Gruppen und Kreise. Schon in vorislamischer Zeit ist für die Rezeption Abrahams im Judentum kennzeichnend gewesen, dass immer und überall die jeweils aktuellen Anliegen und Herausforderungen, die eigenen Probleme und Interessen in die Zeit Abrahams zurückprojiziert wurden (Exkurs 7). Abraham sollte durch seine Vorbildfunktion Antworten geben und Verhaltensweisen vorleben, die zu den Herausforderungen seiner Erben in späterer Zeit passten. Damit wurde „Vater Abraham", wie ihn alle drei Religionen titulieren, zugleich zur Legitimationsgestalt, deren Autorität das Anliegen der jeweiligen Gruppe oder des Verfassers sicherstellen sollte. Dasselbe gilt für Muhammad und die islamische Welt. Auch der Prophet aus Mekka hat sich gleichsam „seinen Abraham erschaffen". Wurde Abraham den Juden zum Ur-Juden, dem ersten Bundespartner Gottes, dem ersten Beschnittenen und Ahnherr eines ganzen Volkes, und dann den Christen zum Ur-Christen, dem ersten Gerechtfertigten aus dem Glauben allein (Paulus), so wird Abraham nun auch den Muslimen zum Ur-Muslim, der den „Islam" als Gotteshingabe exemplarisch verkörpert. Man kann also nicht nur feststellen, dass wir nicht wissen, *ob* Abraham überhaupt gelebt hat, sondern auch, dass es *den* (einen) Abraham nicht gibt! So *avanciert der Erzvater zum idealen Spiegel für alle, die sich auf ihn beziehen und berufen.* Dieser generell anzutreffende Sachverhalt wird hier am konkreten Beispiel Muhammads aufgezeigt. Auch für ihn war Abraham ein Spiegelbild. Der Erzvater stellt ein hervorragendes Medium und Mittel zur Beantwortung der Frage dar, wie Muhammad sich selbst und seine Sendung verstanden hat.[2] Erst von daher kann man behaupten, wie *Harry Harun Behr,* Professor für Islamische Religionspädagogik, es tut: „Abraham im Koran zu entschlüsseln bedeutet nämlich nichts weniger als den Islam und die Muslime zu verstehen."[3]

Im Folgenden gebe ich zunächst einen knappen Überblick über die Abrahamtexte des Korans in der chronologischen Reihenfolge ihrer Entstehung (Tabelle 1 im Anhang). In der Anfangsphase der Wirksamkeit Muhammads in Mekka (ca. 610–615) kommt Abraham nur am Rande vor (11 Verse). Er ist zwar eine allgemein vor allem für seine Gastfreundschaft bekannte Figur, spielt jedoch noch keine eigene Rolle in Muhammads Verkündigung. Das ändert sich in der sog. mittelmekkanischen Phase seiner Wirksamkeit (615–620). Nunmehr erwähnt der Koran viele aus der jüdisch-christlichen Tradition bekannte Gestalten, etwa Adam, Noah, Mose, Maria und Jesus. Auch Abraham spielt jetzt eine immer wichtigere Rolle, was sich schon quantitativ ablesen lässt: Er wird zehnmal so häufig erwähnt (103 Verse) wie in den Anfangsjahren Muhammads. In immer neuen Anläufen wird vor allem von Abrahams Konfrontation mit der Astralreligion seiner Zeitgenossen erzählt. Diese bestand in der Verehrung der Gestirne – besonders von Mond, Venus und Sonne – als Gottheiten, die in Bildern und Statuen dargestellt wurden. In diesen variantenreich erzählten, alten Geschichten spiegeln sich die Konflikte Muhammads mit seinen Gegnern in Mekka wider, die am althergebrachten Kult der vielen Lokalgottheiten, wie sie in der Heiligen Stätte der *Ka'ba* (arab. wörtlich: „Würfel") verehrt werden, festhalten: aus Treue zur Tradition, aus Gründen des Ansehens und um der wirtschaftlichen Vorteile willen, die für die meisten Bewohner Mekkas mit diesem Kult in ihrer Stadt verbunden waren. In der letzten, sog. spätmekkanischen Phase der Wirksamkeit Muhammads (620–622) bleibt Abraham eine wichtige Gestalt in dessen Verkündigung. Die insgesamt 48 Verse schildern, wie sich die Konfrontationen zuspitzen und es schließlich zum Bruch mit dem Vater und zur definitiven Absage Abrahams an das „Heidentum" seiner Väter

---

[2] Treffend hat der katholische Theologe *Karl-Josef Kuschel* die koranischen Erzählungen von Abraham als „Spiegelgeschichten" Muhammads bezeichnet, in: Ders., Streit um Abraham. Was Juden, Christen und Muslime trennt – und was sie eint, München 1994, S. 182.

[3] Die Abraham-Konstruktion im Koran, in: Ders./Krochmalnik/Schröder (Hg.), Der andere Abraham. Theologische und didaktische Reflektionen eines Klassikers, Berlin 2011, S. 109–145, Zitat S. 112.

kommt. Abraham wandert aus. Sein Vorbild war eine Ermutigung für Muhammad und seine bedrängten Anhänger in Mekka. So kam es im Jahre 622 zur Auswanderung (arab. *hidjra*) in das 300 Kilometer entfernte Yathrib – dem später sog. *Medina* (arab. „Stadt", nämlich des Propheten). Hier, in Medina (622–632), nimmt die Bedeutung Abrahams noch einmal zu. Nun wird er zur zentralen Referenzgestalt für Muhammad. Die 46 Abrahamverse in dieser finalen Phase stehen direkt im Dienst der dramatischen Ereignisse. Wer die dortigen Geschehnisse nicht vor Augen hat, versteht letztlich nicht, wovon in den spätesten Abrahamtexten überhaupt die Rede ist. Nun geht es einerseits um die Konfrontation Muhammads mit den jüdischen Stämmen in Medina, andererseits um den militärischen Konflikt mit den blutsverwandten, aber feindlichen Mekkanern. Der Fluchtpunkt seiner Abrahamrezeption erweist sich als der Fluchtpunkt der Wirksamkeit Muhammads. Denn wie der Erzvater – gemeinsam mit Ismael, seinem bislang im Koran fast bedeutungslosen erstgeborenen Sohn – die Ka'ba in Mekka gegründet oder renoviert hat, so reinigt Muhammad seinerseits das Heiligtum vom Götzenkult und weiht es von neuem dem einen und einzigen „Gott" (arab. *Allāh*). Der Islam als von Muhammad gestiftete Religion ist zwar im Vergleich zum Judentum und Christentum die jüngste Religion. Doch der Koran stellt diese Chronologie auf den Kopf – oder vom Kopf wieder auf die Füße. Der Islam als durch Muhammad wiederhergestellter und nunmehr institutionalisierter Glaube Abrahams ist die älteste, ja sogar die monotheistische Ur-Religion schlechthin.

Zum Abschluss der Einleitung sei ausdrücklich vermerkt: Wie die Neufassung meiner Darstellung des koranischen Jesus hat auch die folgende Beschreibung Abrahams kein primär religionsdialogisches, sondern ein *religionshistorisches und religionsvergleichendes Interesse*. An erster Stelle steht auch hier die exegetische Auseinandersetzung mit dem Text mit den Mitteln der historisch-kritischen Koranauslegung. Dazu zählen für mich insbesondere die skizzierte chronologische Betrachtungsweise der Entstehung der Suren, die Bezugnahme auf Ereignisse aus dem Leben Muhammads sowie der Hinweis auf die traditionsgeschichtlichen Zusammenhänge, wie sie durch die vergleichenden Querverbindungen zum Judentum erkennbar werden. Denn die Abrahamerzählungen des Korans bilden die spätantike arabische Fortschreibung der antiken jüdischen Abrahamgeschichten. Der neue Schlussteil bezieht sich zwar kurz auf exemplarische Entwicklungen im Trialog, doch wurde im Gegensatz zur Vorgängerausgabe auf eine theologische Diskussion der Bedeutung Abrahams im Verhältnis zwischen Juden, Christen und Muslimen verzichtet. Als Theologe habe ich mich dazu oft genug geäußert, wie ein Blick ins Literaturverzeichnis zeigt. Auch wenn ich nach wie vor davon überzeugt bin, dass die Gestalt Abrahams eine positive Rolle für das Miteinander von Juden, Christen und Muslimen heute spielen *kann*, ist es mir als Religionswissenschaftler heute wichtiger, stattdessen auf die *Ambivalenz des Religiösen am Beispiel Abrahams* aufmerksam zu machen. Diese Ambivalenz wird von manchen Trialogakteuren gern übersehen. Bei aller Sympathie für Abraham: Der Erzvater war zu allen Zeiten und ist auch heute noch eine schillernde Figur.

A. Abraham im Koran

Wer ist der koranische *Ibrāhīm*? Das erste Buch der Hebräischen Bibel, genannt *Bereschit* (dt. „Am Anfang"), bekannter unter der griechischen Bezeichnung *Genesis* und im christlichen Alten Testament als *1. Mose*[4], erzählt uns in fortlaufenden Geschichten fast das ganze Leben jenes Mannes mit dem Namen *Awraham* (oder *Awram*). Herkunft und Bedeutung des Namens, der auch außerhalb der Bibel bezeugt ist, sind nicht eindeutig zu klären. Er kann bedeuten: „erhabener Vater" bzw. „der Vater ist erhaben" oder auch „er ist erhaben in Bezug auf seinen Vater". Mit „Vater" kann die Gründergestalt eines Stammes gemeint sein. Wahrscheinlicher ist, dass damit auf den babylonischen Mondgott *Sin* angespielt wird, der in Ur und Harran als „Vater der Götter" verehrt wurde. Populär geworden ist die jüdische Neuinterpretation des Namens im Sinne von „Vater einer Menge" (Genesis 17,5), um auf Abrahams Bedeutung als Ahnherr eines ganzen Volkes hinzuweisen. Der Koran erzählt ein solches Leben Abrahams nicht. Das war eigentlich überflüssig, denn er war den Zeitgenossen Muhammads bestens bekannt. Seit langem schon lebten etliche jüdische Stämme sowie Judenchristen und Christen der verschiedensten Richtungen und Kirchen auf der arabischen Halbinsel. Eine arabische Bibelübersetzung gab es zur Zeit Muhammads noch nicht. Die ältesten Übersetzungen biblischer Bücher ins Arabische stammen aus dem 9. Jahrhundert. Doch waren längst unzählige biblische Geschichten und Gestalten im Umlauf, aus dem Gedächtnis erzählt und ausgeschmückt von Geschichtenerzählern und Wanderpredigern an den Lagerfeuern der Beduinen, bekannt auch von feierlichen Rezitationen aus Lektionaren in den Gottesdiensten der Synagogen, Kirchen und Klöster. Auch die Geschichten von Abraham und seiner Sippe, die in vielen biblischen sowie außerbiblischen Varianten von ihm erzählt wurden, gehörten zum kollektiven Gedächtnis der Menschen auf der arabischen Halbinsel. Sie waren Bestandteil des allgemeinen Erzähl- und Bildungsguts der damaligen Zeit. Der Koran wiederholt nicht noch einmal die ohnehin schon bekannten Geschichten Abrahams. Daher begnügt er sich damit, die Kenntnis von Abraham und den Seinen vorauszusetzen und je nach Bedarf und äußerem Anlass – im Fachjargon: abhängig vom „Sitz im Leben", dem „Anlass der Offenbarung" – einzelne Szenen aus dem gemeinschaftlichen Gedächtnisschatz hervorzuholen und in

---

[4] Ich verwende künftig nur den griechischen Terminus. Da Abraham außerhalb der *Genesis* in der Hebräischen Bibel kaum vorkommt, beschränke ich mich hier auf dieses Buch.

eine bestimmte Situation hinein so zu erzählen, dass sie zu einer aktuellen Botschaft werden. So dass – dank der göttlichen Offenbarungen, wie Muslime glauben – der *aktualisierte Abraham* zu sprechen beginnt. Die spezifischen Züge des koranischen Abrahambildes werden dabei in dem Maße erkennbar, wie das Wirken Muhammads mit erzählt wird. Ohne Muhammads Geschick bleibt das typisch Koranische an *Ibrāhīm* weitgehend unsichtbar. Oder anders gesagt: Wer meint, den aus dem Judentum bekannten Abraham nun auch im Koran wiederzufinden, wird ihn als *Ibrāhīm* neu entdecken müssen.

Die beiden mutmaßlich ältesten Abschnitte des Korans, die Eingangsverse der Suren 96 und 74, nehmen Bezug auf die Berufung Muhammads zum Propheten. Gottes Ruf ereilt den etwa vierzigjährigen Kaufmann ungefähr im Jahre 610, als er der Überlieferung zufolge in der Einsamkeit, in einer Höhle bei Mekka meditierte. Im Folgenden seien die Worte seiner Berufung zitiert, wie sie der Koran zu Beginn von Sure 96 festgehalten hat. Ich zitiere den Text in einer einmalig gelungenen Übersetzung, die sehr schön die Reimprosa des arabischen Originals nachempfinden lässt:

> Trag vor in des Herren Namen,
> Der euch schuf aus blutigem Samen!
> Trag vor! Er ist der Geehrte,
> Der mit dem Schreibrohr lehrte,
> Was noch kein Menschenohr hörte.
> Doch der Mensch ist störrischer Art,
> Nicht achtend, daß Er ihn gewahrt.
> Doch zu Gott führt einst die Fahrt.[5]

Nach einer Phase vorübergehender Verwirrung und der Vergewisserung, weder verrückt noch krank, sondern tatsächlich von Gott berufen worden zu sein (seine Frau Khadidja ist die Erste, die an seine Berufung glaubt), wendet Muhammad sich einige Zeit später an die Öffentlichkeit. Mit aufrüttelnder Eindringlichkeit, die an das Auftreten der jüdischen Propheten erinnert, verkündet Muhammad Gott als den gütigen Schöpfer und den unbestechlichen Richter am Jüngsten Tag. Muhammads Heimatstadt Mekka liegt an der „Weihrauchstraße", dem Weg, dem die Karawanenzüge vom östlichen Mittelmeer (Gaza, Petra, Damaskus) zum Golf von Aden (Jemen) folgen. Aufgrund dieser günstigen Lage und der uralten Tradition, der zufolge vier Monate im Jahr eine Art Gottesfriede zu herrschen hatte, während dessen alle gewaltsamen Streitigkeiten (Blutfehden, Stammesrivalitäten) und Beutezüge (sog. Razzien) verboten waren, war Mekka damals ein blühendes Geschäfts- und Handelszentrum. Zudem war es ein wichtiger Wallfahrtsort, nämlich zum Heiligtum der *Ka'ba*, in wel-

---

[5] Sure 96,1–8, zit. nach der Übersetzung des Arabisten *Hubert Grimme* (gest. 1942).

cher gemäß der Überlieferung die umliegenden Stämme Hunderte von Bildern bzw. Statuen ihrer Lokalgötter und auch -göttinnen aufgestellt hatten und zu den religiösen Festzeiten kultisch verehrten.

Im Folgenden soll nun das Bild, das der Koran von Abraham zeichnet, vor dem Hintergrund des Wirkens Muhammads beschrieben werden. Dabei gehe ich chronologisch und zugleich systematisierend vor. Ich folge in der Regel der skizzierten zeitlichen Abfolge der Offenbarungen, fasse aber die zahlreichen und recht verstreuten Geschichten und Einzelheiten, die der Koran über Abraham berichtet, zu insgesamt acht Hauptmotiven zusammen, denen jeweils ein Kapitel gewidmet ist. Wie schon für meine Darstellung über Jesus im Koran[6], so gelten hermeneutisch auch hier dieselben Voraussetzungen. Die Gestalt des koranischen Abraham, die mit den Mitteln einer historisch-kritischen Auslegung nachgezeichnet wird, weiß sich primär den *Aussagen des Korans* verpflichtet und erst sekundär den Interpretationen muslimischer und anderer Gelehrter. Gemäß einem zentralen Prinzip der Koranauslegung, wie es etwa *Ibn Kathīr* (gest. 1373) zu Beginn seines Kommentars darlegt, nämlich dass der Koran sich selber auslegt (arab. *tafsīr al-qur'ān bi-l-qur'ān*), werden noch vor den muslimischen Kommentaren die innerkoranischen Deutungsangebote in Gestalt von Parallelstellen und dergleichen mehr herangezogen. Meine Beschreibung des koranischen Abrahambildes bleibt natürlich eine *subjektive Interpretation* ohne den Anspruch auf ein letztgültiges Verständnis der Texte, auch ohne die Anmaßung, die Muslime belehren zu wollen, wohl aber mit der Hoffnung, mit ihnen ins Gespräch zu kommen und Antworten auf meine Fragen zu erhalten.

Zur Methodik einer historisch-kritischen Auslegung der koranischen Abrahamtexte gehört darüber hinaus, diese mit den Abrahamgeschichten der *jüdischen Tradition* aus vorislamischer Zeit zu vergleichen. Dazu gehören neben dem Buch *Genesis* einige hellenistische Schriften, der Talmud[7] sowie die erbaulich-erzählende sog. aggadische Midraschliteratur. Sie haben allesamt zahllose Abrahamlegenden zu berichten, die offenkundig so oder so ähnlich auch in Mekka und erst recht in Medina bekannt waren. Immer wieder wurde Muhammad von seinen Gegnern der Vorwurf gemacht, er erzähle nur die „Fabeln der Altvorderen" (arab. *asātīru-l-awwalīn*), die ihm „am Morgen und am Abend diktiert werden" (Sure 25,5).[8] Jedenfalls gibt es Passagen, in denen der Koran explizit an die monotheistische Überlieferung (arab. *Isrā'īlīyāt*) an-

---

[6] Vgl. Bauschke, Der Sohn Marias: Jesus im Koran, Darmstadt 2013, S. 2–8.

[7] Wenn nicht anders angegeben, ist bei der abgekürzten Redeweise vom Talmud stets die ausführlichere und spätere Version des sog. *Babylonischen Talmuds* aus dem 6. Jahrhundert u. Z. gemeint.

[8] Vgl. auch Sure 6,25; 8,31; 16,24; 23,83; 27,68; 46,17; 68,15; 83,13. Ob sich dieser stereotype Vorwurf tatsächlich nicht nur auf das altarabische, sondern auch auf das jüdisch-christliche Traditionsgut bezieht, ist in der Forschung umstritten.

knüpft. „So frage doch die Kinder Israel", wird Muhammad in Sure 17,101 aufgefordert, als er mehr über die Wunder Moses wissen wollte. Wenig später, in der letzten Phase seiner Wirksamkeit in Mekka, sagt Gott in Sure 10,94 zu Muhammad: „Bist du im Zweifel über das, was wir zu dir herniedersandten, dann frag[e] doch die, die schon vor dir das Buch vorgetragen haben." Der Koran sieht sich selbst also in einer *selbstverständlichen und zugleich kritischen Kontinuität* zur monotheistischen Überlieferungstradition, zu der vor allem die Juden und Christen gehören, die sog. Besitzer eines göttlichen Offenbarungsbuches (arab. *ahl al-kitāb*). In gleicher Weise war später die islamische Koranexegese (arab. *tafsīr*) bemüht, teils vage, teils allzu knappe Angaben des Korans über biblische Gestalten generell und über Abraham und seine Sippe speziell durch Rückgriff vor allem auf die jüdische Tradition zu ergänzen und zu erhellen. Der jüdische Gelehrte *Abraham Geiger* (gest. 1874), einer der Begründer der historisch-kritischen Koranforschung in Deutschland, war der Erste überhaupt, der den engen traditionsgeschichtlichen Zusammenhang des Korans nicht allein mit der autoritativen jüdischen Überlieferung (Hebräische Bibel und Talmud), sondern auch und mehr noch mit diversen außerkanonischen Schriften des antiken und spätantiken Judentums aufgezeigt hat.[9] Dies gilt natürlich auch für Abraham, insbesondere für die drei Motivkreise: Abraham und der Götzenkult seines Vaters (Kapitel 2), Abrahams kosmische Gotteserkenntnis (Kapitel 3) sowie Abraham und der Tyrann Nimrod (Kapitel 9).

---

[9] Was hat Mohammed aus dem Judenthume aufgenommen?, Bonn 1833. Zur Würdigung Geigers vgl. den Band: Hartwig u. a. (Hg.), „Im vollen Licht der Geschichte": Die Wissenschaft des Judentums und die Anfänge der kritischen Koranforschung, Würzburg 2008.

1. Abraham und seine Gäste – oder: Sara hat keine Angst

Bereits in den frühen Jahren Muhammads (ca. 610–615) wird Abraham erwähnt. Doch ist er für Muhammad nur einer der vielen damals populären Propheten der monotheistischen Heilsgeschichte, so dass Abraham in Muhammads Verkündigung anfänglich noch keine besondere Rolle spielt. An zwei Stellen wird erwähnt, dass Abraham wie auch andere Propheten „Blätter" (arab. *suhuf*) mit göttlichen Offenbarungen erhielt oder besaß (Sure 87,19; 53,36–37). Im Koran wird aus dem Inhalt dieser „Blätter" nirgends direkt zitiert. Man darf diese Wendung auch nicht zu wörtlich verstehen. Die „Blätter" und später die „Bücher", welche ausgewählte Gesandte von Gott erhalten haben, stehen weitgehend synonym für die Offenbarungen Gottes an seine Boten, ohne dass damit unbedingt immer eine Schriftform gemeint sein muss. In einigen Versen der Sure 87, welche der frühesten Erwähnung Abrahams im Koran unmittelbar vorangehen, wird der Inhalt seiner „Blätter" – Bobzin übersetzt *suhuf* hier mit „Schriften" – folgendermaßen zusammengefasst:

> 14 Wohl ergeht es dem, der sich geläutert hat, 15 den Namen seines Herrn erwähnt und betet. 16 Doch nein, ihr zieht das Leben hier im Diesseits vor, 17 wo doch das Jenseits besser ist und bleibender. 18 Siehe, das stand fürwahr schon in den ersten Schriften, 19 den Schriften Abrahams und Moses.

Ein Gott wohlgefälliges Leben wird hier an drei Merkmalen festgemacht, wie sie besonders zu den Kennzeichen der zur Zeit Muhammads auch und gerade in Wüsten allgegenwärtigen christlichen Mönche und Einsiedler zählten: das abgesonderte, um Reinheit und Läuterung bemühte Leben, eine beständige Andacht im Gottesgedenken (arab. *dhikr*) sowie das regelmäßige (Stunden)Gebet zu festgesetzten Zeiten. Eine solch ernsthafte religiöse Praxis hat auf Muhammad gewiss Eindruck gemacht. Seine Verkündigung war in der Anfangsphase ganz geprägt einerseits vom Lobpreis des gütigen und barmherzigen Schöpfergottes, andererseits von der Warnung vor dem nahe bevorstehenden Ende der Welt mit dem Strafgericht Gottes über alle Ungerechten. In diese Ambivalenz von Gottes Güte und Gericht ist der noch unbedeutende Abraham eingebettet.

Exkurs 1: Die Blätter Abrahams

In der etwas jüngeren Sure 53, die ebenfalls die „Blätter Moses und Abrahams" erwähnt (Bobzin übersetzt *suhuf* hier direkt mit „Blätter"), wird in der Folge eine ganze Reihe ethischer und theologischer Überzeugungen aufgelistet, die hier exemplarisch diesen beiden Propheten zugeschrieben werden, sich inhaltlich aber auch an vielen anderen Stellen im Koran wiederfinden:

36 (...) bekam er (sc. der Gottesleugner) keine Kunde von dem, was in den Blättern Moses steht 37 und Abrahams, der sein Versprechen einhielt? 38 Dass eine
lasttragende Seele nicht die Last einer anderen trägt, 39 und dass dem Menschen
nur das zuteil wird, wonach er strebte, 40 und dass sein Streben sich alsbald zeigt
41 und ihm (sc. am Jüngsten Tag) in vollem Maß vergolten wird? 42 Und dass zu
deinem Herrn der Dinge Ausgang ist, 43 dass *er* es ist, der lachen lässt und weinen,
44 dass *er* es ist, der sterben lässt und lebendig macht, 45 dass *er* die zwei Ge-
schlechter schuf, das männliche und weibliche, 46 aus einem Samentropfen, wenn
er vergossen wird, 47 und dass die neue Schöpfung (sc. nach dem Tod) *ihm* ob-
liegt? 48 Dass *er* es ist, der Reichtum und Besitz verleiht? (...) 55 Ja, welche Gna-
dengaben deines Herrn willst du denn leugnen? 56 Das ist eine von den früheren
Warnungen.

Mit dieser Aufzählung soll schlicht gesagt werden: Gott hat zu allen Zeiten seinen Propheten im Prinzip stets dieselbe Botschaft übermittelt: dass er allein die alles bestim-
mende Wirklichkeit sei, ausschließlich zu verehren, und dass der Mensch zu einem
dementsprechenden Lebenswandel aufgerufen ist, für den er einst Rechenschaft able-
gen muss. In diesem Sinne erläutert der deutsche muslimische Gelehrte *Muhammad
Asad* (gest. 1992) in seinem Korankommentar:

> Es ist offensichtlich, daß die Namen von Abraham und Moses hier nur beispielhaft
> genannt werden, um Aufmerksamkeit auf die Tatsache zu lenken, daß Gott durch
> die ganze Menschheitsgeschichte hindurch Seine Auserwählten, die Propheten, mit
> der Aufgabe betraut hat, dem Menschen gewisse unveränderliche ethische Wahr-
> heiten zu übermitteln.[10]

Gerade weil im Koran letztlich nichts Spezifisches oder Typisches über den Inhalt der
Blätter Abrahams zu erfahren ist, hat sich die islamische Tradition darüber viele Gedanken gemacht. Man spricht gern von den zehn Blättern, die sogar schon Adam einstmals von Gott erhielt. Abraham habe dann gleichfalls zehn Blätter offenbart bekommen. In einem exemplarischen Ausspruch Muhammads (arab. *hadīth*) heißt es dazu,
als er gefragt wurde: „Gesandter Gottes! Was waren die Blätter Abrahams?"

> Es waren alles Lehrsprüche: „O König, du bist auf die Probe gestellt, dir ist Macht
> gegeben, und du bist verblendet! Ich habe dich nicht gesandt, damit du die Welt
> zusammenfügst, eines zum anderen, sondern ich habe dich gesandt, damit du das
> Gebet des Unterdrückten von mir fernhältst." Ich (sc. Muhammad) jedenfalls
> weise es nicht zurück, selbst wenn es von einem Ungläubigen kommt.[11]

---

[10] Die Botschaft des KORAN. Übersetzung und Kommentar von Muhammad Asad, Düsseldorf 2009, S. 1004 f., Anm. 30.

[11] Islamische Erzählungen von Propheten und Gottesmännern. Qiṣaṣ al-anbiyaʾ oder ʿArāʾis
al-maǧālis von Abū Isḥāq Aḥmad b. Muḥammad b. Ibrāhīm aṯ-Ṯaʿlabī. Übersetzt und kommentiert von Heribert Busse, Wiesbaden 2006, S. 134. Es werden dort noch weitere Lehrsprü-
che Abrahams zitiert.

Nach den „Blättern Abrahams" im Koran ist übrigens eine gleichnamige Zeitschrift benannt, die seit 2002 von dem im selben Jahr in München gegründeten Trialog-Verein der „Freunde Abrahams" unter Leitung von Manfred Görg (gest. 2012) herausgegeben wird.[12]

Abrahams erste Erwähnung findet sich also in der zitierten Sure 87, die einen Gottesnamen als Titel trägt: „Der Höchste" (arab. *al-aʿlā*). Nach der typischen Eingangsformel – der sog. *Basmala* (auf deutsch: „Im Namen Gottes, des Barmherzigen und des sich Erbarmenden") – beginnt die Sure folgendermaßen: „Preise den Namen deines höchsten Herrn, der erschuf und ebenmäßig formte, der ein Ziel setzte und dann führte, der das Weideland wachsen ließ und es dann zu verdorrtem Grasland machte!" Abraham hat seinen zeitlich frühesten oder ältesten Platz im Koran wohl nicht ganz zufällig in einem Aufruf zum Lobpreis des „höchsten Gottes". Denn das erinnert an die in der Hebräischen Bibel geschilderte Begegnung Abrahams mit den im Koran nicht erwähnten Königen von Salem und von Sodom. Diese Begegnung fand im Zeichen des Höchsten Gottes, des Schöpfers des Universums statt. Melchisedek, der König von Salem, aber „war ein Diener des höchsten Gottes. Er segnete ihn (sc. Abraham) und sprach: ‚Gesegnet sei Awram [= Abraham] dem höchsten Gott, der Himmel und Erde hervorgebracht hat'" (Genesis 14,18–19). Abraham aber gab diesem König, der ein Diener des höchsten Gottes war, „den Zehnten von allem" (Vers 20).[13] Gemeint ist die Beute aus einem Krieg, den Abraham geführt hatte, um seinen Neffen Lot zu befreien, der in Gefangenschaft geraten war (Genesis 14,8 ff.).

Neben einer ganzen Reihe von frühen Suren, welche die Güte Gottes preisen (z.B. Suren 93; 94; 96; 106; 108), treten in der Anfangszeit Muhammads Offenbarungen, welche die kosmische „Katastrophe" (arab. *al-qāriʿa*, so der Name der 101. Sure) des Gerichts thematisieren. Ähnlich wie viele Jahrhunderte zuvor die jüdische sog. Apokalyptik – eine Ära der Naherwartung des Endes der Welt um die Zeitenwende, unter deren Einfluss auch Johannes der Täufer und Jesus von Nazareth standen – war auch Muhammad zunächst vom unmittelbar bevorstehenden Ende der Welt überzeugt. Er deutete die Zeichen seiner Zeit, und die standen erneut auf Gericht über diejenigen, die Unrecht tun. Einen Eindruck davon vermittelt die erwähnte Sure 101 (zit. nach der Übersetzung von Adel Th. Khoury):

---

[12] Vgl. im Internet http://www.freunde-abrahams.de/(Herbst 2013).

[13] Die Tora wird, wenn nicht anders angegeben, stets zitiert nach der von Annette Böckler revidierten Übersetzung von *Moses Mendelssohn* gemäß der Ausgabe: Die TORA in jüdischer Auslegung, hg. von W. Gunther Plaut (5 Bde.), Gütersloh 4. Auflage 2011.

1 Die Katastrophe! 2 Was ist die Katastrophe? 3 Und woher sollst du wissen, was die Katastrophe ist? 4 Am Tag, da die Menschen wie verstreute Motten sein werden, 5 und die Berge wie zerflockte bunte Wolle. 6 Wer dann schwere Waagschalen hat, 7 der wird ein zufriedenes Leben haben. 8 Und wer leichte Waagschalen hat, 9 der wird zur Mutter einen Abgrund haben. 10 Und woher sollst du wissen, was das ist? 11 Ein glühendes Feuer.

Im Kontext dieser anfänglichen, zwischen Gottes Güte und Gottes Zorn oszillierenden Verkündigung Muhammads taucht nun die erste eigentliche Abrahamgeschichte auf. Es ist bis heute eine der bekanntesten Erzählungen, in der drei schon aus der Hebräischen Bibel bekannte Elemente miteinander verknüpft sind: die Schilderung der Gastfreundschaft Abrahams, die Verheißung eines Sohnes für das kinderlose Paar und das Gericht über die Frevler von Sodom, aus welchem jedoch Lot, der Neffe Abrahams, mit seiner Familie errettet wird. Diese erste große Abrahamerzählung findet sich nur in Mekka, und zwar in allen drei Phasen der Wirksamkeit Muhammads. Später in Medina taucht diese Geschichte nicht mehr auf. Sie wird in insgesamt vier verschiedenen Varianten überliefert. Daran wird sehr schön der *lebendige und kreative, weil mündliche Charakter der damaligen Abrahamüberlieferungen* deutlich. Noch diesseits einer vorliegenden arabischen Schriftquelle sind die Abrahamgeschichten immer wieder neu und stets mit etwas anderen Details, Nuancen und Akzenten erzählt worden, wie das bereits seit den Tagen des hellenistischen und später des rabbinischen Judentums üblich war. Ehe wir diese älteste Abrahamgeschichte in ihren koranischen Besonderheiten darstellen, soll zum Vergleich zunächst die jüdische Urfassung zu Wort kommen (Genesis 18,1–16):

1 Der Ewige erschien ihm (sc. Awraham) ferner in dem Hain des Mamre. Er saß gerade in dem Eingang des Zeltes, als der Tag sehr heiß war. 2 Er hob seine Augen auf und sah: Da standen drei Männer nicht weit von ihm. Als er es gewahr ward, lief er ihnen von der Türe des Zeltes entgegen, verbeugte sich zur Erde 3 und sprach: „Mein Herr! Wenn ich Gnade in deinen Augen gefunden habe, so gehe doch nicht an deinem Knecht vorüber. 4 Lasst lieber ein wenig Wasser bringen, wascht eure Füße, und ruht aus unter dem Baum. 5 Ich will ein Stück Brot bringen. Das erquickt euer Herz. Hernach mögt ihr weitergehen, da ihr doch nun einmal bei euerem Knecht vorbeigekommen seid." Sie antworteten: „Tue so, wie du gesprochen hast." 6 Da eilte Awraham ins Zelt zu Sara und sprach: „Bringe eilends drei Maß des feinsten Mehls, knete es und mache Kuchen." 7 Zu dem Rindvieh lief Awraham selbst, nahm ein junges Rind, zart und gut, gab es dem Jungen, um es eilends zuzubereiten. 8 Er nahm hierauf Butter und Milch und das junge Rind, das er hatte zubereiten lassen, und setzte es ihnen vor. Er aber stand bei ihnen unter dem Baum, und sie aßen. 9 Da sprachen sie zu ihm: „Wo ist deine Frau Sara?" Er sprach: „Sie ist im Zelt." 10 Jener sprach: „Ich werde über das Jahr um diese Zeit wieder zu dir kommen. Da wird deine Frau Sara einen Sohn haben." Sara hörte dieses am Eingang des Zeltes, denn der Eingang war hinter ihm. 11 Nun waren Awraham und Sara alt und betagt, und sie hatte nicht mehr das Gewöhnliche wie andere Frauen. 12 Da lachte Sara in ihrem Herzen und dachte: „Nachdem ich alt bin, sollte ich wieder Lust haben, und mein Herr ist auch alt."

13 Hierauf sprach der Ewige zu Awraham: „Warum lacht Sara? Und dachte: Sollte ich wohl noch gebären, da ich doch alt bin? 14 Ist wohl dem Ewigen etwas zu wunderbar? Zur bestimmten Zeit über das Jahr komme ich wieder zu dir, und Sara hat einen Sohn." 15 Sara leugnete es und sagte: „Ich habe nicht gelacht." Denn sie fürchtete sich. Er aber sprach: „Nein! Du hast gelacht." 16 Die Männer standen von da auf und wandten sich nach der Seite von Sedom (sic!). Und Awraham ging mit ihnen, um sie zu begleiten.

Sure 51 aus der ersten Phase der Wirksamkeit Muhammads gibt diese Geschichte folgendermaßen wieder. Der Eingangsvers ist eine Anrede bzw. rhetorische Frage Gottes an Muhammad:

24 Kam [nicht] zu dir der Bericht von den geehrten Gästen Abrahams? 25 Als sie bei ihm eintraten, sprachen sie: „Friede!" Er sprach: „Friede!" – Unbekannte Leute! 26 Da wandte er sich zu den Seinen, brachte ein fettes Kalb herbei 27 und setzte es ihnen vor. [Sie aber rührten das Essen nicht an.] Er sprach: „Wollt ihr denn nicht essen?" 28 Da erfasste ihn Furcht vor ihnen. Sie sprachen: „Fürchte dich nicht!" – und verkündeten ihm[14] einen klugen Knaben. 29 Da kam, schreiend, seine Frau herbei, schlug sich ins Gesicht und sprach: „Eine unfruchtbare alte Frau (sc. wie ich)!" 30 Sie sprachen: „Genau so! Gesprochen hat dein Herr! Siehe, er ist der Weise, der Wissende." 31 Er (sc. Abraham) sprach: „Was ist mit euch, ihr Abgesandten?" 32 Sie sprachen: „Siehe, wir sind gesandt zu einem Volk von Missetätern, 33 um Stein aus gebranntem Lehm auf sie regnen zu lassen, 34 gekennzeichnet bei deinem Herrn für die, die es zu weit treiben." 35 Wir führten (sc. zuvor aus der Stadt) die heraus, die dort zu den Gläubigen gehörten, 36 fanden aber nur *ein* Haus mit Gottergebenen dort (sc. Lot und seine Familie) 37 und hinterließen dort ein Zeichen für die, welche die schmerzhafte Strafe fürchten.

Abraham als Gastgeber, das Haus Abrahams als ein Ort des Willkommens und der Gastfreundschaft – dies ist ein Hauptmotiv, ein zentraler Wert nicht nur in der islamischen Welt, sondern auch unter Juden und Christen. Dass das jüdische Original und seine älteste koranische Rezeption im Kern derselben Erzählstruktur folgen, ist sogleich erkennbar. Ohnehin war in vielen Mythen der Antike quer durch die Völker und Kulturen das Motiv der Gastfreundschaft erzählerisch verbunden mit dem Aspekt, göttliche Wesen oder Boten zu beherbergen, die mitunter sogar unerkannt blieben (außer für die Zuhörer der Geschichten). Der Lohn der Gastfreundschaft ist bisweilen die Verheißung eines Sohnes für das noch kinderlose Gastgeberpaar.[15]

---

[14] Wörtlich: „und brachten ihm die frohe Botschaft" oder: „und gaben ihm die frohe Kunde" (arab. *wa-bashsharūhu*).

[15] Zur interkulturellen Bedeutung der Gastfreundschaft sowie zum tieferen Zusammenhang zwischen Wunscherfüllung („Sohn") und Gericht („Sodom") vgl. meinen Beitrag: „Gast im Haus – Gott im Haus. Oder: Wenn Wünsche wahr werden": Der biblische Mythos vom Besuch Gottes bei Abraham und der griechische Mythos von Philemon und Baukis, in: Bauschke, Abraham und Aschenputtel. Brückenschlag zwischen Bibel und Märchen, Stuttgart 2006, S. 126–158.

Doch gibt es im Detail auch einige Unterschiede zwischen beiden Geschichten. Zunächst fällt auf: „die edlen Gäste" in Sure 51 scheinen an Essen und Trinken überhaupt nicht interessiert zu sein, während in der Hebräischen Bibel ihr Bewirtetwerden und Essen explizit erwähnt wird: Abraham „stand bei ihnen unter dem Baum, und sie aßen" (Genesis 18,8). Nach allgemeinem Verständnis der muslimischen Kommentatoren handelt es sich bei den Gästen selbstverständlich um himmlische Boten, um Engel also, die – im Unterschied zur jüdischen und übrigens auch zur allgemein antiken Auffassung – allerdings *nicht* essen (können). Da jedoch Abraham nicht erkannte, dass seine Gäste Engel waren, erfasste ihn Furcht – ein Umstand, der in den späteren Versionen dieser Erzählung noch verstärkt werden wird. Denn das vom Gastgeber angebotene Essen zu ignorieren, stellte nicht nur eine Beleidigung des Gastgebers dar, sondern konnte durchaus als Merkmal feindseliger Absichten des Gastes gedeutet werden, mithin als Verletzung des Ethos der Gastfreundschaft. Sodann hat Abraham dem Koran zufolge zwar ein gewisses Vertrauensverhältnis zu Gott, da er durch die Engel immerhin von Gottes Gerichtsplan erfährt. Doch fürchtet sich Abraham vor ihnen und wagt deshalb nicht, mit ihnen über die Rettung der Stadt zu verhandeln, wie das der biblische Abraham in der direkten Fortsetzung unserer Erzählung tut (Genesis 18,17–33). Vielmehr wird er drittens im Koran gleichsam vor vollendete Tatsachen gestellt. Was für die Gerichtsbotschaft gilt, gilt auch für die „frohe Botschaft", dass er einen „gelehrten" (arab. *alīm*), soll heißen: einen prophetisch begabten Sohn haben werde. Abraham wird dem Koran zufolge lediglich informiert, aber nicht in Gottes Pläne eingeweiht, geschweige denn hat er die Möglichkeit, die Absichten Gottes durch seine Fürsprache zu beeinflussen.

Eben eine solche Einflussnahme – und das ist der vierte und interessanteste Vergleichspunkt – versucht Abrahams Frau zumindest. Ihr aus der Bibel allgemein bekannter Name Sara (arab. *Sārā*) meint im Hebräischen „Fürstin, Herrin". Der Name stammt wohl vom akkadischen *Sarratu*. Dies war ein anderer Name für *Ischtar*, die Venusstern-, Liebes-, Kriegs- und vor allem Fruchtbarkeitsgöttin der Babylonier. Sie war die Fürstin der Sterne und die Gemahlin des Mondgottes *Sin*. Zu den Kultorten des Paares zählen Ur wie auch Harran.[16] Sara, deren Name der Koran nie erwähnt, *bleibt nicht passiv*. Sie verharrt nicht verborgen hinter dem Zelteingang. Sie belächelt nicht insgeheim die Ankündigung ihrer Mutterschaft wie in der Torafassung. Diese Sara geht vielmehr in die Offensive. Sie tritt den Engeln entgegen mit einer Furchtlosigkeit und Direktheit, die sehr im Kontrast steht zu Abrahams defensivem Auftre-

---

[16] Dass ausgerechnet die Frau, deren Namen vermutlich an eine Fruchtbarkeitsgöttin erinnert, unter Kinderlosigkeit zu leiden hat, ist interessant. War das vielleicht der Preis ihrer Konversion zum Monotheismus? Ein Fluch Ischtars? Vgl. Genesis 16,2, wo allerdings Saras neuer Gott und nicht Ischtar dafür verantwortlich gemacht wird.

ten – und im Übrigen so gar nicht zum westlichen Klischee der schweigsamen, seit jeher und bis heute unterdrückten und allzeit eingesperrten orientalischen Ehefrau passt.[17] Eine solche Ankündigung der Gäste ihres Mannes findet Sara empörend, weil völlig unrealistisch. „Eine unfruchtbare alte Frau (sc. wie ich)" soll noch ein Kind bekommen (Sure 51,29)? Sara sagt, was sie denkt, ohne ein Blatt vor den Mund zu nehmen. Wird in der Tora ausdrücklich *Saras* Angst erwähnt (Genesis 18,15), so im Koran die Angst *Abrahams* (Sure 51,28). Es findet also eine Art Rollentausch statt! Dem Koran zufolge ist es nicht Sara, die Angst hat, sondern Abraham. Sara lacht zwar nicht, aber gibt mit ihrem Kommentar die Ankündigung der Engel unverfroren der Lächerlichkeit preis. Deren Antwort ist in der Tora (Genesis 18,14) der Verweis auf Gottes *Allmacht*: „Ist wohl dem Ewigen etwas zu wunderbar (i. S. v. unmöglich)?" Im Koran zielt der Verweis auf Gottes *Entscheidung und Allwissenheit* (Sure 51,30): „Gesprochen hat dein Herr! Siehe, er ist der Weise, der Wissende." Auf die frohe Kunde folgt unmittelbar eine schlechte Nachricht: die Ankündigung des Strafgerichts über Sodom. Fazit: Das Miteinander der Froh- und der Drohbotschaft in dieser chronologisch frühesten Abrahamgeschichte spiegelt exakt die Ambivalenz der Verkündigung Muhammads von Gott als dem Gütigen und zugleich als dem unerbittlichen Richter am Tag des Gerichts in der Anfangszeit seiner Wirksamkeit wider.

Wie wird die Geschichte von Abrahams Gastfreundschaft und von Saras Reaktion auf die unglaubliche Verheißung eines Sohnes, den sie im vorgerückten Alter bekommen sollen, im Koran weitererzählt? Die nächste Variante findet sich einige Jahre später in Sure 15. Diese zweite Version betont gleich zu Beginn ebenfalls die Ambivalenz von Gottes Erbarmen einerseits (V. 49) und seiner strafenden Gerechtigkeit andererseits (V. 50). Dies wird sodann konkret demonstriert: Die Sohnesverheißung an Abraham wird erneut zu einem Beispiel für Gottes Barmherzigkeit und das anschließende Gericht über die sündige Stadt zu einem Beispiel für Gottes Strafe. Diese zweite koranische Variante der Geschichte der Gastfreundschaft erwähnt allerdings weder Sara noch die Bewirtung der Gäste. Beide Motive dieser Erzählung werden als bekannt vorausgesetzt, vielleicht hier auch als irrelevant betrachtet. Der Fokus ist ganz auf die Frohbotschaft, dass Abraham einen Sohn haben werde, ausgerichtet. Der Text in Sure 15 im Wortlaut:

49 Verkünde meinen Knechten: „Ich bin der Vergebende, Barmherzige." 50 Und: „Meine Strafe, das ist die schmerzhafte Strafe." 51 Berichte ihnen von den Gästen Abrahams! 52 Als sie bei ihm eintraten und ihn begrüßten, sprach er: „[Siehe,] Wir fürchten uns vor euch!" 53 Sie sprachen: „Fürchte dich nicht! Siehe, wir verkünden dir einen klugen Kna-

---

[17] Vgl. jedenfalls für die Gegenwart: Gabi Kratochwil, Die neuen arabischen Frauen. Erfolgsgeschichten aus einer Welt im Aufbruch, Zürich 2012.

ben."[18] 54 Er sprach: „Verkündet ihr mir das, obwohl das Alter mich schon erfasst hat? Doch was verkündet ihr dann?" 55 Sie sprachen: „Wir verkünden dir die Wahrheit! So sei nicht einer derer, die verzagen!" 56 Er sprach: „Wer sollte wohl die Hoffnung auf das Erbarmen seines Herrn aufgeben? Nur die Irrenden!"

Sara wird in dieser Version nur indirekt erwähnt. Laut Abrahams Worten in Vers 52 haben sie beide Angst vor den Gästen: „[Siehe,] Wir fürchten uns vor euch" (arab. *innā minkum wadjilūn*). Weshalb Sara und Abraham Furcht empfinden, wird in dieser Fassung nicht erzählt, da auch die Bewirtung und deren Ignorierung hier nicht erwähnt werden. Dass Abraham und Sara in hohem Alter noch ein Kind haben werden, ist nicht nur Ausdruck von Gottes Allmacht (so Genesis 18,14) oder Allwissenheit (Sure 51,30), sondern eben auch von seinem Erbarmen, auf das zu hoffen sich immer lohnt (Sure 15,56). In diesem Vers 56 klingt die Bitte um Rechtleitung und um Schutz vor dem Abirren an, die Muslime im täglichen Pflichtgebet mit den Worten der ersten Sure (arab. *al-fātiha*: „die Eröffnung") sprechen: Gott möge sie auf den geraden Weg führen, der ein Weg der Hoffnung auf Gottes Barmherzigkeit ist. Für Abraham und Sara ist dies ein Weg auch des unverhofften Wunders, das Gott zu tun beschlossen hat.

Exkurs 2: Abrahams Neffe Lot im Koran

Abrahams Neffe Lot (arab. (*Lūt*) spielt im Koran eher eine untergeordnete Rolle. Dennoch kommt ihm eine gewisse selbständige Bedeutung zu, da sein Geschick öfters auch unabhängig von Abraham thematisiert wird. Insgesamt wird er in zehn verschiedenen Suren in insgesamt 78 Versen erwähnt.[19] Alle Texte stammen aus der mekkanischen Zeit der Wirksamkeit Muhammads. In Medina verschwindet Lot dann sozusagen. Statt des Neffen wird dort der älteste Sohn Abrahams Ismael eine bedeutsame Rolle einnehmen, wie wir sehen werden (Kapitel 7). Die ersten Jahre des Wirkens Muhammads sind, was seine Verkündigung angeht, stark geprägt von der Androhung des bevorstehenden göttlichen Gerichts über die Menschheit. Aus der allseits bekannten biblischen Tradi-

---

[18] Wörtlich: „wir richten dir die frohe Botschaft aus" oder: „wir geben dir die frohe Kunde" (arab. *nubashshiruka*). Bobzin gebraucht hier das deutsche Wort „verkündigen", oben in Sure 51,28 hingegen das Wort „verkünden". Ich habe das Wort hier im Text an dasjenige von Sure 51,28 angeglichen, damit dasselbe arabische Wort einheitlich mit demselben deutschen Wort wiedergegeben wird. Das arabische *alīm* zur Kennzeichnung des Sohnes ist hier gleichfalls derselbe Ausdruck wie in Sure 51,28. Dort übersetzt Bobzin mit „klug", hier übersetzt er „mit Wissen begabt". Auch hier gleiche ich die Übersetzung um der Einheitlichkeit willen wieder an. Diese Angleichungen werden im Folgenden nicht mehr eigens angemerkt, sondern stillschweigend vorgenommen.

[19] In chronologischer Reihenfolge sind das: Sure 51,32–37; 54,33–39; 26,160–175; 15,58–77; 21,74–75; 27,54–58; 7,80–84; 11,77–83; 29,26; 29,28–35; 6,86.

tion gab es dafür gleichsam klassisch gewordene Beispiele, die sog. Straflegenden. Gemeint sind damit Geschichten von jüdischen, aber auch von arabischen Propheten, deren Botschaft auf Unglauben stieß, so dass die jeweiligen Völker dem Gottesgericht anheimfielen. Dazu zählen etwa die Mythen von der Sintflut in den Tagen Noahs, der Untergang sündiger Städte wie Sodom (arab. *Sadūm*) und Gomorrha zu Zeiten Abrahams sowie später die göttlichen Plagen über das ägyptische Volk zur Zeit Moses. Diese populären Geschichten, immer wieder neu erzählt, dienen in der Botschaft Muhammads als Mahnung, als abschreckende Beispiele für die aus seiner Sicht frevlerischen, dem Gericht verfallenen Mekkaner. Eben dieser Funktion der Warnung dienen auch die Geschichten über Lot. In der frühmekkanischen Phase sind es die beiden Passagen von Sure 51,32–37 und Sure 54,33–39. Das Vorzeichen beider Geschichten ist der „Tag des Gerichts" (Sure 51,12), nämlich der „Tag, da der Rufer zu etwas Entsetzlichem ruft" (Sure 54,6). Der erste Text, die älteste Version des Korans, schließt sich wie in der Tora direkt an die Episode von der Gastfreundschaft Abrahams und der Ankündigung eines Sohnes an. Doch wird hier Lot noch nicht namentlich erwähnt. Es heißt lediglich: „Wir führten die heraus, die dort zu den Gläubigen gehörten, fanden aber nur *ein* Haus mit Gottergebenen dort" (Sure 51,35–36). Wenig später in Sure 54 taucht Lot erstmals explizit mit Namen auf, bemerkenswerterweise ganz unabhängig von der vorangehenden Abrahamgeschichte. Dieser Text sei hier in Gänze zitiert:

> 33 Es leugnete das Volk von Lot die Warnungen. 34 Siehe, wir sandten einen Kieselsturm auf sie herab – nur zu Lots Familie nicht; vor Tagesanbruch retteten wir sie 35 aus Gnade unsererseits; so lohnen wir es dem, der dankbar ist. 36 Er hatte sie gewarnt vor unserer Gewalt, doch sie bezweifelten die Warnungen. 37 Sie wollten seine Gäste ihm abspenstig machen, doch da wischten wir ihre Augen aus: „So kostet meine Strafe und meine Warnungen!" 38 Doch dann am frühen Morgen kam eine dauerhafte Strafe über sie. 39 „So kostet meine Strafe und meine Warnungen!"

In den folgenden Jahren, der mittel- und spätmekkanischen Phase des Wirkens Muhammads, *avanciert das Lot-Drama offensichtlich zur Lieblingsgeschichte des Propheten.* Immerhin noch sechs weitere Male wird es erzählt, mit immer neuen Nuancen und Details im Vergleich zu den älteren Fassungen. Historisch verstanden, hat Muhammads offenbar immer Genaueres darüber erfahren und diese Einzelheiten sukzessive in seine Verkündigung integriert. Die dritte Passage in Sure 26, wieder unabhängig von Abraham erzählt, schildert den Konflikt zwischen Lot und den Bewohnern Sodoms, die sich (homo)sexuell an seinen Gästen vergreifen wollen. Auch erwähnt der Koran hier erstmals in der Familie Lots „eine alte Frau unter den Zurückgelassenen", die im Strafgericht umkommt (Vers 171). Erst in der vierten Variante in Sure 15, der ausführlichsten Lot-Geschichte des Korans, die hier wieder direkt im Anschluss an die bekannte Abrahamerzählung begegnet, erfahren wir, dass diese alte Frau die (namentlich ungenannte) *Ehefrau Lots* ist. Diese vierte Variante sei ebenfalls vollständig zitiert. Ausgangspunkt ist die Frage Abrahams an seine Gäste:

> 57 Er sprach: „Was ist mit euch, ihr Abgesandten?" 58 Sie sprachen: „Siehe, wir sind gesandt zu einem Volk von Missetätern, 59 außer dem Hause Lots; siehe, wir werden sie gewiss erretten, allesamt – 60 nur nicht seine Frau. Wir beschlossen, dass sie

unter den Zurückgelassenen sein soll." [Da verließen sie Abraham.] 61 Als die Abgesandten zum Hause Lots gekommen waren, 62 sprach er: „Siehe, ihr seid fremde
Leute!" 63 Sie sprachen: „Nein, wir sind zu dir mit dem gekommen, woran sie immer wieder zweifelten, 64 und bringen dir nun die Wahrheit; siehe, wir sind fürwahr aufrichtig! 65 Brich daher auf mit den Deinen tief in der Nacht, und folge
ihnen nach, und keiner von euch wende sich nach hinten, und geht, wohin man
euch befiehlt!" 66 Wir führten jene Sache für ihn aus, dass am Morgen jene ausgerottet würden. 67 Und die Leute der Stadt kamen daher voll Freude. 68 Er (sc. Lot)
sprach: „Das hier sind meine Gäste! Stellt mich daher nicht bloß! 69 Und fürchtet
Gott, und bringt keine Schande über mich!" 70 Sie sprachen: „Haben wir dir denn
nicht verboten die Weltenbewohner?" 71 Er sprach: „Hier sind meine Töchter,
wenn ihr entschlossen seid (sc. beim Geschlechtsverkehr der Natur zu folgen[20])!"
72 Bei deinem Leben! Siehe, sie wussten in ihrem Rausch weder ein noch aus.
73 Da raffte sie, bei Sonnenaufgang, der Schrei hinweg. 74 Und wir kehrten das
Oberste von ihr zuunterst und ließen Ziegelsteine auf sie regnen. 75 Siehe, darin liegen wahrlich Zeichen für sorgfältige Betrachter. 76 Und siehe, sie (sc. die zerstörte
Stadt) liegt wahrlich an einem bleibenden Weg. 77 Siehe, darin liegt ein Zeichen für
die Glaubenden.

Lot wird nun immer deutlicher als Gottes „redlicher Gesandter" (arab. *rasūl amīn*,
Sure 26,162) gezeichnet, der den Bewohnern Sodoms mahnend ins Gewissen redet,
welche die sexuelle „Abscheulichkeit begehen, aus Begierde zu den Männern statt zu
den Frauen" zu gehen (Sure 27,54–55). In Sure 66,10 wird noch Lots Frau zusammen
mit der Frau Noahs (beide ohne Namen) erwähnt: beide seien ungläubige Betrügerinnen
gewesen, die darum dem göttlichen Gericht anheimfielen. Obwohl Muhammad
anscheinend die Geschichte Lots nunmehr gut kannte, berichtet er auffälligerweise
nicht davon, wie es nach seiner Errettung mit ihm und seinen Töchtern weiterging.
Offensichtlich verschweigt der Koran mit Absicht die mit Sicherheit ebenfalls bekannte
Fortsetzung: den sexuellen Missbrauch der beiden Töchter durch ihren betrunkenen
Vater Lot (vgl. Genesis 19,30–38). Auch wenn dies in der Tora so erzählt wird, dass
die Initiative von den Töchtern ausging, wirft dies natürlich kein gutes Licht auf den
„redlichen Gesandten". Das handhabt der Koran generell so: Propheten müssen tadel-
lose Vorbilder für die Gläubigen sein (s. u. Kapitel 4). Sollten sie Schwächen zeigen, gar
Fehler und Sünden begangen haben, werden diese ausgeblendet.

Nach den beiden Passagen in Sure 27 und Sure 7, jeweils wieder unabhängig von
Abraham und inhaltlich fast identisch erzählt, kommt es in den letzten Jahren der
Wirksamkeit Muhammads in Mekka wieder zu einer engeren Verflechtung der Lot-Geschichte mit der Gestalt Abrahams nach dem Vorbild der jüdischen Tradition. Das ist
in den Suren 11 und 29 der Fall. Auf diese beiden jüngsten Texte werden wir gleich bei
den weiteren Varianten über die Gastfreundschaft Abrahams eingehen. Erst in dem
späten Einzelvers Sure 29,26 erfahren wir auch, dass Lot sich Abraham bei dessen Aus-

---

[20] Diese notwendige Ergänzung, um den Text zu verstehen, übernehme ich aus: Al-Muntakhab. Auswahl aus den Interpretationen des Heiligen Koran. Arabisch – Deutsch, übersetzt
von *Moustafa Maher*, Kairo 1999.

zug aus seiner heidnischen Heimatstadt angeschlossen hatte: „Da glaubte ihm (sc. Abraham) Lot und sprach: ‚Siehe, auswandern werde (sc. auch) ich zu meinem Herrn. Siehe, er ist der Mächtige, der Weise.'" So hatte es in der Tora geheißen: „Awram (sic!) reiste, wie der Ewige ihm gesagt hatte. Mit ihm reiste Lot (…), seines Bruders Sohn" (Genesis 12,4–5). Die chronologisch letzte Erwähnung Lots im Koran findet sich in Sure 6,86, wo er gemeinsam mit Ismael, Elisa und Jona als ein von Gott „vor den Weltbewohnern Ausgezeichneter" gepriesen wird. Zusammenfassen lässt sich das Bild, das der Koran von Lot zeichnet, mit den schönen Versen von Sure 21,74–75: „Und Lot verliehen wir Weisheit und Wissen und retteten ihn aus der Stadt, die Schändliches tat. Siehe, sie waren böse, ruchlose Leute. Und wir nahmen ihn in unsere Barmherzigkeit auf. Siehe, er war einer von den Rechtschaffenen."

Die dritte Variante des Erzählkreises über Abrahams Gastfreundschaft und die Sohnesverheißung findet sich in der letzten Phase der Wirksamkeit Muhammads in Mekka, und zwar in Sure 11,69–76. Sie ist aus mehreren Gründen einer ausführlicheren Betrachtung wert, u. a. deshalb, weil es hier erstmals nach dem Vorbild der Tora zu einer engeren Verflechtung Abrahams mit dem Schicksal Lots und seiner Familie kommt. Zunächst sei der Anfang zitiert:

> 69 Unsere Boten kamen zu Abraham mit der frohen Botschaft. Sie sprachen: „Frieden!" Er sprach: „Frieden!" Und alsbald brachte er ein gebratenes Kalb. 70 Als er nun sah, dass sie es nicht anrührten, hegte er Argwohn gegen sie und empfand Furcht vor ihnen. Sie sprachen: „Fürchte dich nicht! Siehe, wir sind zum Volke Lots gesandt!" 71 Seine Frau stand da und lachte. Da kündigten wir ihr Isaak an und nach Isaak Jakob.

Diese Variante ähnelt der biblischen Fassung in Genesis 18 am meisten. Wie auch in Sure 51,26–27 beschrieben, versucht Abraham, seine Gäste zu bewirten. Dass sie seine Einladung zum Essen ablehnen, stößt ihn vor den Kopf. Misstrauen und Angst beschleichen ihn. Dies wird hier stärker als in den bisherigen Fassungen betont. Abraham ist nach wie vor ahnungslos, dass seine Gäste himmlische Boten sind. Anders jedoch als in den beiden älteren Fassungen wird an dieser Stelle (Sure 11,71) ein einziges Mal im Koran das aus der Tora bekannte *Lachen Saras* erwähnt. Das Auffällige und Besondere daran ist: Das Lachen Saras erfolgt im Gegensatz zur biblischen Fassung schon *vor* der unglaublichen Sohnesverheißung der Engel! Die Korankommentatoren erklären dies meist so, es sei Ausdruck der großen Erleichterung und Freude Saras darüber, dass der Besuch der mysteriösen Fremden nichts Bedrohliches für sie und ihren Mann bedeute, wie z. B. der rationalistische (mutazilitische) Theologe al-Zamakhsharī (gest. 1144) meint.[21] Möglicherweise steckt jedoch eine andere erzäh-

---

[21] Vgl. Die Botschaft des KORAN. Übersetzung und Kommentar von Muhammad Asad, Düsseldorf 2009, S. 420, Anm. 103. Ebenso Adel Th. Khoury zu Sure 11,71 in: Der Koran Arabisch – Deutsch. Übersetzt und kommentiert von A. Th. Khoury, Gütersloh 2004, S. 320.

lerische Absicht in der bewussten *Vorordnung des Lachens Saras*. Vielleicht war es
in den Augen Muhammads schlichtweg theologisch anstößig – um nicht zu sagen:
eine Art Majestätsbeleidigung oder sogar Gotteslästerung –, wenn ein Mensch, und
noch dazu eine Frau, angesichts einer Ankündigung Gottes aus dem Munde seiner
Boten zu lachen beginnt, wie das die Bibel völlig unbefangen beschreibt. Sollte daran
etwas Wahres sein, hat die Umkehrung der beiden Erzählelemente Sinn, für die
nachträglich von den Kommentatoren eine andere Erklärung gesucht und gefunden
wurde.[22]

Des Weiteren wird in dieser dritten Variante erstmals der Name des verheißenen
Sohnes ausdrücklich genannt: Isaak (arab. *Ishāq*). Der hebräische Name *Jizchák* bedeutet „sie lacht", verdankt sich also der Reaktion Saras *nach* der Ankündigung der
Boten, die nach menschlichen Maßstäben einfach lächerlich war. Wieder schweigt
der ängstliche Abraham, während Sara, die bei den Boten steht, nach ihrem Lachen
– ausführlicher noch als in Sure 51,29 – ganz offenherzig bekennt:

> 72 „Weh mir, soll ich gebären, da ich doch schon alt bin und mein Gatte hier ein Greis ist?
> Siehe, das ist fürwahr ein wunderliches Ding!" 73 Sie sprachen: „Seid ihr über Gottes Be-
> fehl verwundert? Gottes Erbarmen und sein Segen seien über euch, ihr ‚Leute des Hauses'!
> Siehe, er ist zu loben und zu rühmen."[23]

Danach geht der Text in Sure 11 unmittelbar in das *Gerichtsdrama um Sodom* über.
Diese spätmekkanische Variante der Abrahamerzählung verknüpft viel enger als
Sure 51 den besorgten Onkel mit dem Geschick seines bedrohten Neffen Lot. Hatte
gemäß Sure 51,31 Abraham lediglich nachgefragt: „Was ist mit euch?" – man könnte
auch übersetzen: „Was habt ihr vor?" –, so tritt er hier in Sure 11 erstmals in der aus
der jüdischen Tradition bekannten Rolle des nicht nur freimütig Fragenden, sondern des Feilschers und Fürsprechers für andere auf:

---

[22] Auch *Catherina Wenzel* bemerkt zu Saras vorzeitigem, mithin „völlig unmotiviertem" Lachen, dass Muhammad „sich offenbar nicht vorstellen (kann), daß eine Frau über die Worte
Allahs lachen könnte", in: „Und als Ibrāhīm und Ismāʿīl die Fundamente des Hauses (der
Kaʿba) legten ..." (Sure 2,127). Abrahamsrezeption und Legitimität im Koran, in: Zeitschrift
für Religions- und Geistesgeschichte 54, Nr. 3/Juli 2002, S. 193–209, Zitat S. 199.

[23] Während der Koran nirgends die *Geburt Isaaks* erwähnt, tut das die Hebräische Bibel einige Kapitel nach dem Besuch der Gäste bei Abraham (Genesis 21): „1 Der Ewige bedachte
Sara, wie er gesprochen, der Ewige ließ der Sara geschehen, wie er zugesagt hatte. 2 Sie ward
nämlich schwanger und gebar dem Awraham einen Sohn in seinem Alter, zum Zeitpunkt,
den Gott bestimmt hatte. 3 Awraham nannte den Sohn, der ihm geboren worden, den ihm
nämlich Sara geboren hatte, ‚Jizchak'. (...) 6 Da sprach Sara: ‚Zum Lachen ist es, was mir
Gott getan. Wer es hört, muss über mich lachen.'" Einem späteren Bericht – der sog. Priester-
schrift – zufolge ist es nicht etwa Sara, sondern der 100jährige Abraham selbst, der über die
Sohnesverheißung gelacht hat (Genesis 17,17).

74 Als der Schreck von Abraham gewichen war und die gute Kunde (sc. einen Sohn zu bekommen) zu ihm kam, begann er mit uns über das Volk Lots zu streiten. 75 Siehe, Abraham ist wahrlich milde, mitfühlend und reumütig. 76 „Abraham! Wende dich davon ab! Die Entscheidung deines Herrn ist gefallen. Siehe, über sie wird eine Strafe kommen, die unabwendbar ist."

Abraham erscheint hier nicht mehr nur als ängstlicher Typ, sondern wird mit positiven Tugenden charakterisiert: als sanftmütig (arab. *halīm*, so später auch in Sure 9,114), als mitfühlend, um nicht zu sagen: weichherzig (arab. *awwāh*) und als reumütig oder wie Muhammad Asad den arabischen Begriff *munīb* wiedergibt: „wieder und wieder willens, sich Gott zuzuwenden." Abraham jedenfalls hat den Mut, mit Gott zu streiten und um das Leben der Stadtbewohner zu feilschen. Die Kommentatoren freilich schwächen das meist ab, um das aus ihrer Sicht Anstößige daran, das schon für Sara gilt, zu umgehen: Abraham debattiere ja nur mit Gottes Boten, nicht mit Gott selbst, das würde er als Vorbild demütiger Gotteshingabe natürlich nie wagen. Unbefangener berichtet die berühmte Erzählung aus Genesis 18. Abraham feilscht dort zugunsten seiner Verwandten in Sodom und appelliert mit kühnen Worten an Gottes Gerechtigkeit (Vers 25): „Es ist deiner unwürdig, so etwas zu tun, den Gerechten mit dem Bösewicht umzubringen, dass der Gerechte und der Bösewicht gleich sei. Es ist deiner unwürdig! Soll der Richter der ganzen Erde nicht Gerechtigkeit üben?" Dieses Motiv von Abraham, dem Fürsprecher für andere, das in der Hebräischen Bibel später auch noch in der Dreiecksgeschichte von Abraham, Sara und Abimelech auftaucht (Genesis 20,7 und 17), ist dem Koran nicht unbekannt. Mit Bezug auf die Familie Lots ist es allerdings nur an dieser einen Stelle in Sure 11,74ff. belegt. Anders jedoch als in der biblischen Fassung lässt im Koran Gott nicht einen Augenblick lang wirklich mit sich verhandeln. Hier gibt es nicht wie in der Genesis ein dramatisches „Tauziehen", in dessen Verlauf sich Gott auf einige wenige Gerechte herunterhandeln lässt, um Sodom doch noch zu verschonen. Dem Koran zufolge ist Gottes Entscheidung (arab. *amr*), Sodom zu richten, längst beschlossene Sache und daher durch Menschen nicht mehr hinterfragbar. Die Strafe ist absolut unumstößlich, wie das Wortspiel in Vers 76, das Bobzin treffend wiedergibt, andeutet: Abraham soll das Feilschen bleiben lassen, *sich von seinem Ansinnen abwenden* und sich dem Willen Gottes fügen, da *das Gericht unabwendbar ist*.

Es folgt die insgesamt siebte und vorletzte Variante der Lot-Geschichte, in der dieser den Bewohnern Sodoms – dem Koran zufolge „seinem Volk"! – mahnend ins Gewissen redet. Dabei wird der Neffe ähnlich mitfühlend geschildert wie zuvor sein Onkel (Sure 11,77–83):

77 Als unsere Boten zu Lot kamen, wurde er ihretwegen ganz bekümmert, geriet durch sie in Bedrängnis und sprach: „Das ist ein Tag, der schwer zu ertragen ist!" 78 Da kam sein Volk eilends zu ihm gelaufen; doch hatten sie zuvor immer wieder Schlimmes getan. Er

sprach: „Mein Volk! Hier, da sind meine Töchter. Sie sind reiner für euch (sc. als die männlichen Boten).[24] Fürchtet Gott und bringt nicht Schande über mich! Ist unter euch denn kein aufrechter Mann?" 79 Sie sprachen: „Du weißt doch wohl, dass wir kein Recht an deinen Töchtern haben[25]; und weißt doch ganz genau, was wir wollen!" 80 Er sprach: „O hätte ich doch nur Macht gegen euch oder könnte Zuflucht suchen bei einer starken Stütze!" 81 Sie sprachen: „O Lot, wir sind die Boten deines Herrn! Sie werden dir nichts antun können. Brich daher auf mit deinen Angehörigen tief in der Nacht, und keiner von euch wende sich nach hinten, bis auf deine Frau! Siehe, ihr Schicksal wird das sein, was sie (sc. die Bewohner Sodoms) getroffen hat. Siehe, der für sie festgesetzte Zeitpunkt ist der Morgen, und ist der Morgen nicht schon nahe?" 82 Als dann unser Entscheid eintraf, da kehrten wir das Oberste von ihr zuunterst und ließen geschichtete Ziegelsteine auf sie regnen, 83 gekennzeichnet bei deinem Herrn. Und sie (sc. die zerstörte Stadt) liegt nicht weit weg von den Missetätern.

Die jüngste und letzte Fassung dieses ersten großen Erzählkreises über den Erzvater ist zugleich die knappste und findet sich nur wenig später in Sure 29. Hier ist sie so sehr eingebettet in das Drama um Lot und Sodom (Verse 28–35), dass der freudige Anlass des Besuchs der Gottesboten angesichts der hier viel wichtiger erscheinenden Situation von Sodom ganz in den Hintergrund tritt. Zunächst tritt Lot als Mahner gegenüber den Stadtbewohnern auf, die seine Warnung in den Wind schlagen: „Bring uns doch die Strafe Gottes herbei, wenn du die Wahrheit sagst!", provozieren sie ihn (Vers 29). Dann folgt die kurze, lediglich zwei Verse umfassende Abrahampassage:

> 31 Als unsere Gesandten zu Abraham mit der frohen Kunde kamen, sprachen sie: „Siehe, wir werden die Bewohner dieser Stadt zugrunde richten; siehe, ihre Bewohner sind Frevler." 32 Er sprach: „Siehe, Lot ist doch in ihr." Sie sprachen: „Wir wissen ganz genau, wer in ihr ist. Wir werden ihn erretten mit den Seinen – nicht aber seine Frau; sie soll unter den Zurückgelassenen sein."

Die Ankündigung eines Sohnes wird nicht mehr ausdrücklich erwähnt; dafür steht hier der Ausdruck der „frohen Botschaft" (arab. *bushrā*), den wir aus allen anderen Fassungen bereits kennen. Auch Sara und ihr Lachen werden nicht mehr erwähnt. Weiter ist auffällig, dass auch von Abrahams Argwohn und Angst hier erstmals keine Rede mehr ist. Fast wie ein gleichberechtigter Partner reagiert Abraham auf die Gerichtsankündigung der Engel-Gäste. Wobei diese Ansage nunmehr beinahe als der

---

[24] „Sie sind reiner für euch" ist die wörtliche Übersetzung des arab. *hunna atharu lakum*. Sex mit unverheirateten Mädchen oder Frauen ist immer noch besser als Sex mit Männern. Bobzin übersetzt den Komparativ als Elativ: „Sie sind *besonders rein* für euch." Vielleicht, weil damit die Jungfräulichkeit oder die Opferbereitschaft der Töchter Lots gemeint sein soll? Diesen Sinn lässt der Text eigentlich nicht erkennen, weshalb die komparative Übersetzung aus meiner Sicht vorzuziehen ist.

[25] Sinngemäßer übersetzt Asad: dass „wir keinerlei *Bedarf* an deinen Töchtern haben (…)".

eigentliche Zweck ihres Besuchs erscheint: nicht mehr etwas Freudiges (das Weiterleben durch Nachkommenschaft), sondern etwas Furchtbares (den Tod durch das
Gericht) anzukündigen. Diese *wachsende Souveränität Abrahams, der vor nichts und
niemandem mehr Angst hat,* die im Verlauf der vier Fassungen dieser Geschichte im
Koran erkennbar wird, ist ein wichtiges Charakteristikum Abrahams, das ihn von Anfang an in einem zweiten Geschichtenzyklus kennzeichnet, dem wir uns als Nächstes
zuwenden werden. In der medinensischen Zeit der Wirksamkeit Muhammads werden diese Souveränität und Selbstverständlichkeit, mit der Abraham mit Gott spricht,
in einem besonderen Würdetitel gipfeln, der Abraham vor allen anderen Propheten
auszeichnet.

Auf den Abrahameinschub folgt die Ankündigung des Gerichts über Sodom (Sure
29,33–35). Sie wird etwa so wie in der vorherigen Fassung von Sure 11, nur etwas
knapper geschildert und muss darum hier nicht erneut wiedergegeben werden. Insgesamt lässt sich beobachten: Abraham und Lot einerseits sowie ihre Frauen andererseits erscheinen als Kontrastfiguren. Abraham ist verbunden mit Leben, mit der Verheißung eines Sohnes, einer *Frohbotschaft.* Lot bzw. Sodom steht exemplarisch für
Tod, für eine *Drohbotschaft,* für das Gottesgericht, auch wenn Lot selbst verschont
wird. Derselbe Kontrast gilt deutlicher noch für die Ehefrauen. Sara gilt als die frei-
mütige, vorlaute, aber ehrenvolle Frau Abrahams, die mit einem Sohn – also mit
Zukunft und Fortbestand der Sippe – beschenkt wird. Lots Frau hingegen gilt als Ungläubige und Betrügerin, die keine Zukunft hat. Sie „bleibt auf der Strecke", sie gehört
„zu den Zurückgelassenen", die im Gericht umkommen. Als Einzige aus ihrer Familie
muss sie das furchtbare Schicksal der „Sodomiten" teilen (Sure 66,10). So spiegelt die
Großfamilie Abrahams durchgängig die eingangs erwähnte Ambivalenz wider: die
Verkündigung Muhammads, die für die einen Gottes Zorn und für die anderen
Gottes Güte proklamiert.

2. Abraham und sein Vater – oder: Feinde um des Glaubens willen

In der zweiten Phase der Wirksamkeit Muhammads in Mekka (615 bis 620) nimmt Abrahams Bedeutung spürbar zu. Das lässt sich schon daran ablesen, dass er in 103 Versen erwähnt wird. Die Hälfte aller Abrahamverse des Korans verdankt sich dieser Periode. Sie steht im Zeichen einer zunehmenden Konfrontation Muhammads mit seinen Gegnern in Mekka. Diese halten trotz seiner Botschaft an ihren diversen Götterkulten fest, die Muhammad in jüdisch-christlicher – also monotheistischer – Tradition als „Heidentum", „Götzendienst" und „Unglauben" anprangert. Dementsprechend hat der Koran (z. B. Sure 3,154; 5,50) und vor allem dann die islamische Überlieferung die Jahrhunderte der Götterkulte die Zeit der heidnischen „Unwissenheit" (arab. *djāhilīya*) genannt, in die freilich auch die Muslime jederzeit wieder zurückfallen könnten. Vor diesem Hintergrund wird ein zweiter großer Erzählkreis um Abraham verständlich. Dieser Zyklus bildet, zwar nicht hinsichtlich seiner späteren Wirkungsgeschichte, doch mit Blick auf den Koran selbst das wichtigste Abrahamnarrativ überhaupt, insofern sie nämlich die einzige Geschichte über ihn ist, die sowohl in Mekka als später auch in Medina erzählt wird. Auch wird keine andere Erzählung über Abraham im Koran so häufig und in immer neuen Fassungen – insgesamt achtmal! – präsentiert wie die von seiner Auseinandersetzung mit den Götzenverehrern seiner Heimatstadt Ur (deren Name im Koran nirgends ausdrücklich genannt wird). In diesem Schlüsselkonflikt, der Muhammad von nun an nicht mehr loslässt – Abrahams Kontrahenten sind seine Kontrahenten in Mekka! – und ihn durch alle weiteren Phasen seiner Verkündigung begleiten wird, avanciert Abraham zum Kronzeugen des Monotheismus im Kampf gegen den Polytheismus. Folgt man der historischen Chronologie der Entstehung der Suren, so wird für die Leser bzw. Hörer des Korans ein regelrechtes *Drama zwischen Abraham und seinem Vater* sichtbar, das zur besseren Verdeutlichung im Folgenden wie ein Theaterstück beschrieben werden soll. Ich unterteile es in folgende sechs Akte (auf drei Kapitel verteilt):

Erster Akt: Provokation (Kapitel 2)
Zweiter Akt: Argumentation und Konfession (Kapitel 2)
Dritter Akt: Rebellion und Eskalation (Kapitel 2)
Vierter Akt: Konversion (Kapitel 3)
Fünfter Akt: Absolution (Kapitel 3)
Sechster Akt: Kondemnation (Kapitel 13).[26]

---

[26] Vgl. bereits meine frühere Darstellung: Bauschke, Von der Feindschaft um des Glaubens willen: Abraham und sein Vater, in: Münchener Theologische Zeitschrift 60. Jg., Nr. 1/2009, S. 29–41. Die Dramaturgie dieses Konfliktes ist m. W. bislang nicht in der koranischen Abrahamforschung wahrgenommen worden.

Erster Akt: Provokation

Da die Gestalt Abrahams zu Zeiten und in der Umgebung Muhammads allgemein bekannt war, ist es aus historischer Sicht sehr wahrscheinlich, dass auch vom bilderstürmenden Abraham in Mekka damals so manche Geschichte erzählt wurde. Interessanterweise kommt das Narrativ von Abraham, dem Bilderstürmer, in der Hebräischen Bibel gar nicht vor. Auch nicht im Neuen Testament. Es findet sich jedoch in der außerbiblischen jüdischen Tradition. Besonders im sog. *Buch der Jubiläen*, das um 140 v. u. Z. in der Epoche der Makkabäer entstanden sein dürfte und Nacherzählungen biblischer Geschichten bietet, spielt der Bilderstürmer Abraham eine wichtige Rolle.[27]

Exkurs 3: Abraham als Bilderstürmer in der jüdischen Tradition

Die Ära der Makkabäer (165 bis 63 v. u. Z., als Jerusalem durch Pompejus erobert wurde) war von politisch-kriegerischen und religiös-kulturellen Auseinandersetzungen der Juden mit ihrer Umwelt im Zeichen des immer stärker werdenden Hellenismus und der römischen Hegemonie geprägt. Entsprechend separatistische und alles Heidnisch-Götzendienerische abwehrende Töne schlägt das Jubiläenbuch an. Ein zentrales Motiv jener zeitgenössischen *relectures* (Neu- und Nacherzählungen) der Geschichten aus der Tora bildet die notorische Gefahr, in den heidnischen Polytheismus zurückzufallen und fremde Götter zu verehren. So gesehen ist das Jubiläenbuch ein jüdischer Vorläufer exakt derselben späteren islamischen Warnungen vor dem Rückfall in die „Unwissenheit". Wie schon die Herkunft Abrahams aus Ur und sein sowie Saras Name zeigen, sind die beiden Erzeltern eng mit der babylonischen Astralreligion – vor allem dem Kult um Sin, Ischtar und Schamasch – verbunden. Abraham erscheint nicht erst im Koran, sondern bereits im Jubiläenbuch als ein militanter Kämpfer – und nicht nur Prediger – gegen die als Götzenkult verstandene Astralreligion. Ausgerechnet durch die Beobachtung des Himmels und der bislang als Götter verehrten Sterne gelangt Abraham dem Jubiläenbuch zufolge zu der Erkenntnis, dass diese Gestirne keine Götter seien, sondern Diener des einen und einzigen (nichtastralen) Gottes. Abraham bittet Gott darum, vor der Versuchung bewahrt zu werden, (weiterhin) Himmelskörper anzubeten. In der Folge verbrennt Abraham (Kurzform: Abram) die Götzen, er trennt sich von seinem Vater Terach, der Götterbilder anfertigt, und verlässt auf Anraten eines Engels sein Heimatland. Abrahams äußerem, geographischem Exodus ins „Gelobte Land" geht sein innerer, theologischer Exodus aus der Astralreligion seiner Väter voraus. So erzählt das *Jubiläenbuch* im 12. Kapitel (in Auszügen zitiert):

---

[27] Vgl. die Ausgabe: Das Buch der Jubiläen, übersetzt von Klaus Berger, in der Reihe: Jüdische Schriften aus hellenistisch-römischer Zeit, Bd. II/3, Gütersloh 1981. Zur Theologie des Jubiläenbuches vgl. Reinhard G. Kratz: „Öffne seinen Mund und seine Ohren". Wie Abraham Hebräisch lernte, in: Ders./T. Nagel (Hg.), „Abraham, unser Vater". Die gemeinsamen Wurzeln von Judentum, Christentum und Islam, Göttingen 2003, S. 53–66.

Und es geschah in der 6. Jahrwoche in ihrem 7. Jahre, da sagte Abram zu Tharah
[= Terach], seinem Vater, indem er sprach: „Vater!" und er sagte: „Hier bin ich,
mein Sohn!" Und er sagte: „Was für Hilfe und Vorteil kommt uns von diesen Götzen, die du verehrst und vor denen du niederfällst? Denn in ihnen ist kein Geist,
sondern sie sind stumm, und eine Verirrung des Herzens sind sie; verehrt sie nicht!
Verehrt den Gott des Himmels, der Regen und Tau auf die Erde herabbringt und
alles auf der Erde macht und alles durch sein Wort geschaffen hat, und von dessen
Angesicht alles Leben ausgeht! Weshalb verehrt ihr die, in denen kein Geist ist?
Denn sie sind der Hände Werk, und auf euren Schultern tragt ihr sie und von
ihnen kommt euch keine Hilfe, sondern große Schmach denen, die sie machen,
und Verirrung des Herzens denen, die sie verehren; verehrt sie nicht!" Und sein Vater sprach zu ihm: „Auch ich weiß es, mein Sohn; aber was soll ich mit dem Volke
machen, das mich gezwungen hat, vor ihnen zu dienen? Und wenn ich ihnen die
Wahrheit sage, so töten sie mich. Denn ihre Seele folgt ihnen, daß sie verehren und
preisen; schweig, mein Sohn, damit sie dich nicht töten!" (...) Und im 60. Jahre
des Lebens Abrams (...) erhob sich Abram bei Nacht und verbrannte das Haus
der Götzen und verbrannte alles, was in dem Hause war, und es war kein Mensch,
der es wußte. Und sie erhoben sich bei Nacht und wollten ihre Götzen mitten aus
dem Feuer retten. Und (sc. Abrahams Bruder) Haran eilte herbei, um sie zu retten,
aber das Feuer brannte über ihm. Und er verbrannte im Feuer und starb in Ur der
Chaldäer vor Tharah, seinem Vater, und sie begruben ihn in Ur der Chaldäer.

Dieses in Zeiten jüdischer Bedrängnis besonders populäre, militante Motiv vom bilderstürmenden Abraham ist in den folgenden Jahrhunderten im Judentum in diversen Varianten und Akzentuierungen weiter überliefert worden und begegnet auch in der *Apokalypse Abrahams* (um 75 u. Z.), wo sogar Gott selbst das Vernichtungswerk Abrahams
übernimmt: Eine himmlische Donnerstimme verbrennt die Götzen, das ganze Haus, also
die Götzenbilderwerkstatt Terachs (Tharahs), abgrundtief. Auch Terach selbst kommt dabei um, während Abraham gnädig bewahrt wird.[28] Der Widerstand gegen die hellenistisch-
kulturelle sowie später gegen die römisch-politische Hegemonie und Besatzung seit 63 v. u.
Z. trieb das jüdische Volk im ersten Jahrhundert u. Z. in zahlreiche Kriege und schließlich
in den Untergang: Jerusalem und der Tempel wurden zerstört, und zwei Generationen später wurde der letzte große Aufstand unter Simon Bar Kochba blutig niedergeschlagen (135
u. Z.). Den Überlebenden blieb nur die Zerstreuung (gr. *Diaspora*) in alle Welt. In diesen
kämpferischen Zeiten gewann die Gestalt Abrahams – allerdings nicht bei allen Juden, wie
wir im folgenden Kapitel noch sehen werden – selbst immer stärker militante Züge. Mit
Recht resümiert *Reinhard Gregor Kratz*: „Man darf sich nichts vormachen. Auch der Abraham des Jubiläenbuchs ist ein Fundamentalist und gibt fanatischen Fundamentalisten jed-
weder Konfession Nahrung, sich zu Recht oder zu Unrecht auf ihn zu berufen."[29]

---

[28] Vgl. die Ausgabe: Apokalypse Abrahams, übersetzt von Belkis Philonenko-Sayar und
Marc Philonenko, in der Reihe: Jüdische Schriften aus hellenistisch-römischer Zeit, Bd. V/5,
Gütersloh 1982.
[29] Kratz: „Öffne seinen Mund und seine Ohren". Wie Abraham Hebräisch lernte, a. a. O.
S. 64. Auf die fanatische Rezeption Abrahams komme ich in Kapitel 14 zurück.

In den aggadischen Midraschim, den erbaulich erzählenden Auslegungen der Tora-
texte durch spätere Rabbinen des 4./5. Jahrhunderts, finden sich gleichfalls Geschichten von Abraham, dem Bilderstürmer, wie sie später im Koran und in der islamischen
Tradition erzählt werden. So heißt es etwa im *Midrasch Bereschit Rabba* (abgeschlossen
um ca. 400 u. Z.):

> Terach war ein Götzendiener. Als er einmal ausging und den Abraham als Verkäu-
> fer an seiner Statt zurückliess (sic!), kam ein Mann und wollte sich ein Götzenbild
> kaufen. Da sprach Abraham zu ihm: Mensch, wie alt bist du? Er antwortete: 50 bis
> 60 Jahr[e]. Wehe dem Mann! rief Abraham aus, der 60 Jahre alt ist und ein Bild
> anbeten will, was nur einen Tag alt ist. Der Käufer schämte sich und ging seines
> Wegs. Ein andermal kam ein Weib und trug in ihrer Hand eine Schüssel mit fei-
> nem Mehl und sprach zu Abraham: Geh und bringe es den Götzen als Opfer dar!
> Abraham nahm einen Stock, zerschlug alle Götzenbilder und legte dann den Stock
> in die Hand des grössten Götzen. Als der Vater wieder zurückkam, fragte er: Wer
> hat das alles gethan? Was soll ich dir es verläugnen (sic!), antwortete Abraham, es
> kam ein Weib, brachte eine grosse Schüssel mit feinem Mehl und sprach zu mir:
> Bringe es den Götzen als Opfer dar. Das that ich und da entstand ein Streit unter
> den Götzen, ein jeder sprach: ich esse zuerst, bis endlich dieser Grosse aufstand,
> den Stock nahm und sie zerschlug. Was spottest du meiner? sprach der Vater.[30]

Im Koran wird dieser Konflikt Abrahams mit seinem Vater, seiner Sippe und den Bewohnern von Ur über den Astralkult erstmals in der frühen, etwa aus den Jahren 615/
616 stammenden Sure 37 erzählt:

> 83 Siehe, zu seiner (sc. Noahs) Gruppe zählte auch Abraham. 84 Damals, als er zu seinem
> Herrn mit lauterem Herzen kam, 85 als er zu seinem Vater und zu seinen Leuten sprach:
> „Was betet ihr da an? 86 Strebt ihr aus lauter Lüge Götter an – außer dem *einen* Gott?
> 87 Was denkt ihr denn über den Herrn der Weltbewohner?" 88 Und er warf einen Blick
> auf die Sterne. 89 Dann sprach er: „Siehe, ich bin krank." 90 Da kehrten sie ihm den Rü-
> cken zu, 91 und er wandte sich ihren Göttern zu und sprach: „Wollt ihr nicht essen?
> 92 Warum sagt ihr denn nichts?" 93 Da wandte er sich, mit einem Schlag der Rechten[31],
> gegen sie. 94 Sie (sc. die Bewohner der Stadt) aber gingen eilends auf ihn los. 95 Er sprach:
> „Wollt ihr das anbeten, was ihr als Standbild macht? 96 Wo euch doch Gott erschaffen hat
> und das, was ihr tut?" 97 Sie sprachen: „Baut ihm einen Bau! Dann werft ihn in das
> Feuer!" 98 Und sie planten für ihn eine List. Doch wir machten sie zu den Unterlegenen.

Der Koran beschreibt den ersten Akt dieser Kontroverse in drei Szenen: Abraham
zweifelt zunächst daran, dass die Götzen wahre Götter seien. Sodann fällt Abraham
heimlich über sie her und zerstört sie – eine religiöse Provokation ohnegleichen! Da-

---

[30] Bereschit Rabba, Parascha 38, zit. nach der Übersetzung von August Wünsche in: Der
Midrasch Bereschit Rabba, Leipzig 1881, S. 172f.

[31] Metonymisch für: „mit voller Kraft zuschlagend".

raufhin wird Abraham von den Götzenverehrern zum Tod auf dem Scheiterhaufen verurteilt. Dass der Erzvater mit dem Leben davonkommt, wird als bekannt vorausgesetzt und daher im Text nur vage durch den Hinweis am Schluss angedeutet, dass Gott die Listen ungläubiger Menschen jederzeit zu übertreffen vermag, also Abraham irgendwie gerettet hat. Die islamische Tradition wird später in zahllosen Legenden gerade diese Szene sehr breit ausschmücken, wie wir noch sehen werden (Kapitel 9).

Zweiter Akt: Argumentation und Konfession

Kurz darauf trägt Muhammad dieselbe Geschichte erneut vor, erzählt sie nun aber anders. Hatte die Fassung in Sure 37 monologisch mit einem Fragenkatalog an den Vater begonnen, so fängt sie in Sure 26 mit einem Disput Abrahams mit seinem Vater an:

> 69 Und trage ihnen den Bericht über Abraham vor![32] 70 Als er zu seinem Vater und zu seinem Volke sprach: „Was verehrt ihr?" 71 Sie sprachen: „Wir verehren Bilder und bleiben ihnen ergeben." 72 Er sprach: „Hören sie euch denn, wenn ihr zu ihnen ruft? 73 Oder nützen sie euch, oder bringen sie Schaden?" 74 Sie sprachen: „Nein, wir fanden, dass schon unsere Väter so handelten." 75 Er sprach: „Was meint ihr wohl zu dem, was ihr stets verehrt habt, 76 ihr und eure Väter früher? 77 Siehe, sie sind mir feind (...)."

Es ist das klassische Argument des religiösen Konservativismus: die Tradition der Väter! Dieses Argument, das den Götzenkult zwar nicht plausibel erklären kann, aber doch in seiner Faktizität und Altehrwürdigkeit legitimieren soll, lässt der kämpferische Abraham nicht gelten. Allerdings reagiert er in dieser Fassung nicht mit einem provokanten Bildersturm. Vielmehr schlägt Abraham hier einen argumentativen Weg ein. Er debattiert mit seinem Vater und verweist auf die Wirkungslosigkeit und Lächerlichkeit selbstgemachter Götter. Er appelliert an die Erfahrung seiner Landsleute mit den Götzenbildern. Im weiteren Verlauf lässt Abraham sein „Hauptargument" folgen, wenn man es überhaupt so nennen will: Es ist ein monotheistisches Glaubensbekenntnis, das ab Vers 83 direkt in ein Gebet mündet:

> 77 Siehe, sie (sc. die Götzenbilder) sind mir feind – doch nicht der Herr der Weltbewohner, 78 der mich erschaffen hat, denn er ist es, der mich leitet, 79 der mir Nahrung und zu trinken gibt[33], 80 der mich, wenn ich erkranke, heilt, 81 der mich sterben lässt und dann wieder

---

[32] Arab. *wa-tlu alayhim naba'a Ibrāhīm*. Bobzin übersetzt: „Trage ihnen die Nachricht von Abraham vor!" Verständlicher wäre es, hier mit „Geschichte" oder „Bericht über Abraham" zu übersetzen, wie Bobzin dieselbe arabische Wendung auch in Sure 10,71 (zu Noah) wiedergibt.

[33] Ich korrigiere hier erneut Bobzin geringfügig, der übersetzt: „der mir Nahrung gibt und mich tränkt". Nach meinem deutschen Sprachempfinden führt man Tiere zur *Tränke*, Menschen aber gibt man zu *trinken*. Allenfalls werden Menschen gewaltsam *ertränkt*.

lebendig macht 82 und von dem ich hoffe, dass er mir meine Sünde am Tag des Gerichts vergibt." – 83 „Mein Herr, verleih mir Weisheit, und nimm mich in den Kreis der Frommen auf! 84 Schaffe mir einen gerechten Ruf unter den Späteren, 85 und mache mich zu einem Erben des Gartens der Glückseligkeit! 86 Vergib meinem Vater, denn er war ein Irrender! 87 Beschäme mich nicht am Tag, da sie auferweckt werden, 88 am Tag, da weder Besitz noch Söhne nützen, 89 außer dem, der zu Gott mit lauterem Herzen kommt."

Das Bekenntnis wie auch das Gebet, das Abraham als vorbildlichen Beter ausweist (vgl. auch Sure 14,35 ff.), erinnern an die biblischen Psalmen. Bemerkenswert ist: Abraham bezeichnet nicht seine heidnischen Landsleute, sondern die Götzenbilder – also die Statuen der astralen Gottheiten, die in Ur verehrt wurden (wir kommen darauf zurück) – als seine Feinde. Noch bemerkenswerter ist jedoch, dass Abraham um Vergebung für seinen aus seiner Sicht irrenden Vater bittet, ein Motiv, das später noch mehrmals begegnen wird (Sure 19,47; 14,41; 60,4; 9,114). Unmittelbar an das Gebet Abrahams schließt sich eine Predigt Muhammads gegen den Götzenkult an (V. 90 ff.). Dies zeigt bereits, wie deutlich Muhammad seine eigene, in der mittelmekkanischen Periode seiner Wirksamkeit massiv aufbrechende Konfrontation mit den aus seiner Sicht ebenfalls heidnischen, weil götzengläubigen Mekkanern in dieser Abrahamgeschichte widergespiegelt sieht.

Dritter Akt: Rebellion und Eskalation

Etwa ein Jahr später kommt Muhammad in Sure 19 ein drittes Mal auf dieses Narrativ zurück. Der Tonfall hat sich erheblich verschärft. Der Konflikt wird von beiden Seiten mit heftigsten Worten ausgetragen. Der anfängliche Monolog Abrahams (Sure 37), der zu einem Dialog (Sure 26) geworden war, geht nun in ein inständiges Flehen Abrahams über. Dieses liegt vor allem darin begründet, dass Abrahams Vater dem Koran zufolge als *überzeugter* Anhänger der babylonischen Astralreligion geschildert wird, wohingegen er in der jüdischen Tradition als jemand erscheint, der von seinem eigenen Volk zum Götzendienst *gezwungen* wird, sich also insgeheim im Einverständnis mit seinem theologisch revoltierenden Sohn befindet (Jubiläenbuch, Kap. 12). Von einem solchen Einverständnis kann im Koran keine Rede sein. Hier wird der Konflikt zwischen Abraham und seinem Vater bzw. seinem Volk dramatischer als im Jubiläenbuch geschildert:

41 Gedenke im Buch des Abraham! Siehe, er war gerecht und ein Prophet. 42 Damals, als er zu seinem Vater sprach: „Mein Vater! Warum verehrst du etwas, was nicht hört und sieht und dir auch nichts hilft? 43 Mein Vater! Siehe, zu mir gelangte Wissen, das noch nicht zu dir kam! So folge mir, dass ich dich führe einen geraden Weg! 44 Mein Vater! Diene nicht dem Satan! Siehe, der Satan widersetzt sich dem Erbarmer. 45 Mein Vater! Ich fürchte, dass dich eine Strafe vom Erbarmer trifft und du ein Freund[34] des Satans wirst!" 46 Er sprach: „Willst

---

[34] Arab. *walī*. Bobzin übersetzt abschwächend mit „Gefolgsmann".

du meine Götter verlassen, Abraham? Wenn du nicht endlich (sc. damit) aufhörst, werde ich dich steinigen! Doch nun meide mich für längere Zeit!" 47 Er sprach: „Friede sei mit dir! Ich werde meinen Herrn für dich um Vergebung bitten! Siehe, er ist mir wohlgeneigt. 48 Ich halte mich von euch getrennt und von dem, was ihr an Gottes statt anruft, und rufe einzig meinen Herrn an. Vielleicht werde ich dadurch, dass ich meinen Herrn anrufe, nicht unglücklich!"

Die Kontroverse Abrahams mit dem Astralkult seiner Heimatstadt emotionalisiert sich zusehends und wird immer deutlicher auch zu einem persönlichen Konflikt Abrahams mit seinem Vater. Gleich viermal beginnt jetzt Abraham seine Worte mit einem inständig beschwörenden *yā-abati*: „(Ach,) mein Vater"! Abraham beruft sich jetzt auf ein besonderes „Wissen" (arab. *ilm*) von Gott, das bereits seinem verheißenen Sohn Isaak im ersten großen Erzählkreis attestiert worden war (Sure 51,28). Doch der Vater bleibt seiner Religion treu. Er ist unerbittlich und die beiden gehen getrennte Wege – für damalige familiäre und soziale Verhältnisse, in denen die Autorität der Väter praktisch unhinterfragbar war, eine Sensation, geradezu eine Revolte! *Abraham wagt es, den Gehorsam gegenüber (seinem neuen) Gott über den Gehorsam gegenüber seinem Vater und den alten Göttern zu stellen.* Individuelle Glaubensgewissheit zählt mehr als die Unterordnung unter die Konventionen der Gemeinschaft. Und mehr noch: Die wachsende Intensität der Kontroverse, die zu einem persönlichen Vater-Sohn-Konflikt geworden ist, zeigt sich nicht allein im beschwörenden Flehen Abrahams, sondern auch in seiner Bewertung der polytheistischen Astralreligion nicht nur als Götzendienst, sondern sogar als Satanskult: „Diene nicht dem Satan!" (Vers 44). Der Konflikt emotionalisiert sich nicht nur, sondern er wird auch theologisiert. *Abraham dämonisiert seinen Vater regelrecht.* Abraham befürchtet allen Ernstes, dass sein Vater ein „Freund des Satans" werde (Vers 45). Schrecklicher kann der Vorwurf eines Sohnes gegenüber seinem Vater in religiös geprägten Kontexten nicht sein: mit dem Teufel im Bunde zu stehen! Und der Vater kontert entsprechend. Er droht dem ungehorsamen, aus seiner Sicht ebenfalls ungläubigen Sohn seinerseits mit dem Tod – hier nicht durch Feuer wie an allen anderen Stellen (Sure 37,97; 21,69; 29,24), sondern durch Steinigung (Vers 46). Schrecklicher kann auch die Drohung eines Vaters gegenüber seinem Sohn nicht sein: ihn eigenhändig töten zu wollen! Das rebellische Verhalten seines starrsinnigen Sohnes ist aus seiner Sicht gleichfalls Gottes- bzw. Götterlästerung. Der sich als unüberbrückbar erweisende Vater-Sohn-Konflikt eskaliert in einem Zerwürfnis um des Glaubens willen, gekennzeichnet von einem vollständigen gegenseitigen Unverständnis und gepaart mit Intoleranz und massivsten Drohungen auf beiden Seiten. Am Ende rudern beide etwas zurück und verständigen sich darauf, sich erst einmal aus dem Weg zu gehen.

Die in dieser Version des Narrativs beschriebene *Eskalation des Konflikts* wirft ein helles Licht auf die Situation Muhammads und seiner Anhänger zur Zeit der Entstehung bzw. Offenbarung von Sure 19. Ihre Lage hatte sich dramatisch verschlechtert. Sie waren als Opfer von sozialen, familiären und ökonomischen Repressalien einem solchen Druck ausgesetzt, dass eine Gruppe von rund einhundert Gläubigen um das Jahr 616 in das christliche Abessinien ausgewandert war. Sie suchten Zuflucht beim dortigen Herrscher, dem *Negus*, die ihnen auch gewährt wurde. Die in Mekka verbliebenen Anhänger Muhammads wurden nunmehr offiziell per Deklaration boykottiert:

> Es dürfen keine Ehen mehr mit Angehörigen dieser beiden Sippen (sc. den *Banū Hāshim* und den *Banū Muttalib*) geschlossen werden, und es darf nichts mehr an sie verkauft und nichts mehr von ihnen gekauft werden. (…) Zwei oder drei Jahre litten dann die Muslime unter dem Boykott, bis sie völlig erschöpft waren, da nur noch insgeheim und heimlich etwas zu ihnen gebracht werden konnte.[35]

Angesichts dieser höchst angespannten Situation in Mekka überrascht es nicht, dass der Koran jetzt wiederholt auf diesen Konflikt zwischen Abraham und seiner Sippe zu sprechen kommt. Drei weitere Varianten werden relativ kurz hintereinander aufgeführt. Sure 43 begnügt sich ganz knapp mit dem Credo Abrahams und weist ausdrücklich auf dessen Vorbildfunktion für seine Nachkommen – sprich: für Muhammad und seine Gefährten in Mekka – hin:

> 26 Damals, als Abraham zu seinem Vater und zu seinem Volke sprach: „Siehe, ich bin nicht verantwortlich für das, was ihr verehrt, 27 mit Ausnahme dessen, der mich erschuf. Siehe, *er* wird mich leiten." 28 Und er machte es zu einem bleibenden Wort bei seiner Nachkommenschaft. Vielleicht kehren sie ja um.

Die fünfte Variante in Sure 21 erzählt wieder ausführlicher. Erneut ist die Szene dreigeteilt: Disput (hier in moderatem Ton) – Zerstörung der Götterstatuen – Todesstrafe und Errettung. Diese Fassung bringt im zweiten und dritten Teil neue, bislang unbekannte Details. Im Folgenden sei zunächst der Text vollständig zitiert:

> 51 Abraham hatten wir seine Reife schon lange vorher[36] gegeben und kannten ihn. 52 Als er zu seinem Vater und zu seinem Volke sprach: „Was sind das hier für Götzenbilder, die ihr verehrt?" 53 Sie sprachen: „Wir fanden, dass ihnen schon unsere Väter dienten!" 54 Er sprach: „Ihr und eure Väter seid in klarem Irrtum." 55 Sie sprachen: „Kamst du mit ernster Botschaft zu uns, oder treibst du nur Scherz mit uns?" 56 Er sprach: „Keineswegs! Euer Herr ist Herr der Himmel und der Erde, der sie erschuf – und ich bin dafür Zeuge. 57 Bei Gott, ich werde eure Götzen überlisten, wenn ihr ihnen den Rücken zugewandt habt." 58 Da haute er sie kurz und klein, bis auf den ‚Großen', den sie hatten; vielleicht würden

---

[35] Ibn Ishāq, Das Leben des Propheten, Kandern 1999, S. 74f.

[36] Arab. *min qabl*. Bobzin übersetzt mit „früher". Ich bevorzuge die Übersetzung Asads mit „lange vorher". Gemeint ist, dass Gott Abraham schon lange vor der Zeit Moses, von dem in der Sure unmittelbar zuvor die Rede ist, das wahre Erkenntnisvermögen gegeben hat.

sie sich zu ihm wenden. 59 Sie sprachen: „Wer hat das unseren Göttern angetan? Das ist fürwahr ein Frevler!" 60 Sie sprachen: „Wir hörten einen jungen Mann mit Namen Abraham sie nennen!"[37] 61 Sie sprachen: „Bringt ihn herbei vor aller Leute Augen, dass sie es vielleicht bezeugen können!" 62 Sie sprachen: „Abraham, hast *du* das unseren Göttern angetan?" 63 Er sprach: „Keineswegs! Der ‚Große' unter ihnen da, der hat es getan! So fragt sie doch, wenn sie sprechen können!" 64 Da wandten sie sich einander zu[38] und sprachen: „Siehe, ihr seid die Frevler!" 65 Dann wandelten sie ihren Sinn: „Du wusstest doch, dass diese da nicht sprechen können!" 66 Er sprach: „Wollt ihr denn an Gottes statt[39] verehren, was euch nichts nützt und auch nicht schadet? 67 O Schande über euch und über das, was ihr an Gottes statt verehrt! Wollt ihr denn nicht euren Verstand gebrauchen?"[40] 68 Sie sprachen: „Verbrennt ihn und helft euren Göttern, wenn ihr entschlossen seid!" 69 Wir (sc. Gott) sprachen: „Feuer, sei kühl und heilsam für Abraham!"[41] 70 Sie wollten eine List gegen ihn anwenden, doch wir machten sie zu Verlierern.

Abraham provoziert seinen Vater, seine Verwandtschaft, seine Nachbarn, sein Volk, die in seinen Augen allesamt Götzendiener sind. Er spielt mit ihnen und gibt ihre aus seiner Sicht unvernünftige Astralreligion der Lächerlichkeit preis. Der Rebell wird hier zum „Aufklärer", dessen intellektuell-religiöse Erkenntnisfähigkeit bzw. „Reife" (arab. *rushd*) in Vers 51 eigens betont wird. Er fordert sie auf, sich ihres Verstandes zu bedienen (Vers 67). Das ist bemerkenswert. Den Ewigen und Unvergänglichen, den wahren Gott zu erkennen, ist nicht allein eine Sache der Offenbarung und des Glaubens, sondern auch – so der Koran – eine Angelegenheit der menschlichen Vernunft. Sie ist immerhin ebenfalls von Gott gegeben. Die Reaktion der verspotteten Stammes- und Familienangehörigen ist drastisch: Abraham soll verbrannt werden! Er muss auf dem Scheiterhaufen sterben! Doch Gott lässt nicht zu, dass Abraham auch nur ein Haar gekrümmt werde, und bewahrt ihn vor dem drohenden Feuertod. Gott als Schöpfer der Welt ist ebenso der Herr des Feuers, so dass dieses nicht zu einer Quelle der Pein, sondern der Wohltat, des Wohlergehens (arab. *salām*) für Abraham wird (Vers 69). Man könnte das Errettungswunder auch metaphorisch erklären: Wer

---

[37] Gemeint ist: Man hörte, wie Abraham voller Verachtung auf die Götter zu sprechen kam.

[38] Bobzin übersetzt etwas unschön: „Da wandten sie sich selbst zu (...)."

[39] Arab. *min dūni Llāhi*. Bobzin hat dieselbe Wendung oben in Sure 19,48 korrekt mit „an Gottes statt" übersetzt. Das übernehme ich auch für hier in Sure 21,66–67, während Bobzin selbst an diesen beiden Stellen etwas irreführend mit „außer Gott" übersetzt, was ja nicht ganz dasselbe ist, sondern sich als Vorwurf eigentlich an Monotheisten richtet. Auch an anderen Stellen (z. B. in Sure 29) werde ich künftig dieselbe arabische Wendung stets mit „an Gottes statt" wiedergeben, ohne das eigens zu vermerken.

[40] Arab. *a-fa-lā taʿqilūn*. Ich folge der Übersetzung Asads. Ähnlich übersetzen fast alle Koranübersetzer, z. B. Paret: „Habt ihr denn keinen Verstand?" Und Bobzin: „Könnt ihr denn nicht begreifen?"

[41] Arab. *yā-nāru kūnī bardan wa-salāman ʿalā Ibrāhīm*. Eigene Übersetzung. Bobzin: „Feuer, sei kalt und taste Abraham nicht an!"

für den wahren Gott des Himmels und der Erde „brennt", den lässt das irdische Feuer kalt. Dem können von Menschen gemachte und geschürte Scheiterhaufen nichts mehr anhaben. Scheiterhaufen können Götzen verbrennen, nicht aber wahrhaft Gläubige. Das Licht der Wahrheit, das Gott im Menschen mit Hilfe des Verstandes entzündet, kann unverwundbar, kann unantastbar machen. Es beschert einen inneren Frieden, der durch keine äußeren Widrigkeiten mehr erschüttert werden kann. Ähnlich berichtet der Koran von Gottes rettender Intervention bei anderen herausragenden Propheten, die mit dem Tod bedroht wurden, etwa bei Noah, bei Lot, bei Mose, bei Jesus und nicht zuletzt bei Muhammad selbst.

Auch dieses für das allgemeine Empfinden der Zuhörerschaft zentrale Motiv in der fünften Variante – die wundersame Errettung Abrahams aus dem Feuer – begegnet lange vor dem Koran bereits in der außerbiblischen jüdischen Tradition, etwa im Talmud. Es wird von der späteren islamischen Überlieferung in den populären Legenden um Abraham und Nimrod erneut aufgegriffen und ausgeschmückt, wie wir später noch sehen werden (Kapitel 9). Die theologisch zentrale Aussage dieser Variante, dass Gott auch mit Hilfe der Vernunft zu erkennen sei, wird in den beiden nächsten Fassungen der Geschichte aus der spätmekkanischen Phase der Wirksamkeit Muhammads kurz vor der Auswanderung nach Medina weiter herausgearbeitet. In Sure 29,16–27 argumentiert Abraham mit den Werken der Schöpfung. Der Verständige möge seine Augen aufmachen und sehen! Die Schöpfung ist nicht nur ein Indiz für die Existenz des Einen, sondern auch dafür, dass Gottes Macht sogar den Tod überwindet, so dass kein Ungläubiger seiner Strafe entrinnen kann, andererseits aber auch kein Gläubiger angesichts des Todes verzweifeln muss. Denn Gott als Schöpfer besitzt auch die Macht zur Auferweckung – also zu einer Art zweiten Schöpfung.

16 Und Abraham. Damals, als er zu seinem Volke sprach: „Dient Gott und fürchtet ihn! Das ist besser für euch, wenn ihr Wissen habt. 17 Aber ihr dient Götzenbildern an Gottes statt, und ihr schafft Lügenwerk. Siehe, jene, denen ihr da an Gottes statt dient, können euch nicht versorgen. So sucht von Gott selbst Versorgung! Und dient ihm, und seid ihm dankbar! Zu ihm werdet ihr zurückgebracht. 18 Wenn ihr leugnet – schon vor euch leugneten ja Völker. Dem Gesandten ist nichts anderes aufgetragen als die klare Botschaft. 19 Sahen sie denn nicht, wie Gott die Schöpfung zum ersten Mal vollbringt und sie dann wiederholt? Siehe, das ist für Gott ein Leichtes. 20 Sprich: ‚Zieht im Land umher, und schaut, wie er die Schöpfung zum ersten Mal vollbracht hat! Darauf bringt Gott hervor die letzte Schöpfung. Siehe, Gott ist aller Dinge mächtig. 21 Er bestraft, wen er will, und erweist Barmherzigkeit, wem er will. Zu ihm werdet ihr zurückgebracht. 22 Ihr könnt auf der Erde und im Himmel nichts vereiteln und habt gegen Gott keinen Beschützer und keinen Helfer.[42] 23 Die nicht an Gottes Zeichen glauben und daran, dass sie ihm begegnen

---

[42] Arab. *wa-mā lakum min dūni Llāhi min walīyin wa-lā naṣīr*. Die Formulierung ist mehrdeutig. Entweder ist gemeint, dass es weder Freund noch Helfer gibt, der die Menschen *vor Gott selbst* schützen könnte (so z. B. Asad, Bobzin). Es kann aber auch gemeint sein: Die Men-

werden, die können nicht auf mein Erbarmen hoffen, und ihnen ist schmerzhafte Strafe bestimmt."' – 24 Da war die Antwort seiner Leute nur, dass sie sprachen: „Tötet ihn (sc. Abraham), oder verbrennt ihn!" Da errettete ihn Gott aus dem Feuer. Siehe, darin sind wahrlich Zeichen für Menschen, welche glauben. 25 Er (sc. Abraham) sprach: „Ihr habt an Gottes statt Götzenbilder angenommen, weil ihr einander zugeneigt seid im Leben hier auf Erden. Dann, am Tag der Auferstehung, werdet ihr einander nicht mehr glauben und euch verfluchen gegenseitig. Euer Zufluchtsort wird das Höllenfeuer sein, und ihr werdet keine Helfer haben." (...) 27 Wir schenkten ihm (sc. Abraham) Isaak und Jakob. Unter seinen Nachkommen stifteten wir das Prophetentum und das Buch. Wir gaben ihm im Diesseits seinen Lohn, und im Jenseits ist er fürwahr unter den Rechtschaffenen.

Manche Ausleger bzw. Übersetzer wie Asad und auch Bobzin selbst lassen die direkte Rede Abrahams bereits mit Vers 17 enden und setzen hier ein Anführungszeichen (das ich oben im Text weggelassen habe). Für sie ist das Folgende eine Rede Muhammads an die ungläubigen Mekkaner. Anderen Interpreten zufolge geht die Rede Abrahams jedoch weiter, sei es bis Vers 18 (so z. B. Paret) oder sogar bis Vers 23. Es bleibt in jedem Fall eine Interpretation, da der arabische Text keine Anführungszeichen enthält. Ich selbst gehe von einer durchgängigen Rede Abrahams von Vers 16 bis Vers 23 aus, auf die die Reaktion seiner Landsleute in Vers 24 folgt. Die Tatsache, dass man einen Teil der Rede Abrahams auch für eine Rede Muhammads halten kann, belegt einmal mehr, wie paradigmatisch und transparent die Ur-Situation Abrahams für Muhammad und seine eigenen Konflikte mit den Mekkanern ist. Er kann sich mühelos in dessen Diskussionen wiederfinden und sich Abrahams Argumente zu eigen machen. Der nächsten, insgesamt siebten Fassung dieses zweiten Erzählkreises um Abraham wenden wir uns im folgenden Kapitel zu.

---

schen haben *außer Gott* niemanden sonst, der ihnen wahrhaft ein Freund und Helfer wäre (so etwa Paret, Khoury).

3. Abraham und die Sterne – oder: Was der Weise erkennt

Vierter Akt: Konversion

Das Drama zwischen Abraham und seinem Vater geht in die nächste Runde. Anschaulich demonstriert die folgende siebte Variante das Argument oder Mittel der Vernunft. Das ist durchaus eine Überraschung. In der biblischen Tradition ist das Motiv von Abraham als Betrachter der Sterne kein Hinweis mehr auf seinen ursprünglichen Astralglauben, sondern wird mit der Verheißung einer zahlreichen Nachkommenschaft durch (seinen neuen) Gott verbunden (Genesis 15,5): „Er (sc. Gott) führte ihn (sc. Abraham) hinaus und sprach: ‚Sieh gen Himmel und zähle die Sterne, wenn du sie zählen kannst.‘ Und er sprach ferner: ‚So (sc. zahlreich) soll dein Same sein!‘" Im Koran jedoch erhält dieses Motiv vom sternebetrachtenden Erzvater eine völlig andere Akzentuierung. Hier geht es nicht um das Dilemma der Kinderlosigkeit eines greisen Paares, Abrahams und Saras (Genesis 16,1–2), sondern um Abrahams Suche nach dem, der wahrhaft Gott genannt zu werden verdient. Die Äußerung eines Kinderwunsches Abrahams begegnet im Koran zwar ebenfalls, aber nur an einer einzigen Stelle (Sure 37,100): „Mein Herr! Schenk mir einen von den Frommen!" Hier fehlt aber jeder Bezug auf himmlische Betrachtungen. Die Sterne haben beim koranischen Abraham eine ganz andere Funktion, wobei der Koran, historisch betrachtet, offenkundig einmal mehr aus einem Erzählstrom schöpft, der sich aus der spätantiken jüdischen Überlieferung speist.

In Sure 6,74–84 geht der Koran ein letztes Mal ausführlich auf Abrahams Konflikt mit seinem Vater ein.[43] Diese siebte Fassung hat im Vergleich zu den bisherigen Varianten mehrere Besonderheiten zu bieten. Sie nennt zu Beginn den Namen von Abraham Vaters; sie beschreibt die allmähliche Konversion – wörtlich: „Hinwendung" – Abrahams zu Gott. Und sie gibt einen begrifflichen Hinweis darauf, dass Abraham ursprünglich ein Heide war. Abrahams Vater wird hier in Sure 6,74 zum ersten und einzigen Mal namentlich im Koran genannt: *Āzar* – im Unterschied zur Hebräischen Bibel, der zufolge Abrahams Vater *Terach* hieß (Genesis 11,27). Der Name Terach taucht dann überwiegend auch in den späteren islamischen Abrahamlegenden wieder auf. Um diese widersprüchlichen Namensangaben zu harmonisieren, haben die Ausleger die verschiedensten Erklärungen bemüht. Eine traditionelle Auskunft lautet, dass er tatsächlich Terach geheißen habe. Āzar sei der Name des von Terach verehrten

---

[43] Einen Überblick über die innerislamische Auslegungsgeschichte von Sure 6,74ff. bietet Tilman Nagel: „Abraham, der Gottesfreund". Deutungen muslimischer Korankommentatoren, in: R. Kratz/T. Nagel (Hg.), „Abraham, unser Vater". Die gemeinsamen Wurzeln von Judentum, Christentum und Islam, Göttingen 2003, S. 150–164.

Götzen gewesen.[44] Später habe Terach den Namen Āzar als eine Art Ruf- oder Spitznamen erhalten, den er seinem Götzen verdanke.[45] Vor allem jüdische Arabisten vertraten hingegen die Ansicht, Muhammad habe Abrahams Vater schlicht mit Abrahams Diener *Eli'eser* verwechselt.[46] Wieder eine andere Erklärung findet sich bei dem ebenfalls jüdischen Gelehrten *Abraham Geiger*. Seiner Ansicht nach führt eine direkte Linie von *Thara*, dem griechischen Namen Terachs in der Septuaginta, der griechischen Übersetzung der Jüdischen Bibel, zum irrtümlichen *Athar* in der griechischen Kirchengeschichte des Eusebius von Caesarea (gest. um 340), woraus dann *Āzar* im Arabischen geworden sei.[47]

Wie auch immer es zu diesem Namen für Abrahams Vater im Koran kam: In dieser Erzählvariante befindet sich der Konflikt zwischen Abraham und Terach alias Āzar bereits in einer postdramatischen Phase. Sure 6 ist wohl unmittelbar vor der Emigration Muhammads nach Medina entstanden bzw. offenbart worden. Die Ära der Debatten ist vorüber. So gibt es auch keinen Disput mehr zwischen Āzar und Abraham. Auch der rebellisch-provokante Gestus der Zerstörung von Götterstatuen ist nicht mehr nötig. Der Blick richtet sich nach vorn, für Muhammad heißt das: nach Medina. Abraham richtet seine Blicke nach oben. In sehr anschaulicher Weise wird beschrieben, wie er angesichts der Gestirne und mit Hilfe der ihm gegebenen Vernunft Gott erkennt. In Sure 19,43 berief sich Abraham auf ein besonderes „Wissen" (arab. *ilm*); in Sure 21,51 wurde ihm eine intellektuelle „Reife" (arab. *rushd*) attestiert. Was man sich unter diesen göttlichen Gaben konkret vorzustellen hat, wird in Sure 6 im Folgenden geschildert:

> 74 Als Abraham zu seinem Vater Azar [sic] sprach: „Nimmst du Standbilder dir zu Göttern? Siehe, dich und dein Volk sehe ich in klarem Irrtum!" 75 So zeigten wir Abraham die Herrschaft über die Himmel und die Erde, damit er zu den Überzeugten gehöre. 76 Als die Nacht über ihn hereinbrach, sah er einen Stern und sprach: „Das ist mein Herr!" Als er aber unterging, da sprach er: „Ich liebe nicht die Untergehenden!" 77 Und als er den Mond aufgehen sah, da sprach er: „Das ist mein Herr!" Als er aber unterging, da sprach er: „Wenn mich mein Herr nicht leitet, gehöre ich zu den Menschen, die vom

---

[44] Vgl. z. B. Islamische Erzählungen von Propheten und Gottesmännern, a. a. O. S. 99.

[45] Vgl. z. B. Stories Of The Prophets [Collected by] Ibn Kathīr, Riyadh 2003, S. 136. Einige Ausleger, die auf strenge Abgrenzung vom Judentum bedacht sind (z. B. Rashid Rida), behaupten rundweg, der Name Terach aus dem Buch Genesis sei falsch – nur der Koran habe recht.

[46] So Siegmund Fraenkel, ZDMG 56, 1902, S. 72; Josef Horovitz, Koranische Untersuchungen, Berlin/Leipzig 1926, S. 85f. Ihnen folgt Paret: Der Koran. Kommentar und Konkordanz, Stuttgart 8. Auflage 2012, S. 144. Ebenso schon Speyer, Die biblischen Erzählungen im Qoran, Gräfenhainichen 1931, S. 130, Anm. 2.

[47] Was hat Mohammed aus dem Judenthume aufgenommen?, a. a. O. S. 128. Dieser Ansicht neigt auch Asad zu: Die Botschaft des KORAN, a. a. O. S. 246, Anm. 66.

Weg abirren." 78 Und als er die Sonne aufgehen sah, da sprach er: „Das ist mein Herr, denn das ist größer (sc. als die anderen Gestirne)!" Als sie aber unterging, da sprach er: „Mein Volk! Ich habe nichts zu schaffen mit dem, was ihr (sc. Gott) beigesellt. 79 Siehe, ich wende mich, als wahrer Gläubiger, dem zu, der die Himmel und die Erde erschaffen hat. Und ich bin keiner von den Beigesellern."

Die zweite und wichtigste Besonderheit dieser Fassung besteht in der Beschreibung des Prozesses einer „Konversion" – ganz wörtlich im Sinne von Umkehr und Neu-ausrichtung – Abrahams vom Astralkult hin zu dem, der sämtliche Gestirne als ihr Schöpfer und König überragt. Dass Abraham und seine Vorfahren von Hause aus „Heiden" waren und „anderen Göttern dienten", war bereits aus der Hebräischen Bibel bekannt (Josua 24,2). Vermutlich werden es die schon erwähnten babyloni-schen Götter *Sin,* der „Vater der Götter", seine Gemahlin *Ischtar Sarratu,* die „Fürs-tin" der Sterne, und ihr gemeinsamer Sohn *Schamasch,* der Sonnengott, gewesen sein, die in Ur und in Harran verehrt wurden. Der Koran hatte in den bisherigen Fassungen dieses Narrativs stets vorausgesetzt, *dass* Abraham der Astralreligion sei-ner Väter nicht mehr glauben konnte. *Wie* es zu diesem Umdenken oder Umglau-ben des Erzvaters überhaupt gekommen war, wurde nicht erklärt. Erst jetzt erfahren wir: Abraham hat einen Wandlungsprozess durchlaufen. Er hat gleichsam seinen „Kinderglauben" abgelegt. Nirgendwo sonst beschreibt der Koran so anschaulich den vormaligen Heiden Abraham, der Gott – sich Schritt um Schritt vorantastend – sucht und findet. Abraham gilt gemeinhin als Vorbild des Glaubens in den mono-theistischen Religionen. Aber auch als Heide ist Abraham schon ein Vorbild – doch nicht des Glaubens, sondern der Gott suchenden Vernunft. Als solcher ist Abra-ham – jedenfalls in den vernunftfeindlichen Strömungen dieser drei Religionen – noch ein Unbekannter. Es ist die ihm von Gott gegebene und ihn rechtleitende Ver-nunft, die ihn den wahren Gott finden lässt.

Dieses vernünftige Suchen und Finden Gottes ist ein Prozess. Sehr zur Irritation konservativer muslimischer Ausleger, gemäß deren Auffassung Abraham als Prophet und vollkommenes Vorbild eigentlich nicht irren kann, vollziehen sich Abrahams Su-chen und Finden dem Koran zufolge gerade nicht schlagartig wie eine plötzliche Offen-barung, sondern Schritt für Schritt, Stufe um Stufe. Intuitiv gelangt Abraham, von Irr-tum zu Irrtum weiterschreitend, zur Erkenntnis Gottes. Er *transzendiert* am Ende das augenscheinlich Vorfindliche. Denn nur das, was nicht vergänglich und nicht sichtbar ist, kann der Grund alles am Himmel und auf Erden Sichtbaren und Vergänglichen sein. Dreimal hält der „astrale Abraham" ein Mitglied der babylonischen „göttlichen Familie" – zunächst einen Stern (Ischtar), dann den Mond (Sin) und schließlich die Sonne (Schamasch) – für seinen Gott: „Das ist mein Herr" (arab. *hādhā rabbī*). Doch wird Abraham jedes Mal aufs Neue klar, dass es noch etwas Größeres – einen Größe-ren – geben muss. Das ist das Ziel und der Kern der abrahamischen Vernunfterkenntnis, wie sie sich schon in der zuvor erwähnten Passage Sure 29,16 ff. angedeutet hat: Gott kann nur der unvergängliche Schöpfer des Himmels und der Erde sein, nicht aber seine vergänglichen Geschöpfe, seien es die Gestirne des Himmels, seien es ihre von Menschen gemachten Abbilder auf Erden.

Exkurs 4: Das Motiv kosmologischer Gotteserkenntnis in der Spätantike

Der Sternenkult – die Beobachtung, Berechnung und Verehrung der Gestirne, insbesondere von Mond und Sonne – ist fast so alt wie die menschliche Zivilisation und in vielen Kulturen bezeugt, in diesem geographischen Raum etwa bei den Ägyptern und bei den Babyloniern. Abraham ist im Koran, wie wir sehen, geradezu der Inbegriff des Weisen, der beim Anblick der Sternenwelt diese zu transzendieren vermag und so allen Sternenkult zugunsten des Monotheismus hinter sich lässt. Diese gleichsam „astronomische Art", Gott zu suchen und zu finden – fast so etwas wie ein kosmologischer Gottesbeweis –, wie der Koran es hier beschreibt, ist nicht ganz neu: weder mit Bezug auf Abraham selbst als Akteur noch überhaupt als Motiv oder Form der Gotteserkenntnis in (spät)antiker Zeit. Dafür gibt es eine ganze Reihe vorkoranischer Belege aus unterschiedlichen religiösen und philosophischen Traditionen. Wir beschränken uns im Folgenden auf zwei Beispiele, die aus dem antiken, hellenistisch-philosophischen Judentum sowie – fast 400 Jahre später – aus dem spätantiken Christentum stammen.

Beispiel 1: Philo von Alexandrien

Für den hellenistisch-jüdischen Philosophen *Philo* aus dem nordägyptischen Alexandrien (gest. um 40 u. Z.) sind die Erzählungen der Genesis über Abrahams Wanderungen, die mit dem Verlassen des Vaterhauses beginnen, eine Allegorie auf „die tugendliebende und den wahren Gott suchende Seele."[48] Philo erläutert weiter:

> Nachdem Abraham in diesem Glauben herangewachsen und lange Zeit Chaldäer (Sternverehrer) gewesen war, öffnete er wie aus tiefem Schlafe das Auge der Seele und begann statt tiefer Finsternis reinen Lichtglanz zu schauen; er folgte diesem Licht und nahm wahr, was er vorher nicht gesehen hatte, einen Lenker und Leiter der Welt, der über sie waltet und in heilsamer Weise sein eigen Werk regiert und allen seinen Teilen, die seiner göttlichen Fürsorge würdig sind, seinen Schutz und Beistand angedeihen lässt.

Dank einer „göttlichen Stimme", so Philo, vermag Abraham schließlich klar zu „erkennen, dass die Welt nicht der höchste Gott ist, sondern das Werk des höchsten Gottes

---

[48] De Abrahamo 68, zit. nach der Ausgabe: Philo von Alexandrien, Über Abraham (De Abrahamo), in: Die Werke in deutscher Übersetzung, hg. und übersetzt von Leopold Cohn u. a., Bd. 1, Breslau 1909, S. 111. Alle weiteren Zitate im Haupttext stammen aus der Passage De Abrahamo 68–88 = deutsche Ausgabe S. 111–115. Die runden Klammern in den Zitaten entstammen dem Original.

und Allvaters, der selbst unsichtbar ist, aber alles offenbart und die Natur der kleinen wie der grossen Dinge deutlich zeigt." So ist Philo zufolge Abrahams Erkenntnis Gottes angesichts der Sternenwelt letztlich doch auf eine Art *Offenbarung* angewiesen: Nur so „vermochte er wie bei klarem Himmel eine Vorstellung von dem früher ihm Verhüllten und Unsichtbaren zu gewinnen (...), war es doch einem Menschen unmöglich, von selbst das wahrhaft seiende Wesen zu begreifen, wenn dieses sich nicht selbst zeigte und offenbarte." Der Namenswechsel von Abram zu Abraham, den die Genesis bezeugt, ist für Philo ein Indiz dafür, dass Abraham von einem astralgläubigen Heiden zu einem gottgläubigen Weisen herangereift sei: „Für den Himmelskundigen scheint nun gar nichts Grösseres zu existieren als das Weltall, das er deshalb als Ursache alles Werdens annimmt. Der Weise aber, der mit seinen schärferen Augen sieht, dass es noch ein vollkommeneres, rein geistiges, herrschendes und führendes Wesen gibt, von dem alles andere beherrscht und geleitet wird, tadelt sich selbst heftig wegen seines früheren Lebens, weil er wie ein Blinder durchs Leben gewandelt" war. Für Philo ist Abraham angesichts der Sternenwelt erst dank einer göttlichen *Offenbarung* zu einem wahrhaft Sehenden geworden.

Beispiel 2: Augustinus

Ein weiteres vorkoranisches, ebenfalls aus Nordafrika stammendes Beispiel für eine mit Sure 6,74 ff. vergleichbare kosmische Gottessuche findet sich in den „Bekenntnissen" (lat. *Confessiones,* um 400) des Kirchenvaters *Aurelius Augustinus* (gest. 430). Dort heißt es:

> Ich fragte die Erde (sc. nach Gott), und sie sagte mir: ich bin es nicht; und alles, was in ihr ist, gestand mir das gleiche. Ich fragte das Meer und seine Tiefen und das Gekrieche seiner Lebewesen, und sie gaben mir die Antwort: wir sind dein Gott nicht; such[e] droben über uns. Ich fragte die wehenden Winde, und es sprach das ganze Luftreich mit seinen Bewohnern: (...) ich bin nicht Gott. Ich fragte den Himmel und Sonne, Mond und Sterne: auch wir sind nicht der Gott, den du suchest. Und ich sagte zu allen Dingen, die um mich her sind vor den Toren meines Fleisches: so saget mir von meinem Gott, weil nicht ihr selbst es seid, saget mir von ihm doch etwas. Und sie erhoben ein Rufen mit lauter Stimme: „Er ist's, der uns geschaffen hat." Meine Frage war mein Gedanke, ihre Antwort war ihre Schönheit. Und ich wandte mich auf mich und sprach zu mir: wer bist nun du? Und gab zur Antwort: Mensch.[49]

Wie bei Philo, so sind es auch bei Augustinus äußere Stimmen, die dem Gottessucher den entscheidenden, sprich: offenbarenden Hinweis geben. Von Offenbarung ist im Koran in Sure 6,74 ff. hingegen nicht die Rede. Hier ist, wie wir gesehen haben, Abraham ein Vorbild der Gott suchenden und erkennenden *Vernunft.* Der inzwischen emeritierte Göttinger Orientalist *Tilman Nagel* meint zu diesem Unterschied:

---

[49] Buch X,6,9, zit. nach: Augustinus, Bekenntnisse – Confessiones. Zweisprachige Ausgabe von Joseph Bernhart, Frankfurt/M. 1987, S. 499.

> Die spätantike jüdische Spekulation über Abrahams Weg zur Gotteserkenntnis er-
> folgt vor dem Hintergrund der alttestamentlichen Überlieferung, setzt diese also
> voraus. (…) Im Islam dagegen bildet Abrahams Nachdenken über die sich überall
> in der Welt zeigende Schöpferkraft Gottes den Beginn aller Theologie und rechtfer-
> tigt erst eigentlich den Vorgang der Offenbarung. Mit anderen, vereinfachenden
> Worten gesagt: Anders als im spätantiken Judentum ist im Islam die kosmologi-
> sche Auslegung des göttlichen Schöpfungswerkes zuerst da, und was Offenbarung
> ist, muß im Lichte dieser Auslegung gesehen werden.[50]

Die dritte Besonderheit dieser siebten Variante besteht in einem neu eingeführten
Begriff, der für die weitere Entwicklung des koranischen Abrahambildes zentrale Bedeutung gewinnen wird. In Sure 6,79 sagt Abraham: „Siehe, ich wende mich, als
wahrer Gläubiger, dem zu, der die Himmel und die Erde erschaffen hat. Und ich
bin keiner von den Beigesellern." Bei dem arabischen Terminus *ḥanīf*, den Bobzin
hier mit „wahrer Gläubiger" wiedergibt, handelt es sich um ein Lehnwort aus dem
Wortschatz des Syro-Aramäischen. In dieser von Christen seit langem gesprochenen
Sprache bedeutete das Wort *ḥanpā* geringschätzig und abwertend „Heide". Im Koran
jedoch wird dieses Wort aufgewertet und erhält eine völlig neue, ganz und gar positive Bedeutung. Die „Konversion" des Begriffes wird in der Person und Konversion
Abrahams gleichsam verkörpert. Aus dem Heiden Abraham ist der Monotheist Abraham geworden. Aus der Bedeutung „Heide" für *ḥanpā* ist in der arabisierten und
islamisierten Form *ḥanīf* der Gottsucher, der wahrhaft Gläubige geworden. Weiter
unten im achten Kapitel kommen wir nochmals darauf zurück.

Allerdings ist nicht jedem die vernünftige Erkenntnis des einen Gottes gegeben.
So wird in der Fortsetzung der siebten Variante dieser Erzählung von Abrahams
Streit mit seinen Stammesgenossen berichtet. Auch wenn dieser Konflikt bekannter-
maßen lebensgefährlich für Abraham ist: Nunmehr fühlt er sich sowohl vor den Bil-
dern der alten Götter, die sich nicht einmal selber helfen können, wie auch vor den
Todesdrohungen seitens seiner Sippe sicher, da Gott ihn schützt, wie der Text in
Sure 6 weiter berichtet:

80 Da stritt sein Volk mit ihm. Er sprach: „Wollt ihr mit mir etwa streiten über Gott – wo
er mich doch geleitet hat? Ich fürchte nicht, was ihr ihm beigesellt, es sei denn, dass mein
Herr irgendetwas will. Mit seinem Wissen erfasst mein Herr jegliches Ding – wollt ihr
euch nicht mahnen lassen? 81 Wie sollte *ich* wohl das fürchten, was ihr beigesellt habt,
während *ihr* nicht fürchtet, dass ihr Gott etwas beigesellt habt, wozu er euch keine Voll-
macht sandte? Welche der beiden Gruppen ist denn eher berechtigt, sicher zu sein –

---

[50] „Abraham, der Gottesfreund". Deutungen muslimischer Korankommentatoren, in: R.
Kratz/T. Nagel (Hg.), „Abraham, unser Vater". Die gemeinsamen Wurzeln von Judentum,
Christentum und Islam, Göttingen 2003, S. 150–164, Zitat S. 150.

wenn ihr Wissen habt?" 82 Diejenigen, die glauben und die ihren Glauben nicht mit Frevel vermischen, die haben Sicherheit und sind rechtgeleitet.[51] 83 Dies ist unser Beweis, den wir Abraham gegenüber seinem Volk gaben. Um Stufen erhöhen wir, wen wir wollen. Siehe, dein Herr ist weise, wissend. 84 Wir schenkten ihm (sc. Abraham) Isaak und Jakob. Jeden leiteten wir recht, und Noah leiteten wir schon früher recht; und aus seiner (sc. Abrahams) Nachkommenschaft: David, Salomo, Hiob, Joseph, Moses und Aaron. Auf diese Weise belohnen wir die, die Gutes tun.

Fünfter Akt: Absolution

Erst ganz am Schluss des Wirkens Muhammads kommt das Drama zwischen Abraham und seinem Vater, wie der Koran es in so vielen Varianten geschildert hat, an sein Ende. Sind doch die Auseinandersetzungen Abrahams mit dem Glauben seiner Väter, den er angesichts seiner Erkenntnis des wahren Gottes für Götzenkult hält, in den Augen Muhammads paradigmatisch für seine eigenen Konflikte mit den Polytheisten seiner Zeit geworden. Sämtliche Diskussionen, alles Flehen und Drohen auf beiden Seiten ist nutzlos gewesen. Nachdem Abraham seine Lossagung vom Vater bereits einmal angedroht hatte (Sure 19,48), macht er sie nun tatsächlich wahr. Er sagt sich dem Koran zufolge gleich zweimal – also definitiv – von seiner Herkunftsfamilie und von deren astralen Göttern los. Von nun an sind sie geschiedene Leute, sind sie Feinde um des Glaubens willen. Die erste Lossagung – „Absolution" in diesem Sinne – findet sich in Sure 60,4 (Übersetzung von Moustafa Maher): „Wir sagen uns von euch und von denen los, die ihr anstatt Gottes anbetet. Wir erkennen euch nicht an. Zwischen uns und euch zeigte sich offenbar für immer Feindschaft und Haß, bis ihr an Gott allein glaubt." Die Fronten sind klar und deutlich und für alle Zeiten festgelegt, ein Brückenschlag ist nicht mehr möglich. Intoleranz, Feindschaft und Hass regieren zwischen der Sippe Āzars und Abraham, der sich mit seiner eigenen Familie – also zusammen mit Sara und seinem Neffen Lot – von ihrer aller Sippe lossagt („wir"). Es folgt ein interessanter Zusatz im selben Vers: „Ausgenommen ist Abrahams Wort an seinen Vater: ‚Ich will für dich um Vergebung bitten, obgleich ich für dich gegen Gottes Strafe nichts tun kann.'" Abraham und sein Vater sind um des Glaubens willen verfeindet, doch will Abraham offenbar Āzar weder hassen noch ihm nach dem Leben trachten. Vielmehr ist seine Lossagung verbunden mit einer Bitte um Vergebung, freilich nicht im Sinne einer Bitte an den Vater, dieser möge ihm seinen neuen Glauben – gleichbedeutend mit dem Abfall vom Glauben der Väter – verzeihen, sondern im Sinne einer erneuten Fürbitte Abrahams für den aus seiner Sicht verblendeten Vater. Daran schließt sich ein kurzes Gebet Abrahams

---

[51] Die Rede Abrahams könnte mit Vers 81 (so Bobzin), aber auch erst mit Vers 82 enden.

„und derer, die mit ihm waren" (Sure 60,4), an: „Unser Herr, auf dich vertrauen wir, und dir wenden wir uns bußfertig zu. Zu *dir* hin ist das Ziel. Unser Herr! Mach[e] uns nicht zu einer Versuchung für die Ungläubigen, und vergib uns, unser Herr! Siehe, du bist der Mächtige, der Weise!"[52]

Ungefähr zur selben Zeit, vielleicht etwas später als Sure 60,4 zu datieren, wird von einer zweiten Lossagung Abrahams berichtet, die sich in Sure 9,114 findet: „Dass Abraham für seinen Vater um Vergebung bat, geschah nur eines Versprechens wegen, das er ihm gegeben hatte. Als ihm aber klar geworden war, dass er ein Feind Gottes war, sagte er sich von ihm los." Eben diese Lossagung ist auch das Leitmotiv Muhammads spätestens seit seiner Emigration (arab. *hidjra*) im Jahre 622 von Mekka nach Medina: die soziale wie auch die religiöse Loslösung von der Heimat, von der Herkunftsfamilie, von der eigenen Sippe und ihrer Religion. Es ist kein Zufall, dass genau im Vers zuvor die Jetzt-Zeit Muhammads zu Wort kommt – und hier ist offenbar nicht einmal mehr eine Bitte um Vergebung möglich (Sure 9,113): „Der Prophet und die Gläubigen können für die Beigeseller nicht um Vergebung bitten, auch dann nicht, wenn es Verwandte sind, nachdem ihnen klar geworden war, dass sie ja Bewohner der Feuerhölle werden." Vollständiger kann der Bruch nicht sein. Nicht das Blut zählt, sondern der Glaube. Man muss Gott zuerst gehorchen, und dann erst dem Vater und anderen irdischen Autoritäten. An die Stelle der Verwandtschaft der Großfamilie, der Solidarität der Sippe, tritt die Gemeinschaft der Glaubenden (arab. *umma*), die ihrerseits in Medina erweitert wird durch die dortigen sog. Helfer (arab. *ansār*), die sich Muhammad angeschlossen haben. Die „vertikale" Verbindung mit Gott ist von nun an – damals für Abraham, Sara und Lot, heute für Muhammad und seine Anhänger – wichtiger als die „horizontale" Verbundenheit mit der Herkunftsfamilie. Wer die Religion der Väter und Mütter verlässt, weil er zum Glauben an den einen Gott gefunden hat, der glaubt auch bis zur letzten Konsequenz. Der emigriert und der kämpft gemeinsam mit Muhammad, auch wenn es das Leben kosten mag.

Auch in dieser Hinsicht sieht der Prophet sein eigenes Geschick in demjenigen Abrahams vorgebildet – mit dem Unterschied freilich, dass Muhammads Vater Abdallāh bereits vor dessen Geburt gestorben war, der Konflikt mit ihm also Muhammad erspart blieb. Wer in damaliger Zeit mit seiner Sippe brach, verlor nicht nur sein soziales Netz und seine wirtschaftliche Absicherung, sondern auch jeglichen äußeren Schutz. Der war isoliert, gleichsam „vogelfrei". Wird in der Jüdischen Bibel Abrahams Auswanderung aus dem Land seiner Väter mit der Verheißung eines neuen Landes und großen Volkes durch Gott (Genesis 12,1–2) begründet, so er-

---

[52] Sure 60,4–5, Hervorhebung i. O. Ob dies ein Gebet Abrahams und seiner Anhänger ist oder ein späterer Einschub bzw. eine Akklamation der Gemeinde in Medina ist umstritten.

scheint im Koran der Exodus Abrahams als Konsequenz der Feindschaft mit dem Vater aufgrund seiner Abkehr vom Glauben der Väter. Die spätere, mit einer überaus konfliktträchtigen Wirkungsgeschichte verbundene Verheißung des Landes auch noch als persönliches Eigentum Abrahams und seiner Nachkommen (Genesis 12,7; 13,14 ff.) ist ebenfalls ein Motiv, das der Koran so nicht kennt. Das neue Land erscheint hier vielmehr als ein *Zufluchtsraum*, um das eigene Überleben und Weiterleben zu sichern, ganz so, wie auch für Muhammad die Oasenstadt *Yathrib* alias *Medina* zu einem Zufluchtsort wurde, der die Fortsetzung seiner Sendung ermöglichte, als für ihn und seine Anhänger die Situation in Mekka lebensgefährlich geworden war.

Untergang oder Emigration hieß die Alternative, damals zu Abrahams Zeit wie später zu Muhammads Zeit. Dreimal klingt im Koran das Motiv der Auswanderung Abrahams und Lots an. Zeitlich zuerst in Sure 37,99: „Er sprach: ‚Siehe, ich gehe hin zu meinem Herrn; er wird mich leiten.'" Sodann in Sure 21,71: „Da retteten wir ihn und Lot in jenes Land, das wir für die Weltbewohner gesegnet haben." Und schließlich in Sure 29 am Schluss einer Passage, die wir am Ende des zweiten Kapitels bereits zitiert hatten. Hier kontrastieren zwei religiöse Wege, zwei Zufluchtsorte miteinander: der gläubige und der ungläubige, der heilvolle und der heillose:

> 25 Er (sc. Abraham) sprach: „Ihr habt an Gottes statt Götzenbilder angenommen, weil ihr einander zugeneigt seid im Leben hier auf Erden. Dann, am Tag der Auferstehung, werdet ihr einander nicht mehr glauben und euch verfluchen gegenseitig. Euer Zufluchtsort wird das Höllenfeuer sein, und ihr werdet keine Helfer haben." 26 Da glaubte ihm Lot und sprach: „Siehe, auswandern werde ich (sc. gemeinsam mit dir, Abraham,) zu meinem Herrn. Siehe, er ist der Mächtige, der Weise."

Der Koran lässt es damit genug sein, er lässt das weitere Schicksal Āzars offen. Erst die islamische Tradition ist es, die das Drama zwischen Abraham und seinem Vater in ihrem eigenen Sinne zu Ende erzählen wird. Auf diesen finalen sechsten Akt kommen wir unten in Kapitel 13 zurück.

4. Abraham und seine Namen – oder: Das idealisierte Vorbild

Im zweiten der zuletzt zitierten drei Verse über die Emigration Abrahams klingt das Stichwort *Segen* an (Sure 21,71): „Da retteten wir ihn und Lot in jenes Land, das wir für die Weltbewohner gesegnet haben." Dieses Wort erinnert an Gottes Verheißung in der Tora, Abraham werde ein Segen für alle Welt sein (Genesis 12,1–3):

> 1 Zieh hinweg aus deinem Land, von deinem Geburtsort und von deines Vaters Hause in das Land, das ich dir zeigen werde. 2 Ich werde dich zu einer großen Nation[53] machen, will dich segnen und deinen Namen groß werden lassen. Du selbst sollst ein Segen sein. 3 Ich will nämlich segnen, die dich segnen; wer dir flucht, den will ich verfluchen, und mit dir werden sich alle Geschlechter des Erdreichs segnen.

Anders als in der Tora wird im Koran nicht Abraham selbst ein Segen genannt, sondern das Land, in das er zieht, und später noch das Heiligtum von Mekka, das er renoviert bzw. neu errichtet (Sure 3,96). In Sure 37,113 ist auch von Gottes Segen (arab. *baraka*) über Abraham und einen seiner Söhne die Rede: „Wir segneten ihn und Isaak; und unter ihren Kindeskindern ist mancher, der Gutes tut, und mancher, der offen frevelt gegen sich." Worin besteht aus der Sicht des Korans der Segen, der von Abraham ausgeht? Darin, dass Abraham für alle Generationen zu einem gültigen *Vorbild* des Glaubens an den einen Gott und zugleich zum *Führer* (beides arab. *imām*) der Glaubenden wird. Das Pendant zu Genesis 12,1–3 ist im Koran Sure 2,124. Liest man den Koran so, wie er uns vorliegt, von vorn bis hinten, ist dies der erste Vers über Abraham, auf den man im Koran stößt. Es ist zugleich der erste Vers über Abraham, der in Medina offenbart wurde. In Sure 2,124 heißt es: „Damals, als sein Herr Abraham auf die Probe stellte durch Worte, die er dann erfüllte. Da sprach er (sc. Gott): ‚Siehe, ich mache dich zu einem Leitbild für die Menschen.'" In der jüdischen Tradition gilt Abraham, ähnlich wie Hiob, als vielfach Leidgeprüfter. In einem der schönsten Traktate des Talmuds, den im Deutschen so genannten „Sprüchen der Väter", heißt es: „Durch zehn Prüfungen wurde unser Vater Abraham erprobt, und er bestand sie alle; dies bekundet, wie groß die Beliebtheit unseres Vaters Abraham war."[54] Die Kommentatoren diskutieren, was genau mit den göttlichen Prüfungen (arab. *kalimāt*, wörtlich: „Worte") gemeint sei, die Abraham dann erfüllte, wie Sure 2,124 ebenso summarisch feststellt. Sind es die Worte der Verheißung eines Erben an den kinderlosen Vater, die Abraham dadurch erfüllte, dass er ihnen glaubte (Kapitel 1)? Oder spielen die Worte auf die letzte und größte Prüfung

---

[53] Wörtlich: „Volk" (hebr. *goj*). Dieser Terminus wird in der Tora auch für die Nachkommen Abrahams gebraucht, nicht nur im Sinne von „Heidenvolk" oder nichtjüdisches Volk.

[54] Traktat Aboth (Awot) 5,4, zit. nach der Übersetzung von Lazarus Goldschmidt, Bd. IX, Neuausgabe Frankfurt/M. 1996 = Sonderdruck 2002, S. 678.

an, mit der wir uns im folgenden Kapitel ausführlich beschäftigen werden: nämlich seinen Sohn zu opfern? Oder meint *kalimāt* beides? In dem Talmudzitat wird die große Beliebtheit Abrahams im Judentum mit dessen Standhaftigkeit in den Prüfungen begründet. So ist es auch im Koran. Der Imām-Titel, den Sure 2,124 für Abraham gebraucht, ist im Koran sogar einzigartig. Kein anderer Prophet wird damit geehrt! Seit jeher galt Abraham im Judentum und Christentum gerade aufgrund jener furchtbaren Prüfung als der paradigmatisch Gläubige, der ohne jedes Wenn und Aber auf Gott vertraut. Daran knüpft der Koran an. Allen Gläubigen, die seinem Beispiel folgen, wird *Imām Ibrāhīm* zum Segen, zur Inspiration, zum Trost. Damit sind wir schon bei einem entscheidenden Unterschied zwischen dem Abraham der Tora und dem des Korans angelangt. Der Tora zufolge wird Abraham zum Ahnherrn eines bestimmten Volkes. So gilt er noch im Talmud als „unser Vater". Dem Koran zufolge *wird Abraham gleichsam ethnisch entgrenzt*: Er gilt als Urahn, sprich: als Vorbild für die Glaubenden aller Völker. In Genesis 12,2 sagt Gott: „Ich werde dich zu einer großen Nation machen"; in Sure 2,124 heißt es: „Siehe, ich mache dich zu einem Leitbild für die Menschen." Es geht bei dem koranischen Abraham nicht mehr um den Prototyp des erwählten Menschen oder Volkes, mit dem und mit dessen Nachkommen Gott einen exklusiven Bund (hebr. *berīt*) schließt (Genesis 15,18). Dies zeigt die Fortsetzung von Sure 2,124. Abraham will von Gott wissen, ob sein Vorbild auch seinen Nachkommen zugutekommen werde. Und Gott antwortet ihm: „Mein Bund (arab. *ahdī*) erstreckt sich nicht auf jene, welche freveln." Diese Argumentation mit der Figur Abrahams gegen exklusive Ansprüche des Judentums ist nicht neu. Im Neuen Testament weist bereits *Paulus von Tarsus* (gest. um 64), der Apostelmissionar und Begründer des nichtjüdischen sog. Heidenchristentums, die jüdische Auffassung zurück, dass allein die *genealogische* Zugehörigkeit darüber entscheide, wer zum Volk des Bundes und damit zu den Gesegneten gehöre. Paulus ist vielmehr der Auffassung, „daß nur die, die glauben, Abrahams Söhne sind" (Galater 3,7).[55] Dies ist auch die Ansicht des Korans. Der entgrenzte und universalisierte Abraham ist das Leitbild und der Anführer der gläubigen Menschheit, die sich aus allen Völkern zusammensetzt. Wir kommen im achten Kapitel darauf zurück.

Abraham ist mehr als nur ein Vorbild. Schon zuvor – genauer: seit der zweiten Phase der Wirksamkeit Muhammads in Mekka – verleiht ihm der Koran zahlreiche Würdenamen. Es wird gleichsam ein Füllhorn von Ehrentiteln über Abraham ausgegossen, wie das im Koran sonst nur noch bei Jesus, dem Sohn Marias, der Fall ist.[56] Namen sind, zumal im Orient, alles andere als Schall und Rauch. Sie sind der Inbe-

---

[55] Zitate aus dem Neuen Testament folgen, wenn nicht anders angegeben, der Ökumenischen Einheitsübersetzung von 1980.

[56] Vgl. Bauschke, Der Sohn Marias: Jesus im Koran, Darmstadt 2013, bes. S. 9ff., S. 44ff. und S. 84ff.

griff von Würde und Ansehen. Sie bringen das Charisma ihres Trägers zum Ausdruck und stellen gewissermaßen das Konzentrat seiner Persönlichkeit dar. Selbstverständlich gilt Abraham zunächst als Prophet (arab. *nabī*). In der Tora wird er explizit nur zweimal „Prophet" (hebr. *nawī*) genannt: in Genesis 20,7 sowie in Psalm 105,15, dort zusammen mit den anderen Erzvätern. Gelegentlich werden im Talmud Prophetenreihen genannt, etwa die Sieben-Hirten-Reihe: Adam, Seth, Methusalem, Abraham, Jakob, Mose und David.[57] Auch im Christentum ist dieser Titel für Abraham eher selten anzutreffen, am ehesten noch in diversen Prophetenreihen des Judenchristentums, z. B. in einer Siebenerreihe: Henoch, Noah, Abraham, Isaak, Jakob, Mose, Jesus. Auch die Religion des Manichäismus, der von *Mani* (gest. 276) gestiftet wurde und zur Zeit Muhammads von Spanien bis China verbreitet war, kannte Prophetenreihen. Von Mani ist etwa folgende Prophetenreihe bezeugt: Adam, Buddha, Zarathustra, Jesus, Mani.[58] Erst der Koran hat den Prophetentitel betont und wiederholt auf Abraham angewendet. Gleich mehrfach wird er so genannt, manchmal auch seine Nachkommenschaft. Der vielleicht früheste Beleg findet sich in Sure 19,41: „Gedenke im Buch des Abraham! Siehe, er war ein Wahrhaftiger[59] und ein Prophet." Auch in Prophetenreihen wird er mit aufgeführt, etwa in Sure 3,84 (= 2,136):

> Sprich: „Wir glauben an Gott und was auf uns herabgesandt ward, und was auf Abraham und Ismael, auf Isaak und Jakob und auf die Stämme herabgesandt ward. Und an das, was Mose und was Jesus überbracht ward und den Propheten von ihrem Herrn. Wir machen zwischen keinem von ihnen einen Unterschied. Wir sind ihm (sc. Gott) ergeben!"

Sure 4,163 zählt sogar elf Propheten auf: Noah, Abraham, Ismael, Isaak, Jakob, Jesus, Hiob, Jona, Aaron, Salomo, David und Mose.[60] Muslime glauben an alle Propheten – also auch an Abraham. Das heißt, sie glauben so bedingungslos wie Abraham und sie glauben gemeinsam mit Abraham an Gott. So wird er zum Segen für sie. Abraham als Vorbild – das meint auch: Abraham gilt im Koran, wie übrigens auch Jesus, zugleich als Ur-Muslim, als exemplarischer Muslim, der bereits einige der späteren islamischen Pflichten – der sog. „Säulen des Glaubens" (arab. *arkān ad-dīn*) – erfüllt hat. Von Abraham und seinen Nachkommen heißt es in Sure 21,73: „Wir machten sie zu Vorbildern, die unserem Geheiß gemäß (sc. die Menschen) leiten, und gaben

---

[57] Traktat Sukka 52b. Vgl. Goldschmidts Talmudausgabe, a. a. O. Bd. III, S. 402.

[58] Vgl. François de Blois, Elchasai – Manes – Muḥammad. Manichäismus und Islam in religionshistorischem Vergleich, in: Der Islam 81, 2004, S. 31–48.

[59] Arab. *siddīq*. Bobzin übersetzt mit „gerecht". Treffender ist jedoch „Wahrhaftiger" (Paret) oder „Mann der Wahrheit" (Asad).

[60] Insgesamt wird Abraham an folgenden Stellen Prophet genannt bzw. in einer Prophetenreihe mit aufgeführt: Sure 2,136 = 3,84; 3,68; 4,163; 19,41; 33,7; 57,26.

ihnen ein, Gutes zu tun, das Gebet zu verrichten und die Armensteuer zu entrichten; sie waren uns zu Diensten!" Damit werden die Muslime als Nachfolger Abrahams ihrerseits zu Abrahamiten, die nachahmen, was ihr Glaubensvater ihnen vorlebte, wie Sure 22,78 deutlich macht:

> Und setzt euch für Gottes Sache mit aller Kraft ein![61] Denn er hat euch erwählt und hat euch in der Religion nichts auferlegt, was euch beschwert: Die Glaubensweise eures Vaters Abraham; er (sc. Gott) hat euch Gottergebene genannt, schon vorher und nun hier, dass der Gesandte Zeuge sei für euch und ihr die Zeugen für die Menschen [seid]. So haltet das Gebet, und gebt die Armensteuer. Und haltet fest an Gott: er ist euer Herr. Welch guter Herr, welch guter Helfer!

Der Koran zählt eine ganze Reihe von Titeln und Tugenden Abrahams auf, die bereits aus vorislamischer Zeit bekannt sind. In der jüdischen Tradition gilt Abraham als der Gerechte schlechthin, vor allem mit Bezug auf die Rühmung seiner Gastfreundschaft. So heißt es etwa gleich zu Beginn im *Testament Abrahams*, einer wohl im 2. Jahrhundert u. Z. entstandenen Schrift, deren Ursprung von vielen Forschern im jüdischen, von manchen auch im jüdisch-christlichen Milieu Ägyptens oder Palästinas angesiedelt wird:

> „Vollkommen gastfrei war der Gerechte. Denn er hatte sein Zelt an der Vier-Wege-Kreuzung der Eiche von Mamre aufgeschlagen. Alle nahm er auf, Reiche und Arme, Könige und Fürsten, Gebrechliche und Schwache, Freunde und Fremde, Nachbarn und Vorübergehende, in gleicher Weise nahm sie der fromme und vollkommen heilige, gerechte und gastfreie Abraham auf."[62]

Mehrfach wird Abraham auch im Koran, wie Mose und Jesus, ein Gerechter bzw. Rechtschaffener (arab. *sālih*) genannt, besonders in den mekkanischen Suren (Tabelle 2). Groß ist Abrahams Wunsch, auch entsprechende Nachkommen zu erhalten, die gleichermaßen rechtschaffen sind (Sure 37,100). Weiter gilt Abraham als mitfühlend, um nicht zu sagen als weichherzig (arab. *awwāh*) und als reumütig oder, wie Muhammad Asad den arabischen Begriff *munīb* wiedergibt: als „wieder und wieder willens, sich Gott zuzuwenden" (Sure 11,75). Es wird betont, dass er sanftmütig (arab. *halīm*) war: „Siehe, Abraham war voller Güte, milde" (Sure 9,114; 11,75). Ihm wird ein ebenso sanftmütiger Sohn verheißen (Sure 37,101). Letztere Ti-

---

[61] Arab. *wa-djāhidū fī llāhi haqqa djihādihī*. Dieser Satzteil von Vers 78 folgt der prägnanteren Übersetzung von Moustafa Maher. Bobzin übersetzt: „Und müht euch um Gott, wie es ihm zukommt".

[62] TestAbr 1,2, zit. nach der Übersetzung von Enno Janssen, Das Testament Abrahams [= griechische Rezension A], in: Jüdische Schriften aus hellenistisch-römischer Zeit, Bd. III/2, Gütersloh 2. Auflage 1980, S. 205f. In der von Martin Heide besorgten Edition der arabischen und äthiopischen Versionen der Schrift (Wiesbaden 2012) fehlen diese Sätze.

tulierung ist besonders interessant. Denn sonst ist im Koran die Sanftmut eine
Eigenschaft Gottes. Nur Abraham und seinem Sohn wird sie noch zugebilligt. Die
aus dem Iran stammende islamische Theologin *Hamideh Mohagheghi* erklärt dazu:

> *Halim* ist jemand, der sanftmütig und milde jedes Vorkommen und Geschehnis geduldig
> erträgt und dankbar ist; *halim* ist jemand, der nie die Hoffnung verliert und stets zuver-
> sichtlich ist, dass die schlechten Vorkommnisse auch ihren Sinn und Zweck haben und
> sich zum Guten wandeln können. Dass diese Eigenschaft im Qur'an (sic!) außer Gott
> nur Abraham und seinem Sohn zugeschrieben wird, macht deutlich, dass diese beiden
> für besonders schwere Aufgaben auserwählt waren.[63]

Außerdem ist Abraham gehorsam und gottergeben (arab. *muslim*). Er ist ein „Mann
der Wahrheit", wie Asad übersetzt, also ein Wahrhaftiger (arab. *siddīq*, Sure 19,41;
33,7–8). Abraham ist „lauteren Herzens" (arab. *salīm*, Sure 37,84) und ein von Gott
Auserwählter (arab. *mustafa*, Sure 2,130). Wie vielfach bereits im Judentum und
Christentum wird Abraham, wenngleich nicht mit derselben Betontheit, auch im
Koran als „Vater" der Glaubenden bezeichnet. Im letzten Vers von Sure 22 (Vers
78) ist von der „Religion" oder „Glaubensweise eures Vaters Abraham" (arab. *millat
abīkum Ibrāhīm*) die Rede. Wir kommen unten im achten Kapitel ausführlich darauf
zurück. Wenngleich Abraham in der jüdischen und christlichen Tradition in hohen
Ehren gehalten wird, fällt doch auf: In jenen beiden Religionen werden durchaus
auch die problematischen Seiten Abrahams angedeutet, seine *Schwächen und Fehler*.
Diese kommen beispielsweise in der pikant-peinlichen Dreiecksgeschichte Abraham
– Sara – Pharao zum Vorschein. Diese Episode wird im Koran mit keinem Wort erwähnt, was umso auffälliger ist, als diese Geschichte gleich zweimal in der Hebräischen Bibel erzählt wird, also den Zeitgenossen Muhammads kaum unbekannt gewesen sein dürfte. Darum sei an dieser Stelle wenigstens die erste Variante dieser
Episode „Abraham und Sara in Ägypten" zitiert, wie sie Genesis 12 erzählt:

> 10 Es entstand eine Hungersnot im Lande. Da reiste Awram herab nach Mizrajim
> (= Ägypten), um sich daselbst aufzuhalten. Denn die Hungersnot war schwer im Land.
> 11 Als er nun nahe an Mizrajim kam, sprach er zu seiner Frau Sarai: „Siehe nun! Ich
> weiß, dass du eine Frau von schönem Angesicht bist. 12 Wenn dich nun die Mizrim
> (= Ägypter) sehen werden und sprechen: ‚Dieses ist sein Weib', so könnten sie mich um-
> bringen und dich beim Leben erhalten. 13 Sprich lieber, du seiest meine Schwester, damit
> mir Gutes geschehe dir zuliebe und ich deinetwegen am Leben erhalten werde." 14 Als
> nun Awram nach Mizrajim kam, sahen die Mizrim die Frau und fanden sie sehr schön.
> 15 Auch die Fürsten des Pharao sahen sie und rühmten sie vor Pharao. Da ward die Frau
> hineingenommen in das Haus des Pharao. 16 Dem Awram aber erzeigte man Gutes um

---

[63] Hamideh Mohagheghi, Opfer im Islam? Abraham und sein Sohn, in: U. Dehn (Hg.), Wo
aber ist das Opferlamm? Opfer und Opferkritik in den drei abrahamitischen Religionen, Berlin 2003, S. 50–55, Zitat S. 52.

ihretwillen, und er erhielt Schafe und Rinder und Esel, Knechte und Mägde, Eselinnen und Kamele. 17 Der Ewige plagte hierauf Pharao und sein Haus mit großen Plagen wegen Sarai, des Awram Frau. 18 Da ließ Pharao Awram rufen und sprach: „Was hast du mir getan? Warum hast du mir nicht gesagt, dass sie deine Frau ist? 19 Warum hast du gesprochen: ‚Sie ist meine Schwester'? Da nahm ich sie mir zur Frau. Nun aber, hier ist deine Frau! Nimm sie und geh hinweg!" Dann ordnete der Pharao seinetwegen Leute ab, die ihn, seine Frau und alles, was ihm gehörte, fortgeleiten sollten.[64]

Bedeutende Rabbinen wie etwa Moses ben Nachman (gest. 1270) hielten die (Not) Lüge Abrahams für eine klare Sünde. Ganz zu schweigen von der „Prostituierung der eigenen Frau" (Vilém Flusser) an den Pharao.[65] Obwohl oder gerade weil der Koran diese peinliche Geschichte verschweigt, ist sie dennoch in der späteren islamischen Tradition rezipiert worden, sei es von diversen Hadith-Sammlern, sei es in den Prophetenlegenden.[66] Doch weshalb übergeht der Koran bzw. Muhammad diese Geschichte? Die Antwort lautet ganz schlicht: Wenn Abrahams Schattenseite als Lügner und Feigling geschildert wird, dann kann er kein Gerechter, kein echter Prophet und schon gar kein taugliches Vorbild für andere Menschen sein. Abraham ist ja nicht irgendein gläubiger Mensch. Er gilt vielmehr als das religiöse und moralische Vorbild schlechthin! Er muss daher ein vollkommenes Vorbild ohne Fehl und Tadel, also auch ohne die erwähnten Schwächen sein. Der islamische Gelehrte *Abdoldjavad Falaturi* (gest. 1996) etwa sagt über Abraham, wie ihn die jüdische und die christliche Tradition beschreiben: „Ein solcher Abraham, mit so vielen entwürdigenden Lastern, kann kein Vorbild für die Muslime sein. (...) Der Abraham, mit dem der Islam entsteht, besteht und fällt, ist eine ganz andere Gestalt" – eben ein vollkommenes Vorbild. Darum könne im Koran keine Geschichte vorkommen, in der Abraham schwach, furchtsam und trügerisch mit Blick auf seine Frau Sara agiert, „weil nach koranischem Verständnis unaufrichtige Propheten und Gesandte undenkbar sind", wie Falaturi meint.[67] Wenn der Koran Abraham, wie wir gesehen haben, als wahrhaftig und herzensrein preist (Sure 19,41; 37,84), dann passen dazu natürlich Geschichten, in denen er als Lügner und Feigling geschildert wird, ganz und gar nicht. Allerdings, könnte man einwenden, passt zur Wahrhaftigkeit Abrahams auch nicht,

---

[64] Der Schlusssatz ist nach der verständlicheren Einheitsübersetzung zitiert. Eine ähnliche Dreiecksgeschichte findet sich ausführlicher noch in Genesis 20,1–18.

[65] Vilém Flusser, Jude sein. Essays, Briefe, Fiktionen, Mannheim 1995, S. 20.

[66] Vgl. z. B. Muslim, al-Bukhārī, al-Thaʿlabī. Die islamischen Varianten unterscheiden sich von den jüdischen dahingehend, dass Sara nicht vorübergehend Pharaos Geliebte bzw. Sklavin wird, dass also Saras sexuelle Reinheit bewahrt wird. Denn jedes Mal, wenn der Pharao die Hand nach Sara ausstrecken will, wird seine Hand mit einem unsichtbaren Griff fest und immer noch fester zurückgehalten.

[67] Falaturi, Abraham – Stammvater dreier Religionen?, unveröffentlichtes Manuskript, S. 3 und S. 13.

wie ihn die Bildersturmgeschichten des Korans beschreiben. Denn auch dort lügt
Abraham. Etwa wenn er in Sure 37,89 behauptet, er sei krank. Oder wenn er in
Sure 21,58–63 die Götzenbilder erst heimlich zerstört und später behauptet, sie hätten sich gegenseitig erschlagen. Selbst wenn man das nicht als eine Lüge, sondern als
eine List bezeichnen wollte: Als Lauterkeit und Wahrhaftigkeit des Herzens kann ein
solches Verhalten kaum gelten.[68] Wie auch immer man mit diesen Ungereimtheiten
zurechtkommen mag, die *Tendenz und Absicht* des Korans sind eindeutig. Der in der
jüdischen und christlichen – und später auch in der islamischen – Tradition durchaus ambivalent geschilderte Abraham, der nicht nur über Tugenden verfügt, wird im
Koran idealisiert. Statt zweideutige Geschichten zu erzählen, die ein schlechtes Licht
auf die Lichtgestalt werfen könnten, stimmt der Koran im Gegenteil ein *Loblied auf
Abrahams zahlreiche Tugenden* an. Dieses Loblied auf den großen „Gerechten" oder
„Rechtschaffenen" (arab. *sālih*) findet sich in Sure 16:

> 120 Siehe, Abraham war eine Leitgestalt[69], demütig Gott ergeben, ein wahrer Gläubiger,
> [er] war keiner der Beigeseller, 121 dankbar gegenüber seinen Gnadengaben. Er (sc. Gott)
> erwählte ihn und leitete ihn auf einen geraden Weg. 122 Und wir verliehen ihm Gutes in
> dieser Welt, und siehe, im Jenseits gehört er wahrlich zu den Rechtschaffenen.

Ähnlich heißt es in späterer Zeit in Sure 60,4 und 6: „Ein schönes Vorbild (arab.
uswa hasana) habt ihr an Abraham und an denen, die mit ihm waren. (…) Ihr habt
an ihnen ein schönes Vorbild – und jeder, der auf Gott hofft und den Jüngsten Tag."
Das ist aber noch nicht alles. Es geht noch höher hinauf. Alle diese Loblieder gipfeln
schließlich in einem zweiten Ehrennamen, der wie der Imām-Titel in einzigartiger
Weise nur mit Bezug auf Abraham verwendet wird.

Diesen höchsten Ehrennamen verleiht der Koran Abraham erst relativ spät, in der
letzten Phase der Wirksamkeit Muhammads in Medina. In Sure 4,125 heißt es: „Und
Gott nahm sich Abraham zum Freund." Mit diesem Titel „Freund" (arab. *khalīl*) krönt
der Koran das besondere Verhältnis des Vertrauens, dessen Abraham von Gott gewürdigt wird. Der Titel bringt natürlich keine Gleichwertigkeit zweier Freunde „auf Augenhöhe" zum Ausdruck; wohl aber symbolisiert er die Innigkeit und Nähe zu Gott,
die Abraham zuteil wird. Die Initiative zu dieser Beziehung der Freundschaft geht
wohlgemerkt von Gott aus. Kein noch so heiliger Mensch kann sich die Freundschaft
mit Gott durch Verdienste erkaufen oder mit Tugenden verdienen. Kein Mensch kann
sich Gott zum Freund nehmen. Dass diese Freundschaft mit Gott vielmehr eine unver-

---

[68] Abrahams Defizite werden durchaus später in der islamischen Tradition eingeräumt. Vgl.
dazu unten die Kap. 14 und 15.

[69] Arab. *umma(tan)*, wörtlich: „Gemeinschaft", wie etwa Paret übersetzt. Viele Übersetzer
wie auch Bobzin halten *umma* für eine Fehllesung von *imām* und lesen/übersetzen stattdessen
wie *imām*. Asad übersetzt sehr frei mit: „ein Mann, der in sich alle Tugenden vereinte".

diente Auszeichnung Abrahams bedeutet, betonen auch Juden und Christen. Dieser einzigartige Titel für Abraham ist bereits mehrfach in der jüdischen Tradition dokumentiert. Er begegnet dreimal in der Hebräischen Bibel selbst (Jesaja 41,8; 2. Chronik 20,7; Daniel 3,35) wie auch in der außerbiblischen Tradition. *Philo von Alexandrien* (Exkurs 3) erwähnt den Freundestitel in seiner Schrift „De Abrahamo" (273). Keine Schrift erwähnt diesen Titel so oft wie das bereits genannte *Testament Abrahams*. Gleich mehrere Male sagt dort Gott über Abraham: „er ist mein Freund".[70] Auch in der judenchristlichen Tradition war dieser Titel nicht ganz unbekannt. Allerdings begegnet er nur einmal im Neuen Testament. Im *Brief des Jakobus*, einer Schrift, die etwas jünger als das Testament Abrahams sein dürfte, heißt es (2,23): „So hat sich das Wort der Schrift erfüllt: Abraham glaubte Gott, und das wurde ihm als Gerechtigkeit angerechnet, und er wurde Freund Gottes genannt." Dieses quer durch die Heiligen Schriften und Religionen von Juden, Christen und Muslimen gehende und übereinstimmende Urteil über Abraham als Freund Gottes dient in heutiger Zeit im sog. Trialog als ein wichtiger Ausgangspunkt für wechselseitige Begegnung „im Namen Abrahams", worauf gegen Ende des Buches (Kapitel 14) zurückzukommen sein wird. Der berühmte Mystiker *Muhyī-d-Dīn Ibn Arabī* (gest. 1240), ein Zeitgenosse des Maimonides und Thomas von Aquin, sieht in dem Gottesfreund-Titel gar eine Durchdringung Abrahams mit Gottes Göttlichkeit zum Ausdruck gebracht, so wie gefärbter Stoff die Farbe in sich aufnimmt, mit der er gefärbt wird: „Abraham wird der intime Freund genannt, weil er die Qualitäten der Göttlichen Essenz durchdrungen und sich angeeignet hat, gleich der Farbe, die ein buntes Objekt durchdringt, so dass das Beiwerk mit seiner Substanz verschmilzt (...)."[71] Diese mystische Beschreibung der Gottesfreundschaft Abrahams, wo Göttliches und Menschliches ineinanderfließen, geht vielen Muslimen allerdings zu weit, erinnert sie doch geradewegs an christliche Glaubensaussagen über die Gottmenschlichkeit Jesu. Passender ist es wohl, wenn der Freundestitel als Metapher dafür verstanden wird, dass Abraham als der ideale Mensch gilt. Er war so, wie Gott sich den Menschen bei der Schöpfung gedacht hat. Dazu gibt es ein Hadith: „Ein Mann kam zum Propheten (sc. Muhammad) und sagte: Du, der Beste der Schöpfung. Da sagte der Gesandte Gottes: Das ist Abraham."[72]

Ein gewisses Unbehagen angesichts der koranischen Idealisierung Abrahams als „schönes Vorbild" für die Gläubigen ohne jegliche Schwächen und Fehler ist bereits be-

---

[70] Vgl. z. B. TestAbr 4,7; 4,13; 8,3; 12,1 der arabischen und auch der äthiopischen Versionen. In der kürzeren griechischen Version (B, Kap. 2) wird Abraham auch „wahrer Freund des Himmlischen" genannt.

[71] Die Weisheit der Propheten (Fusus al-Hikam), Zürich 2005, S. 61.

[72] Zit. nach: Der Ḥadīth: Urkunde der islamischen Tradition, ausgewählt und übersetzt von A. Th. Khoury, Bd. IV, Gütersloh 2010, S. 131. Das Hadith findet sich bei Muslim, Tirmidhī, Abū Dāwūd.

nannt worden. Dieses Unbehagen verstärkt sich noch angesichts der Beobachtung, wie sehr der Freundestitel in Spannung zu den beiden Bezeichnungen – oder besser: zu den Beschimpfungen steht, die Abraham für seinen eigenen Vater gebraucht, von dessen Religion er sich losgesagt hat,. Dieser sei nunmehr ein „Freund des Satans" (arab. *walī al-shaytān*, Sure 19,45), mithin ein „Feind Gottes" (Sure 9,114). Hier muss die Frage gestellt werden: Ist diese Schmähung des Andersglaubenden der notwendige Preis des Monotheismus? Ist diese Intoleranz zumindest der Preis eines überzogenen Monotheismus? Überzogen dann, wenn dieser Monotheismus auf Kosten und zu Lasten Andersglaubender sich selbst ins Recht setzt? Kann und darf überhaupt ein Gläubiger – auch wenn er das Ansehen eines Abrahams besitzt – behaupten, Gott wolle die Zweiteilung der Menschheit in „die Guten", weil sie gläubig, also die „Freunde Gottes" sind, und in „die Bösen", weil sie ungläubig sind und damit zu Freunden Satans, also zu „Feinden Gottes" werden? Dieser fundamentalistische Manichäismus ist wohl eine stete Versuchung und Gefahr für das monotheistische Credo, was freilich nicht erst die Geschichte des Islams, sondern bereits die der älteren monotheistischen Religionen belegt.[73] Der Ägyptologe *Jan Assmann* hat vor einigen Jahren eine heftige Monotheismus-Debatte mit seiner These von der sog. Mosaischen Unterscheidung ausgelöst. Damit meinte Assmann die Unterscheidung zwischen wahrer und falscher Religion, zwischen dem einen wahren Gott und den vielen falschen Göttern, die als bloße „Götzen" gelten. Hier verlaufe eine Grenze zwischen dem unduldsamen und potentiell gewalttätigen Monotheismus, für welchen Mose stehe, und dem angeblich irrenden, aber toleranten Polytheismus, repräsentiert in dem Vielgötterkult des alten Ägyptens.[74] Diese Unterscheidung, welche Assmann bei Mose verortet, kommt stets streng und kompromisslos daher, wie *Peter Sloterdijk* pointiert formuliert hat:

> Das Eiferertum hat seinen logischen Ursprung im Herunterzählen auf die Eins, die nichts und niemanden neben sich duldet. Diese Eins ist die Mutter der Intoleranz. Sie fordert das radikale Entweder, bei dem das Oder gestrichen wird. Wer Zwei sagt, sagt um eins zuviel. *Secundum non datur.*[75]

---

[73] Vgl. etwa Gilles Kepel, Die Rache Gottes. Radikale Moslems, Christen und Juden auf dem Vormarsch, München 2001; Karen Armstrong, Im Kampf für Gott. Fundamentalismus in Judentum, Christentum und Islam, München 2004; Olivier Roy, Heilige Einfalt. Über die politischen Gefahren entwurzelter Religionen, München 2010.

[74] Vgl. Assmann, Moses der Ägypter. Entzifferung einer Gedächtnisspur, München 1998; Ders., Die Mosaische Unterscheidung. Oder: Der Preis des Monotheismus, München 2003. Anders dagegen Rolf Schieder, Sind Religionen gefährlich? Religionspolitische Perspektiven für das 21. Jahrhundert, Berlin 2. Auflage 2011.

[75] Gottes Eifer. Vom Kampf der drei Monotheismen, Frankfurt/M./Leipzig 2007, S. 136, Hervorhebung am Schluss i. O.

Wie berechtigt auch immer diese Kritiken im Einzelnen sein mögen, folgt man der *Gedächtnisgeschichte des Korans* und nicht der der Bibel, muss man feststellen: Diese religiöse Fundamentalunterscheidung ist viel älter als Mose. Sie ist dem Koran zufolge bereits eine *Abrahamische Unterscheidung!* Mit dieser Einsicht werden die Ambivalenz und Widersprüchlichkeit des koranischen Abrahambildes noch deutlicher. Auf der einen Seite verkörpert Abraham nämlich das Recht jedes Menschen auf die Freiheit des Glaubens: sich von einer als falsch erkannten Religion abzuwenden und einer anderen Religion zuzuwenden. Abraham nimmt für sich dieses Recht auf Konversion in Anspruch – gegen den Widerstand seines Volkes, seiner Sippe, seines Vaters. Der Bruch mit den Seinen und der Exodus sind der äußere, der konsequente Ausdruck dieser inneren Freiheit, die Abraham für sich gewonnen und kompromisslos eingefordert hat. Auf der anderen Seite jedoch erscheint der nunmehr an den einen Gott glaubende Abraham mit seinen Beschimpfungen des Vaters als „Feind Gottes" und „Freund Satans" in einem *fanatischen Zwielicht*, gleichsam als der „erste Manichäer", viele Jahrhunderte vor dem vorhin bereits genannten Religionsstifter Mani. In den beiden Koranversen Sure 19,45 und 9,114 verkörpert der koranische Abraham die lange vor Mani und Mose beginnende *Diktatur der Eins*, welche mit der Dämonisierung alles Nichtmonotheistischen einhergeht, das als Heidentum, als Götzendienst, als Unglaube diffamiert wird. Man kann Verständnis, ja sogar Respekt dafür haben, dass der Gehorsam gegenüber Gott vor dem Gehorsam gegenüber dem Vater kommt. Doch wenn der Gehorsam gegenüber Gott zur Verteufelung des Vaters (ver)führt, darf das nicht toleriert werden, auch wenn es im Koran steht. Dass dieser fundamentalistische Abraham keine Erfindung des Korans ist, zeigte oben bereits die Skizze des antihellenistischen Abrahams des Jubiläenbuches, der nicht minder fanatisch ist (Exkurs 3). Nicht nur eifernde Strömungen des Judentums, sondern auch des Christentums standen dem Koran Pate. Die Mosaische Unterscheidung, die in Wahrheit eine Abrahamische Unterscheidung ist, wurde im neutestamentlichen *Johannesevangelium* zu einer Christologischen Unterscheidung. „Feind Gottes" und „Freund des Satans" – diese Schmähungen Abrahams über Āzar erinnern an den Johanneischen Christus. Dieser ist in der Tat ein weiterer „Manichäer vor Mani", von dem eine direkte Linie zum Manichäismus verläuft. Johannes 8,44 lässt Christus ganz ähnlich zu den Juden sagen, sie seien nicht Kinder Abrahams, sondern Kinder des Satans, Kinder der Lüge, da sie Satan, den „Vater der Lüge", zum Vater hätten.

Eine entscheidende Frage zur Zukunft des Islams, die sich in anderer Weise aber auch an Juden und Christen stellt, ist: An welche dieser beiden Seiten Abrahams werden die Muslime als Abrahamiten, als die Nachahmer der „Religion Abrahams" (arab. *millat Ibrāhīm*) mehrheitlich und nachhaltig anknüpfen? Das Potential ist nach beiden Richtungen vorhanden. Der Islam kann nach dem Vorbild des Konvertiten Abraham eine tolerante Religion der Religionsfreiheit sein, in welcher „keiner-

lei Zwang in Glaubensdingen" herrscht (arab. *lā ikrāha fī-l-dīn*, Sure 2,256), mithin
auch keine Behinderungen bei der Konversion vom Islam zu anderen Religionen
hin. Andererseits kann der Islam gleichermaßen nach dem Vorbild Abrahams eine
intolerante Religion der Glaubenszwänge sein, die alle diejenigen anschwärzt und
bekämpft, die keine (strengen) Muslime sind oder keine Muslime mehr sein wollen.
Das ist wahrlich ein Paradox: dass im Islam als der „Religion Abrahams", welcher
von Gott vor der Todesstrafe wegen des Abfalls vom Glauben bewahrt wurde, ehe-
malige Muslime mit der Todesstrafe wegen Apostasie (arab. *ridda, irtidād*) bedacht
werden. Allerdings nennt der Koran selbst (etwa Sure 2,217; 4,89; 4,137; 16,106–
109) außer der Bestrafung durch *Gott* im Jenseits kein konkretes Strafmaß für das
Diesseits. Auch enthält er keine Bestimmungen für „Ketzerprozesse". Denn es ist
Gott selbst vorbehalten, über Glauben und Unglauben bzw. Abfall vom Glauben zu
entscheiden. Das sehen die islamische Tradition und vor allem das Religionsrecht
anders. Dieses beruft sich gern auf den berühmt-berüchtigten Ausspruch Muhammads, wie er z. B. in der Hadith-Sammlung von *Muhammad ibn Ismāʿīl al-Bukhārī*
(gest. 870) überliefert ist: „Wer seine Religion wechselt, den tötet."[76] Hier steht
Abrahamisches gegen Abrahamisches in ein und derselben Religion: Konversions-
verbote sind mit Blick auf den Konvertiten Abraham zutiefst unabrahamisch. Die
Todesstrafe für einen Apostaten (arab. *murtadd*) ist mit Blick auf den Apostaten Abraham, der selber zum Tod verurteilt, aber von Gott davor bewahrt worden war,
ebenfalls zutiefst unabrahamisch. Toleranz wie Intoleranz, Freiheit wie Zwang – beides ist den Erben Abrahams möglich, weil das Erbe Abrahams ambivalent ist. „Abraham" taugt als Paradigma von Toleranz und Dialog ebenso wie als Chiffre für
Intoleranz und Fanatismus. Wir kommen darauf in Kapitel 14 zurück.

Man könnte einwenden: Die Konfrontation, auch das schlussendliche Zerwürfnis zwischen Abraham, dem Freund Gottes, und seinem Vater Āzar, dem Feind Gottes, würden im Koran abgemildert und überbrückt durch die erwähnte Fürbitte Abrahams für seinen Vater, dass Gott ihm dessen Unglauben vergeben möge. Vielleicht

---

[76] In heutiger Zeit wird die Todesstrafe für Apostaten noch in einigen Staaten vollzogen,
doch von immer mehr Gelehrten als eine nicht korankonforme, islamische Variante der In-
quisition abgelehnt (z. B. von Muhammad Abduh, Mahmud Shaltut, Yaar Nuri Öztürk, Tariq
Ramadan). Hierzulande hat der Zentralrat der Muslime in der *Islamischen Charta* (2002) das
Recht auf Religionsfreiheit mit Verweis auf Sure 2,256 ausdrücklich bejaht: „Daher akzeptie-
ren sie [die im Zentralrat vertretenen Muslime] auch das Recht, die Religion zu wechseln,
eine andere oder gar keine Religion zu haben. Der Koran untersagt jede Gewaltausübung
und jeden Zwang in Angelegenheiten des Glaubens" (§ 11). Vgl. Bülent Ucar: Die Todesstrafe
für Apostaten in der Scharia. Traditionelle Standpunkte und neuere Interpretationen zur
Überwindung eines Paradigmas der Abgrenzung, in: Schmid u. a. (Hg.), Identität durch Differenz? Wechselseitige Abgrenzungen in Christentum und Islam, Regensburg 2. Auflage 2009,
S. 227–244.

hat Āzar seinerseits die astralen Götter, an die er glaubt, um Vergebung für seinen abtrünnigen Sohn gebeten. Dieses Fürbitten erinnert daran, dass Abraham bereits in der Tora als der *Fürsprecher für andere* begegnet, eine Rolle, die sich seiner freundschaftlichen Nähe zu Gott verdankt. Im Koran und Islam ist das etwas anders. In der Jüdischen Bibel erscheint Abraham als Fürsprecher in Bezug auf die Einwohner der lasterhaften Städte Sodom und Gomorrha, über die Gott ihrer Verfehlungen wegen das Gericht beschlossen hat (Genesis 18,20 ff.). Der Erzvater tritt auch für Abimelech und dessen Familie ein, die Gott seinetwegen bestraft hat (Genesis 20). Im Koran begegnet Abraham als Fürsprecher zwar ebenfalls mehrfach: zunächst in Sure 11,74–75 für das „Volk von Lot". Dann wiederholte Male für seine Eltern: viermal bezogen allein auf seinen Vater (Sure 9,114; 19,47; 26,86; 60,4) und einmal unter Einschluss seiner Mutter (Sure 14,41): „Unser Herr, vergib mir wie auch meinen Eltern (…) an dem Tag, da die Abrechnung erfolgt!" Doch Abraham scheint dem Koran zufolge mit seiner Fürsprache nicht mehr allzu viel bei Gott ausrichten zu können. In Sure 11,76 weist Gott die Fürsprache seines Freundes für Lots Familie klar zurück: „Abraham! Wende dich davon ab! Die Entscheidung deines Herrn ist (sc. bereits) gefallen." Später in Sure 60,4 sagt Abraham selbst zu Āzar, er könne für ihn gegen Gottes Strafe nichts tun. Die Fürsprachen Abrahams im Koran wirken nur noch wie ferne, verblasste Reflexe des stärkeren Einflusses, den Gott seinem Freund der jüdischen Überlieferung zufolge eingeräumt hatte. Es hat den Anschein, als ob im Koran Gott bei Gerichtsangelegenheiten Abraham nicht mitreden lassen will. Ob Abrahams Fürsprache für die Eltern Gott womöglich doch gnädig stimmen wird am Tage der Auferstehung? Darüber erfahren wir im Koran selber nichts. Erst in der islamischen Tradition hören wir dazu mehr. In Kapitel 13 werden wir auf Āzars Schicksal im Jenseits zurückkommen.

5. Abrahams Alptraum – oder: Die Bindung und Ent-Bindung des Sohnes

Das Motiv von Abraham als dem vollkommenen Vorbild – man könnte auch kritischer sagen: die Ambivalenz Abrahams – gipfelt in der bekanntesten und zugleich umstrittensten aller Geschichten über den Erzvater. Das Drama von der versuchten Opferung des Sohnes war und ist zu allen Zeiten vielen Gläubigen ein Quell sowohl der Bewunderung als auch der Anfechtung, wie es zugleich den Nichtreligiösen ein Stein des Anstoßes war und ist. In allen drei monotheistischen Religionen gilt der Opfergang Abrahams als die größte und furchtbarste Prüfung Gottes. Die Heimat der Väter zu verlassen oder Sara an einen fremden Herrscher abzutreten steht in keinem Vergleich zu der Zumutung, den eigenen Sohn zu schlachten. Im Judentum wird die Erzählung seit jeher die „Bindung Isaaks" (hebr. *akedat Jizchak*) genannt. In der christlichen Tradition – man denke nur an die Kapitelüberschriften klassischer Bibelausgaben oder an die Titel der berühmten Gemälde etwa von Rembrandt und Caravaggio – hat man sie meistens die „Opferung Isaaks" genannt, was freilich irreführend ist, da die Pointe bekanntlich darin besteht, dass Isaak *nicht* geopfert wird. Das Drama wird selbstverständlich auch im Koran erzählt, anders als die beiden bisherigen Erzählkreise um Abraham allerdings nur ein einziges Mal. Daraus erhellt, dass dieses Drama aus der Tora für Muhammad selbst (der keine überlebenden Söhne hatte!) bei weitem nicht so bedeutsam war wie etwa für die Christenheit, welche in der „Opferung Isaaks" das Urbild der tatsächlichen Opferung Jesu, des Sohnes Gottes, auf Golgatha durch seinen himmlischen Vater sieht. Ob diese christliche Typologie (vgl. Tabelle 4) Muhammad überhaupt bekannt war, lässt der Koran nicht eindeutig erkennen. Zum besseren Vergleich mit der koranischen Fassung sei zunächst die biblische Version gemäß Genesis 22 zitiert:

> 1 Es war nach diesen Begebenheiten, als Gott [hebr. *Elohīm*] Awraham versuchte und zu ihm sprach: „Awraham!" Awraham sprach: „Hier bin ich!" 2 Da sprach Gott: Nimm deinen Sohn, deinen einzigen, den du liebst, Jizchak. Gehe hin in das Land Morija und bringe ihn dort als Ganzopfer dar auf einem der Berge, den ich dir zeigen werde." 3 Awraham stand des morgens früh auf, sattelte seinen Esel, nahm seine zwei Knaben [= Jungknechte] mit und seinen Sohn Jizchak, spaltete Opferholz, machte sich auf und ging an den Ort, welchen ihm Gott gezeigt hatte. 4 Am dritten Tage hob Awraham seine Augen auf und sah den Ort von ferne. 5 Da sprach Awraham zu seinen Knaben: „Bleibt nur hier mit dem Esel! Ich aber und dieser Knabe, wir wollen bis dorthin gehen, uns zum Anbeten niederwerfen und zu euch zurückkehren." 6 Awraham nahm das Opferholz, legte es auf seinen Sohn Jizchak, nahm in seine Hand das Feuer und das Schlachtmesser. So gingen sie beide zusammen. 7 Jizchak sprach zu seinem Vater Awraham und sagte: „Mein Vater!" Awraham sprach: „Hier bin ich, mein Sohn!" Jener sprach: „Hier ist zwar Feuer und Holz, wo ist aber das Lamm zum Ganzopfer?" 8 Awraham sprach: „Gott wird sich selbst aus-

ersehen das Lamm zum Ganzopfer, mein Sohn!" So gingen sie beide zusammen. 9 Als sie nun an den Ort kamen, den ihm Gott gezeigt hatte, baute Awraham einen Altar, ordnete das Holz, band seinen Sohn Jizchak und legte ihn auf den Altar über das Holz. 10 Hierauf streckte Awraham seine Hand aus und nahm das Messer, seinen Sohn zu schlachten. 11 Da rief ihm ein Engel des Ewigen [hebr. *JHWH*] vom Himmel zu und sprach: „Awraham, Awraham!" Er sprach: „Hier bin ich!" 12 Jener: „Strecke deine Hand nicht nach dem Knaben und tu ihm nichts! Denn nun weiß ich, dass du gottesfürchtig bist, da du deinen einzigen Sohn mir nicht verweigert hast." 13 Awraham hob seine Augen auf und sah einen Widder (vorbeilaufen). Hernach ward er in den Hecken mit seinen Hörnern verwickelt. Da ging Awraham hin, nahm den Widder und brachte ihn als Ganzopfer dar anstatt seines Sohnes. 14 Awraham nannte denselben Ort „Haschem Jir'eh", wie noch jetzt gesprochen wird: „Auf dem Berge des Ewigen wird es sich zeigen."

In dem Gedicht „Landschaft aus Schreien" der deutsch-jüdischen Lyrikerin *Nelly Sachs* (gest. 1970) gibt es folgenden Vers: „Über Moria, dem Klippenabsturz zu Gott,/schwebt des Opfermessers Fahne/Abrahams Herz-Sohn-Schrei,/am großen Ohr der Bibel liegt er bewahrt."[77] Möchte man der koranischen Fortsetzungsgeschichte der biblischen Tradition Rechnung tragen, müsste man vielmehr sagen: „Abrahams Herz-Sohn-Schrei,/am linken Ohr der Bibel/*und* am rechten Ohr des Korans/liegt er bewahrt." Da das Opferdrama zu allen Zeiten die bekannteste Abrahamgeschichte überhaupt gewesen ist, überrascht es nicht, dass der Koran schon früh, nämlich bereits zu Beginn der zweiten Phase von Muhammads Wirken in Mekka, darauf Bezug nimmt und seine eigene Version erzählt. Sie findet sich in Sure 37 im Kontext einer breiten Rückschau auf bewährte Propheten, an die erinnert wird: Neben Abraham sind es Noah, Mose und Aaron, Elia, Lot und Jona (Verse 75 ff.). Der liturgische Bezug dieser prophetischen Rückschau wird daran deutlich, dass jeweils am Ende einer rezitierten Episode von der Gemeinde in hymnischer Art respondiert wird: „Friede sei über …" Der Rezitator fügt dann – gleichsam als Kommentar Gottes – formelhaft hinzu: „So belohnen wir die, die Gutes tun. Er war einer unserer gläubigen Knechte." Die ausführlichste dieser Schilderungen bewährter Gottesmänner ist die von Abraham. Im direkten Anschluss an die oben im zweiten Kapitel bereits zitierte Variante vom Konflikt mit dem Vater (Verse 83–98) lässt der Koran Abraham sprechen und dann beten:

99 „Siehe, ich gehe hin zu meinem Herrn; er wird mich leiten! 100 Mein Herr! Schenk mir einen von den Frommen!" 101 Da verkündeten wir ihm einen trefflichen Knaben. 102 Als dieser das Alter erreichte, daß er mit ihm laufen konnte,[78] sprach er: „Mein

---

[77] Fahrt ins Staublose. Gedichte, Frankfurt/M. 1961, S. 221.

[78] Der Anfang von Vers 102 bis hierher folgt der Übersetzung von Adel Th. Khoury (alte Rechtschreibung). Bobzin übersetzt: „Als er mit ihm den Lauf erreichte". Zur Bedeutung dieses Hinweises s. u. den Abschnitt „War die Opferung des Sohnes eine Prüfung Gottes?", S. 66 ff.

Sohn! Ich sah im Traum, dass ich dich opfern soll. Nun sieh, was meinst du dazu?" Er
sprach: „Mein Vater, handle so, wie dir befohlen wird; du wirst mich, so Gott will, geduldig finden." 103 Als die beiden sich in ihr Geschick ergeben hatten und er ihn auf die
Stirn geworfen hatte, 104 da riefen wir ihm zu: „O Abraham! 105 Du hast den Traum für
wahr gehalten." Siehe, so belohnen wir die, die Gutes tun. 106 Siehe, das war die klare
Prüfung! 107 Durch ein herrliches Schlachtopfertier schafften wir Ersatz für ihn (sc. den
Sohn). 108 Wir lassen die späteren Generationen seiner lobend gedenken[79]: 109 „Friede
sei über Abraham!" 110 So belohnen wir die, die Gutes tun. 111 Er war von unseren gläubigen Knechten. 112 Und wir verkündeten ihm Isaak, einen Propheten von den Frommen. 113 Wir segneten ihn und Isaak; und unter ihren Kindeskindern ist mancher, der
Gutes tut, und mancher, der offen frevelt gegen sich.

Das erzählerische Grundgerüst, der dramaturgische Kern dieser Vater-Sohn-Geschichte ist in beiden Fassungen identisch. Es fällt auf, dass der Koran im Unterschied
zur Bibel keine Namen nennt: weder den Namen des Jungen noch den des Ortes, an
dem das Opfer stattfinden soll. Die Anonymität des Opfers wie auch die Ortlosigkeit
der Opferstätte bedeuten für sich genommen erst einmal: Der Korantext hält sich offen
für Deutungen, für Konkretionen, für Identifikationen und Namensgebungen. Denn es
kann jeden jederzeit an jedem Ort der Welt treffen, dass er oder sie auf diese oder jene
Weise zum Opfer wird oder sich selbst als Opfer hingibt. Die biblische Fassung über
Isaak auf dem Berg Morija vermittelt eher ein konkretes, einmaliges und personell ein-
deutiges Drama. Der koranische Text hat, wie so oft, eher etwas Typologisches, Arche-
typisches, weil Zeit- und Ortloses an sich. Der Koran erzählt aufs Äußerste reduziert,
wie Schlaglichter aus einem Alptraum. Er erwähnt nicht einmal den Engel bei der ret-
tenden Intervention vom Himmel her und auch nicht den Widder beim stellvertreten-
den Tieropfer. Vielfache Identifikationen scheinen gewollt zu sein und werden durch
diese Offenheit erst möglich. Neben diesen allgemeinen Unterschieden in der Diktion
gibt es im Detail einige interessante Abweichungen und Neuakzentuierungen der koranischen Version. Ich gehe im Folgenden auf die fünf wichtigsten Unterschiede ein.

Wer ist der anonyme Sohn?

Welcher Sohn ist es denn, den Abraham opfern soll? Isaak oder Ismael? Es ist kein
Wunder, dass darüber bis heute im Dialog zwischen Juden, Christen und Muslimen
kontrovers diskutiert wird. Überraschend für viele Muslime heute mag jedoch sein,
dass die Frage nach der Identität des anonymen Sohnes von Sure 37 von Anfang an
bereits *in innerislamischen Auslegungsdebatten* sehr umstritten gewesen ist. Und
mehr noch: Einige Jahrhunderte vor Muhammad haben sich schon jüdische Gelehrte über die Identität des Sohnes in Genesis 22 Gedanken gemacht und diese Ge-

---

[79] Vers 108 folgt der verständlicheren Übersetzung von Moustafa Maher. Bobzin übersetzt:
„Wir erhielten für ihn unter den Nachgeborenen".

danken sinnreich in ihre aggadischen, also erbaulich auslegenden Nacherzählungen (hebr. *Midraschim*) des biblischen Textes eingeflochten. Diese Auslegungen suggerieren, dass es für Abraham selbst zunächst völlig unklar gewesen sei, welchen Sohn überhaupt Gott meinte. Dieses Drama beginne recht unheimlich, weil Gott die Eindeutigkeit absichtlich verzögere: „Da sprach Gott: Nimm deinen Sohn, deinen einzigen, den du liebst, Jizchak" (Genesis 22,2). Der älteste rabbinische Midrasch dazu erkennt in diesen Worten – gleichsam zwischen den Zeilen – ein um Klärung ringendes Zwiegespräch zwischen Gott und Abraham:

> Und er (sc. Gott) sprach: „nimm deinen Sohn" d. i. er sprach: „ich bitte dich darum." Abraham entgegnete: „Ich habe zwei Söhne, welchen von ihnen?" Gott sprach: „Deinen einzigen." Abraham sprach: „Der eine (sc. Ismael) ist einzig für seine Mutter (sc. Hagar) und der andere (sc. Jizchak) ist einzig für seine Mutter (sc. Sara)." Gott sprach: „Den du lieb hast." Abraham sprach: „Giebt (sic!) es denn Grenzen in meinem Innern (ich habe einen so lieb wie den andern)?" Gott sprach (sc. endlich Klartext): „den Jizchak." Warum offenbarte es ihm Gott nicht gleich? Um ihn in seinen Augen lieb zu machen und ihm für jedes Wort Lohn zu geben.[80]

In der islamischen Koranauslegung ist die Frage, von welchem Sohn in Sure 37,99ff. überhaupt die Rede sei, lange Zeit kontrovers diskutiert worden. Fragt man heutzutage Muslime danach, so wissen sie in der Regel von diesen Kontroversen überhaupt nichts. Ihrer Ansicht nach ist es zweifelsohne *Ismael* gewesen. Alle Muslime wären seit jeher davon überzeugt gewesen. Zudem habe dieses Drama auch nicht auf dem Berg Morija – der jüdischen Tradition zufolge identisch mit dem Tempelberg in Jerusalem –, sondern laut islamischer Überlieferung auf dem Berg Thabīr nördlich von Mekka stattgefunden. Diese Auskünfte suggerieren eine Eindeutigkeit, die weder mit der jahrhundertelangen islamischen Koranauslegung in Übereinstimmung steht noch durch den Korantext selbst so gestützt wird. Man kann sich die Kommentare und Erläuterungen zu dieser ganz anderen Vater-Sohn-Geschichte – in welcher Abraham nicht mehr die Rolle des Sohnes, sondern die des Vaters einnimmt – im Verlaufe der islamischen Überlieferung nicht kontrovers genug vorstellen. Der amerikanische Rabbiner und Experte für mittelalterliches Judentum und Islam *Reuven Firestone* hat diese innerislamischen Auslegungsdebatten von den Anfängen bis ins 15. Jahrhundert hinein dokumentiert. Seinen Angaben zufolge sind die Meinungen insgesamt unentschieden: 133 autoritative Aussagen plädierten für Ismael und 131 für Isaak.[81]

---

[80] Bereschit Rabba, Parascha 55, zit. nach der Übersetzung von August Wünsche in: Der Midrasch Bereschit Rabba, a. a. O. S. 263. Die Anführungszeichen stammen von mir. Auch jüngere Midraschim erzählen so ähnlich von diesem Gespräch zwischen Abraham und Gott, etwa der *Midrasch Tanchuma*.

[81] Journeys in Holy Lands: The Evolution of the Abraham-Ishmael Legends in Islamic Exegesis, New York 1990, S. 135ff. und S. 170ff.

Insbesondere nach Auffassung vieler früher Autoritäten wie Abd Allāh ibn Abbās (gest. 687), Hasan al-Basrī (gest. 728) oder Qatāda (gest. 735) ist der namenlose Knabe selbstverständlich Isaak und der Ort der Opferung der Berg Morija gewesen. In der frühislamischen Zeit lautete der Beiname Isaaks schlicht „(Schlacht)Opfer Gottes" (arab. *dhabīh Allāh*). Diese Auffassung der frühen Autoritäten wurde später vor allem von dem klassischen Korankommentator Muhammad ibn Djarīr al-Tabarī (gest. 923) vertreten. Auf der anderen Seite haben die Ismael-Befürworter gleichfalls einige alte Autoritäten, zum Teil dieselben wie die der „Isaak-Fraktion", für ihre Position in Anspruch genommen. Unter den klassischen Kommentatoren haben sich z. B. al-Zamakhsharī (gest. 1144) eher vorsichtig, Ibn Taymīya (gest. 1328) und Ibn Kathīr (gest. 1373) hingegen energisch zugunsten Ismaels geäußert, da letzteren generell an einer möglichst scharfen Abgrenzung des Islams von Judentum und Christentum gelegen war.[82] Tendenziell kann man feststellen: In den ersten Jahrhunderten waren die Gelehrten eher der Ansicht, dass der Koran selbstverständlich das Drama mit exakt denselben Akteuren Abraham und Isaak erzählt wie die Bibel. Erst im Verlauf des Mittelalters und erst recht in der Neuzeit ist die Identifikation des namenlosen Sohnes mit Ismael und die Verortung des Dramas auf dem Berg Thabīr zur muslimischen Mehrheitsmeinung avanciert. Auslegungstradition hin oder her, wie beantwortet denn der Koran selbst die Frage: Isaak oder Ismael?

Nähert man sich dem Korantext unvoreingenommen und liest einfach, was da steht, so ist man zunächst durchaus geneigt, denjenigen Recht zu geben, die sagen, hier sei von *Ismael* die Rede. Man kann die Geschichte in drei Phasen lesen: von der Bitte um Nachkommen und der Wunscherfüllung (V. 99–101) über die Prüfung (V. 102–107) bis hin zur abschließenden Belohnung (V. 108–113). Der Ausgangspunkt ist eindeutig: Der kinderlose Abraham bittet Gott um Nachkommen. Dann wird ihm ein Sohn verheißen. Nicht Isaak, sondern Ismael ist es, der bekanntlich Abraham zum Vater machte, als welcher er in der folgenden Prüfungsgeschichte handelt. Ismael müsste auch der noch nicht erwachsene Sohn sein, der dieser Prü-

---

[82] Vgl. Mirza, Ishmael as Abraham's Sacrifice: Ibn Taymiyya and Ibn Kathīr on the Intended Victim, in: Islam and Christian-Muslim Relations, Bd. 24/Nr. 3, 2013, S. 277–298. Andere Exegeten wie etwa al-Rāzī (gest. 1209) referieren das Pro und Contra der Standpunkte, ohne sich selbst eindeutig zu entscheiden. Vgl. auch Richter-Bernburg, Göttliche gegen menschliche Gerechtigkeit. Abrahams Opferwilligkeit in der islamischen Tradition, in: Greiner u. a. (Hg.), Opfere deinen Sohn! Das „Isaak-Opfer" in Judentum, Christentum und Islam, Tübingen 2007, S. 243–256; Leemhuis, Ibrahim's sacrifice of his son in the early post-Koranic tradition, in: Noort/Tigchelaar (Hg.), The Sacrifice of Isaac. The Aqedah (Genesis 22) and its interpretations, Leiden-Köln 2002, S. 125–139. Einen Eindruck von der lebhaften Isaak-Ismael-Kontroverse bieten neben den Korankommentaren auch die Prophetenlegenden. Vgl. z. B. al-Tha'labī in: Islamische Erzählungen von Propheten und Gottesmännern, a. a. O. S. 122–126.

fung mit unterworfen wird, da Abraham erst vierzehn Jahre später seinen zweiten Sohn Isaak erhalten hat. In der dritten Phase wird Abraham als künftige Belohnung eben dieser zweite Sohn angekündigt. Man kann Vers 112 (Bobzin: „Und wir verkündeten ihm Isaak, einen Propheten von den Frommen") grammatikalisch auch folgendermaßen übersetzen: „Wir übermittelten Abraham die frohe Botschaft *von Isaak und dass er* Prophet und einer der Frommen sein würde." Dann wäre erst in diesem vorletzten Vers der Erzählung von Isaak die Rede. Dann wäre Isaak, der zweite Sohn, Gottes Belohnung dafür, dass Abraham bereit war, Ismael, seinen Erstgeborenen, zu opfern. In dieser Weise kann man den Text durchaus schlüssig interpretieren. Das tun die zeitgenössischen Muslime, und genau so haben bereits mittelalterliche Exegeten wie Ibn Taymīya und Ibn Kathīr argumentiert. Dabei wird jedoch ein Doppeltes verschwiegen. Erstens, dass der Hinweis auf den „einzigen Sohn", den Gott für die Opferung vorsieht und der bis zur Geburt Isaaks nur Ismael sein kann, gar nicht aus dem Korantext selber stammt, sondern eine Notiz aus Genesis 22,2 darstellt, die bei dieser Interpretation in den Koran stillschweigend hineingelesen wird. Der Koran selbst macht nur klar, dass Abraham sich mit demjenigen Sohn auf den Weg macht, der ihm von Gott verheißen und dann geschenkt worden war. Stärker noch wiegt ein zweiter Einwand: Wäre Isaak tatsächlich die Belohnung für das Beinahe-Opfer Ismaels, dann wäre dies eine sehr fragwürdige „Belohnung" Gottes für Abraham! Warum sollte Gott dem Erzvater einen zweiten Sohn schenken, dessen Dasein zur Rivalität mit Ismael und zu reichlich Unheil in der Familie führen wird? Dies passt nicht zum „Frieden über Abraham", von dem Sure 37,109 spricht. Seinem irdischen Freund etwas zu schenken, das zu so vielen Konflikten führt, sieht ganz und gar nicht nach einer Belohnung Gottes für Abraham aus (Vers 110). Mit einem Wort: *Isaak kann nicht die Belohnung für Abrahams Bereitschaft, Ismael zu opfern, gewesen sein.*

Auf der anderen Seite gibt es eine ganze Reihe sehr viel besserer Argumente für die alternative Auslegung, hier sei nicht von Ismael, sondern von *Isaak* die Rede. Sie ergeben sich aus der Einzelauslegung, dem Zusammenhang des Textes, dem Sprachgebrauch sowie aus der Chronologie der Suren des Korans. Ich nenne im Folgenden die zentralen Anhaltspunkte, von denen sich einige bereits bei dem klassischen Kommentator al-Tabarī finden. Erstens muss schlicht festgestellt werden: Ismael wird an keiner einzigen Stelle im Text explizit erwähnt. Hingegen wird am Ende Isaak ausdrücklich mit Namen genannt. Das geht auch aus Vers 112 hervor, den beispielsweise *Moustafa Maher* so übersetzt: „Wir übermittelten Abraham die frohe Botschaft, daß Isaak Prophet und einer der Rechtschaffenen sein würde." Das bedeutet, dass hier nicht von einem weiteren Sohn die Rede ist, sondern dass es sich bei Isaak um den bisherigen Protagonisten in diesem Drama handelt, wie schon al-Tabarī argumentiert hat. Dann besteht die göttliche Belohnung nicht darin, Abraham einen weiteren Sohn zu schenken, dessen Dasein für Zündstoff statt für „Frieden über Abraham" sorgen wird, sondern darin, dass der verschonte Sohn Isaak nicht einfach ein Überlebender und gerade noch Davongekommener sein wird, sondern sogar ein Prophet und Gerechter, der von Gott seiner Standhaftigkeit und Gottergebenheit im Angesicht des Todes wegen ausgezeichnet wird. Dies ist nun in der Tat keine fragwürdige, sondern eine echte und rechte Belohnung Gottes. Eine Belohnung zur besonderen Freude seines Freundes Abraham, weil kein Mensch – sei er auch der Sohn Abrahams – sich eigenmächtig zum Prophet erklären kann.

Das Hauptargument dafür, dass es beim Opferdrama um Isaak geht, ist der übliche koranische Sprachgebrauch, auf den ebenfalls bereits al-Tabarī hingewiesen hat. Der Koran formuliert stets pointiert und gezielt. Er überlässt gewissermaßen nichts dem Zufall. Oben hatten wir festgestellt: *Der Koran spricht nicht von dem einzigen Sohn wie die Tora, sondern von demjenigen Sohn, der Abraham von Gott verheißen und ihm dann geschenkt worden war.* Sure 37,101 lautet wörtlich übersetzt (Moustafa Maher): „Dann übermittelten Wir ihm die frohe Botschaft, daß ihm ein sanftmütiger Sohn geboren werde." Dieser Vers enthält den entscheidenden Hinweis. Wann immer der Koran diese Formulierung gebraucht, dass von Gott eine „frohe Botschaft" an Abraham ergeht, bezieht er sich auf den ersten großen Erzählkreis von den Gästen Abrahams, deren Fluchtpunkt die Isaakverheißung bildet. Der exegetische Befund ist eindeutig: Die stereotype Wendung, Abraham „eine frohe Botschaft auszurichten" (arab. *wa-bashsharūhu*), zielt im Koran in allen sechs Varianten dieses Erzählkreises auf Isaak. Er und nicht Ismael ist der verheißene Sohn![83] Dieser Befund hat, so das dritte Argument, seinen guten Grund. Denn Isaak verdankt seine Existenz dem barmherzigen *Ratschluss Gottes*, wohingegen Ismaels Dasein bekanntlich auf das Zusammenwirken Saras, Abrahams und Hagars zurückgeht (s. u. Kapitel 12), sich mithin *menschlicher Eigeninitiative* verdankt. Wenn also Sure 37,101 exakt dieselbe Terminologie verwendet, die sonst im Koran dort, wo Isaak ausdrücklich genannt wird, benützt wird, ist davon auszugehen, dass auch hier Isaak, das Geschenk Gottes an Abraham, gemeint ist und gerade nicht Ismael, den Abraham und Hagar – auf Saras Drängen hin – sich sozusagen selbst geschenkt haben. Mit anderen Worten: Zu Ismael und den bekannten Umständen seiner eigenmächtigen Zeugung passt die koranische Formel von der „frohen Botschaft" an Abraham überhaupt nicht. Sollte dieser typische Sprachgebrauch des Korans, der für Isaak spricht, in Sure 37,101 ausnahmsweise und unpassenderweise für Ismael gelten, dann dürften Hörer und Leser erwarten, dass auch sein Name explizit erwähnt wird. Das ist aber nicht der Fall.

Ein viertes Argument für Isaak ergibt sich aus dem Vergleich der beiden Abrahampassagen in Sure 37 und in Sure 19. Beide Suren stammen aus der mittelmekkani-

---

[83] Vgl. Sure 51,28; 15,53–55; 11,71; 11,74; 29,31 mit Sure 37,101.

schen Phase der Wirksamkeit Muhammads. Sie liegen also zeitlich relativ nahe beieinander. Es überrascht daher nicht, dass beide genau denselben Kontrast in Abrahams Familienbeziehungen beschreiben, einen Kontrast, der sich über drei Generationen erstreckt. Beide Suren schildern zunächst den Konflikt Abrahams mit seinem Vater. Unmittelbar darauf wird Abraham ein Sohn geschenkt, der ein „Prophet" genannt wird. Hat man die gesamte Erzählung in Sure 37,83–113, die etwas früher entstanden ist, vor Augen, so liest sich Sure 19,49 wie eine spätere Zusammenfassung: „Als er (sc. Abraham) sich von ihnen und dem, was sie an Gottes statt verehrten, trennte, schenkten wir ihm Isaak und Jakob und machten beide zu Propheten."[84] Isaak ist in beiden zeitlich benachbarten Passagen das Geschenk Gottes für Abraham, weil er sich von der Religion seines Vaters losgesagt hat. *Der damit vaterlos gewordene Abraham wird seinerseits zum Vater, indem ihm ein Sohn geschenkt wird.* Und die zweite Belohnung Gottes erfolgt für die bestandene Prüfung: Dieser Sohn wird überdies ein Prophet werden. Man kann sogar eine Analogie zur Tora feststellen. Denn wie in Genesis 22,2 wird die vorläufige Anonymität des Sohnes im Opferdrama am Ende der Erzählung in Sure 37,112–113 explizit auf Isaak hin aufgelöst, was der Koran wenig später in Sure 19,49 zusammenfassend nochmals bestätigt. Nun mögen aufmerksame Leser und Leserinnen bereits den Einwand auf den Lippen tragen: Wie kann dem vaterlos gewordenen Abraham seinerseits durch Isaak die Vaterschaft *geschenkt* werden, wenn Abraham seit vierzehn Jahren – seit der Geburt Ismaels – längst Vater war?

Hier kommt nun ein fünftes, entstehungsgeschichtliches Argument für Isaak ins Spiel. Es ergibt sich, wenn man die Reihenfolge der historischen Entstehung oder Offenbarung der Suren berücksichtigt. Aus dieser Perspektive wird deutlich: Ismael ist eine Figur, die erst viele Jahre später, als Sure 19 und vor allem die noch ältere Sure 37 chronologisch anzusetzen sind, eine Rolle spielen wird. Ausdrücklich als ein *Sohn Abrahams* wird Ismael nämlich erst in Sure 14 erwähnt, in einem Gebet Abrahams (Verse 35 und 39), also in einer jüngeren Sure, die aus der mittel- oder spätmekkanischen Phase der Wirksamkeit Muhammads stammt. Diese Sure ist in jedem Fall deutlich später als Sure 37 und Sure 19 entstanden bzw. offenbart worden. Die ältesten Erwähnungen Ismaels im Koran (s. u. Kapitel 7) belegen, dass Muhammad zu der Zeit, in die Sure 37 mit der Opfergeschichte gehört, Ismael als Sohn Abrahams noch gar nicht kannte! Von Ismael erfährt Muhammad erst *nach* der Offenbarung von Sure 37 – und selbst dann steht er zunächst ohne familiären Bezug zu Abraham da. Ganz anders ist das mit Isaak! Mit Sicherheit wusste Muhammad zur Zeit von Sure 37 bereits um Isaak, wie die noch ältere Sure 51 belegt, die den ersten großen Erzählkreis um Abraham eröffnet. Diese Erkenntnis aus entstehungsgeschichtlicher

---

[84] Jakob wird hier auffälligerweise nicht als der Sohn, sondern als der Bruder Isaaks verstanden (s. u. Exkurs 6).

Perspektive bestätigt also das letztgenannte inhaltliche Argument: Zum damaligen
Zeitpunkt seines Wirkens ging Muhammad tatsächlich davon aus, dass der vaterlos
gewordene Abraham durch Isaak, den Gott ihm als Belohnung für die Standhaftigkeit
gegenüber Āzar geschenkt hat, erst zum Vater geworden war. Von Ismael als
dem älteren Bruder Isaaks wusste Muhammad damals, als er Sure 37 vortrug, noch
nichts. Man kann es auch religiöser ausdrücken: Der Zusammenhang zwischen dem
ihm zu jener Zeit noch nahezu unbekannten Propheten Ismael (vgl. immerhin
Sure 19,54–55) und Ismael, dem Sohn Abrahams und älteren Bruder Isaaks, wurde
Muhammad von Gott erst später offenbart. Womöglich aus gutem Grund, denn die
Kontroverse um die richtige Identifikation des anonymen Sohnes von Sure 37 ist aus
exegetischer Sicht letztlich nebensächlich. Da es bei diesem Drama nicht primär um
die Söhne geht, sondern um Abraham selbst und sein Gottesverhältnis, bedeutet es
für das Verständnis der Erzählung keinen entscheidenden Unterschied, mit wem der
anonyme Sohn identifiziert wird. Der Traum Abrahams, seinen geliebten Sohn hinzu-
schlachten, bleibt in jedem Fall ein Alptraum. *Abdojavad Falaturi* hat Recht:

> Ob Ismael oder Isaak, das ist nicht entscheidend. Entscheidend ist die Offenheit und Auf-
> richtigkeit Abrahams; entscheidend ist die Bereitschaft des kleinen Kindes, das gerade zu
> laufen begonnen hat, dem Vater jede versteckte Sorge zu nehmen und ihn sogar zu ermu-
> tigen, den göttlichen Anweisungen zu folgen; entscheidend ist ferner, daß Abraham diese
> unvorstellbar schwere Prüfung bestanden und sich als mustergültiges Beispiel eines Mus-
> lims, eines Gottergebenen in Glauben und Tat, erwiesen hat.[85]

Damit sind wir bei der nächsten, viel heikleren Frage, die sich an dieses Drama richten lässt, angelangt:

War die Opferung des Sohnes eine Prüfung Gottes?

Gefragt, worin denn der Sinn dieser Beinahe-Opferung bestehe, antworten die meisten Gläubigen, Gott habe Abraham auf die Probe gestellt, um seinen Glauben zu prüfen. Sie verweisen auf den Eingangsvers der Erzählung in Genesis 22, der davon
spricht, dass Gott (hebr. *Elohīm*) Abraham in Versuchung führte. Ein vergleichbarer
Vers vorneweg fehlt im Koran. Hier gibt es erst am Schluss den Kommentar (Sure
37,106), das sei „die klare Prüfung" (arab. *al-balāʾu l-mubīnu*) gewesen (ebenso in
Sure 2,124). Nun haben sich vor allem seit der Aufklärung viele Menschen gefragt:
Wenn es tatsächlich eine Prüfung war, kann diese wirklich von *Gott* kommen? Jedenfalls von einem als *gütig* geglaubten Gott? Zugespitzter gefragt: Will Gott Abraham
etwa zu einem Auftragsmord anstiften? Noch radikaler formuliert: Darf Gott seinem
Freund, der bereits den Vater um des Glaubens willen aufgegeben und verloren hat,

---

[85] Abraham – Stammvater dreier Religionen?, unveröffentlichtes Manuskript, S. 12.

nun auch noch den Erben nehmen und ihn gar zum Sohnesmörder machen? Gibt es
denn überhaupt eine Grenze für das, was Gott von einem Menschen verlangen kann?
Gewiss sind das eher moderne Fragen, die zum Teil unter dem Stichwort „Theodizee"
– dem Problem, an die Güte bzw. Gerechtigkeit Gottes angesichts des Unrechts und
Leidens in der Welt glauben zu können – subsumiert werden. Frommen Menschen,
die solche Fragen für unzulässig, wenn nicht gotteslästerlich halten, bereiten sie Unbehagen. In der Hebräischen Bibel wird deutlich, dass *Menschenopfer* zu den Zeiten,
in denen Abraham möglicherweise lebte (um 1900 v. u. Z.), und auch noch in wesentlich späteren Epochen im Vorderen Orient durchaus verbreitet waren. Dies gilt sowohl für die anderen Völker als auch für das sich erst formierende Volk Israel selbst
(vgl. Exodus [= 2. Mose] 22,28–29). Die Opferung von Jiftachs Tochter durch ihren
Vater ist das bekannteste Menschenopferdrama in Israel selbst (Richter 11,29–40). Es
ähnelt dem im gesamten Mittelmeerraum verbreiteten *Mythos von Iphigenie*, welche
gleichfalls durch ihren Vater (Agamemnon) geopfert wird, wie ihn beispielsweise Homer in seiner Ilias überliefert hat. Späteren Versionen dieses Mythos zufolge wurde
Iphigenie allerdings durch eine an ihrer statt geopferte Hirschkuh ausgelöst.[86] Menschen haben freilich nicht erst in der Neuzeit einem Gott oder einer Göttin darge-
brachte Menschenopfer generell als anstößig empfunden. Lange nach Homer hat das
Mosaische Gesetz, endgültig kodifiziert im 5. Jahrhundert v. u. Z., Menschenopfer
verboten.[87] Nachbiblische rabbinische Auslegungen von Genesis 22 belegen dasselbe
speziell mit Blick auf den Mythos von Abrahams Sohnesopfer. In dieser dramatischen
Vater-Sohn-Geschichte schwingt eine ebenso dramatische Geschichte zwischen Gott
und seinem Freund Abraham mit, die verstanden werden möchte und ihrer Abgrün-
digkeit wegen doch so schwer zu begreifen ist. Das mögen zwei Zitate zeitgenössi-
scher Exegeten zeigen. So schreibt der jüdische Schriftsteller *Elie Wiesel*, Holocaust-
überlebender und Friedensnobelpreisträger des Jahres 1986:

> Abraham weiß, daß er mit der Opferung seines Sohnes im Gehorsam gegen Gott in Wirk-
> lichkeit sein Wissen *von* Gott und seinen Glauben *an* ihn opfert. Wenn Isaak stirbt, wem
> wird der Vater diesen Glauben und dieses Wissen weitergeben? Das Ende Isaaks würde
> das Ende eines wunderbaren Abenteuers bedeuten: Der Erste wird der Letzte gewesen
> sein. Eine Angst, die bedrückender und verheerender ist, ist kaum vorstellbar: *Ich hätte
> also umsonst gelebt, gelitten und leiden lassen.*[88]

---

[86] Hinweise auf Menschenopfer in Israels Umgebung finden sich etwa in 2. Könige 3,27;
Jeremia 19,5.

[87] Vgl. Levitikus (= 3. Mose) 20,2–5; Deuteronomium (= 5. Mose) 12,31.

[88] Die Opferung Isaaks: Geschichte des Überlebenden, in: Ders., Adam oder das Geheimnis des Anfangs. Brüderliche Urgestalten, Freiburg u. a. 4. Auflage 1980, S. 78. Hervorhebungen i. O.

Der christliche Theologe *Klaus Teschner* zieht eine Parallele zum Schicksal Hiobs, das durch Abrahams Schicksal sogar überboten werde:

> Für Abraham spitzt sich die Versuchung noch zu: Hiob verliert zwar seine Kinder und seine Gesundheit, und das ist schlimm genug. Aber Abraham soll den Sohn opfern, der der Verheißungsträger für ein ganzes Volk ist. Er soll seine eigene Zukunft zu Asche verbrennen. So ist Abraham nicht nur innerlich hin- und hergerissen zwischen Gottesliebe und Kindesliebe, sondern er wird auch hin- und hergerissen zwischen zwei Gottesbildern: Der Gott, der ihn von seinem 75. bis zu seinem 100. Lebensjahr geführt und den Sohn geschenkt hat, steht auf der einen Seite; und der Gott, der durch eine wahnsinnige Anordnung das alles in drei bis vier Tagen zunichte und kaputt macht, steht auf der anderen Seite.[89]

Neben diesen Abgründen, die sich in Abrahams Gottesverhältnis auftun, lastet über der Genesisversion des Dramas das Schweigen Abrahams *nach* dem göttlichen Befehl. Zwar lässt er kein gehorsames „Hier bin ich!" oder „Dein Wille geschehe!" folgen. Aber Abraham äußert auch keinen Zweifel: „Habe ich richtig gehört?" Keine Nachfrage: „Warum gerade meinen Sohn?" Kein mutiges Verhandeln mit Gott wie beim drohenden Gericht über Sodom und Gomorrha. Warum feilscht Abraham, wenn es um das Leben Anderer geht, aber nicht, wenn das Leben seines eigenen Sohnes auf dem Spiel steht? Auch ein äußerstes Angebot, das betagten Vätern auf der Zunge liegen mag, ist nicht zu vernehmen: „Nimm *mein* Leben statt das meines Sohnes!" Identisch sind die biblische und die koranische Fassung des Dramas insofern, als Abrahams Frau – die Mutter des Sohnes – ausgeschlossen bleibt. Sara bzw. Hagar kommen nirgends vor. Die Mutter wird nicht gefragt, sie wird nicht eingeweiht. Weder von Gott noch vom Ehemann. Für sie wäre die Zumutung ebenso groß, die Prüfung genauso hart wie für ihren Mann. Die mütterliche Perspektive berücksichtigen weder die Jüdische Bibel noch der Koran. Das mag daran liegen, dass Opferhandlungen wie auch Kriegshandlungen in beiden patriarchalen Kulturen – der jüdischen wie der muslimischen – „Männersache" waren. Erst die nachbiblische jüdische Tradition sowie, ihr folgend, die nachkoranische islamische Überlieferung haben bei ihren Auslegungen und Nacherzählungen weitere Figuren wie die Mutter oder den Satan in das Drama eingefügt (vgl. Exkurs 5).

Wie stellt sich nun die Frage nach dem Sinn dieses Dramas für Muslime dar? Halten auch sie, wie die meisten Juden und Christen, die Opferung des Sohnes für eine Prüfung Gottes? Damit kommen wir zurück zu Sure 37 und dem direkten Ver-

---

[89] ... und du wirst ein Segen sein. Auf Saras und Abrahams Spuren, Neukirchen-Vluyn 1993, S. 30. Ähnlich *Josef Imbach* (Mit Abraham unterwegs. Vom Abenteuer des Glaubens, Würzburg 2002, S. 80): „Früher musste Abraham sich von seiner Vergangenheit trennen; jetzt soll er auf seine Zukunft verzichten. War es ihm zuvor aufgegeben, seine Verwandten zu verlassen, muss er nun auch seinen Sohn loslassen."

gleich mit der Genesisfassung. Von der Frage nach der Identität des Sohnes abgesehen, gibt es insgesamt vier besonders bemerkenswerte Unterschiede zwischen der koranischen und der biblischen Version der Opfergeschichte. Zunächst: Seinen Sohn zu opfern kann der Hebräischen Bibel zufolge durchaus als *Anweisung Gottes* an Abraham verstanden werden. So interpretierten die christlichen Ausleger m. W. durchweg – jedenfalls bis zum oben erwähnten humanistischen Protest in der Neuzeit. Repräsentativ für das Christentum seien zwei prominente Ausleger zitiert. Der dänische Religionsphilosoph *Sören Kierkegaard* (gest. 1855), der sich ausführlich mit dem Opferdrama beschäftigt hat, interpretiert den „ehrwürdigen Vater Abraham" als einen Helden des Glaubens jenseits aller Zweifel: „er zweifelte nicht, er schaute nicht geängstigt zur Rechten oder zur Linken, er forderte den Himmel nicht heraus mit seinen Bitten. Er wußte, es war Gott der Allmächtige, der ihn prüfte (...)."[90] In unseren Tagen hat der Heidelberger Alttestamentler *Claus Westermann* (gest. 2000) erläutert: „So schrecklich, so unmenschlich es ist, es ist doch das Wort des ihm vertrauten Gottes; der Gott, mit dem Abraham zusammengehört, muß in diesem Wort sein."[91] Diese Deutungen sind repräsentativ für fast die gesamte christliche Auslegungstradition. Im Judentum hingegen wurden seit jeher Zweifel laut, dass ein solcher Befehl tatsächlich von Gott selbst (hebr. *JHWH*) stammen könne. Schon im vorchristlichen *Jubiläenbuch* war es der Herr der bösen Geister und Gottes Gegenspieler, der Gott dazu aufforderte, Abraham zu testen:

> Und es kam (heraus) der Fürst Mastema und sagte vor Gott: „Siehe, Abraham liebt den Isaak, seinen Sohn, und er freut sich über ihn vor allen. Sage ihm, er solle ihn hinaufbringen als Brandopfer auf den Altar. Und du wirst sehen, ob er dieses Wort tut. Und du wirst wissen, ob er glaubend ist in allem, womit du ihn versuchst."[92]

Ähnliche Interpretationen und *relectures* des Dramas hat es im Laufe der jüdischen Auslegungsgeschichte immer wieder gegeben. Doch muss man einräumen: Sie waren zwar nicht die absolute Ausnahme und hatten auch einige prominente Befürworter, doch letztlich blieben sie eine Minderheitenposition. Für die Auslegung im deutschen Judentum des 20. Jahrhunderts verweise ich exemplarisch auf die Ausführungen des Rabbiners *Benno Jacob* (gest. 1945) in dessen Genesiskommentar. Jacob zufolge ist es gleichfalls nicht Jahwe, der Abraham prüfte, also „Gott selbst in letzter Instanz, sondern einer seiner himmlischen Diener, ein übereifriger, vollkommene menschliche Gottergebenheit bezweifelnder Untergebener, den sein Herr, der der

---

[90] Furcht und Zittern (1843), in: Werkausgabe, hg. von E. Hirsch und H. Gerdes, Bd. 1, Düsseldorf/Köln 1971, S. 30.

[91] Genesis 12–36 (Biblischer Kommentar – Altes Testament, Bd. 1/2), Neukirchen-Vluyn 1979, S. 436.

[92] Kap. 17,16, zit. nach: Das Buch der Jubiläen, a. a. O. S. 417f. Klammer i. O.

Sache gewiß ist, gewähren läßt."[93] Der Versucher, der Abraham auf die Probe stellte, sei ein Elohīm-Wesen bzw. der Satan gewesen. Jacob verweist zum einen auf das Ende der Genesiserzählung, wo dieses himmlische Wesen, das Abraham erneut anruft, ausdrücklich als ein „Engel Jahwes" und nicht als Gott selbst bezeichnet werde. Zum anderen verweist Jacob auf die Parallele mit Hiob, wo gleichfalls ein himmlischer Untertan Jahwes in die Rolle des Versuchers geschlüpft sei (vgl. auch 1. Könige 22,21 ff.). Interessant ist nun: Auch im Koran ist das Vorhaben, den Sohn zu opfern, durchaus kein expliziter Befehl Gottes, sondern ein Traum, genauer: *ein Alptraum, den Abraham träumt.* Der Erzvater sagt zu seinem Sohn in Sure 37,102, er habe dessen Opferung „im Traum" (arab. *fī l-manāmi*) gesehen. Dieser Alptraum wird zunächst auch nicht eindeutig auf Gott zurückgeführt. Dadurch scheinen sich auf den ersten Blick die gestellten (An)Fragen an Gott bzw. an das Gottesbild zu erübrigen, da sie sich in diesem Fall an den Träumer Abraham richten. Hier könnte sich ein Ausweg für Abrahams Gratwanderung zwischen einer rückhaltlosen und einer rücksichtslosen Opferbereitschaft auftun. Der Koran zeichnet sich einmal mehr durch eine größere Offenheit aus, und zwar sowohl im Vergleich mit der biblischen Fassung als auch verglichen mit der um Eindeutigkeit bemühten Interpretation späterer Koranausleger. Diese zitieren gern das bekannte Hadith, das *Abd Allāh ibn Abbās* (gest. 687), ein Vetter Muhammads bezeugt, der als „der Vater der Koranauslegung" gerühmt wird. In diesem Ausspruch des Propheten heißt es: „Träume der Propheten sind Offenbarungen."[94] Erst ganz allmählich, als Lern- und Erkenntnisprozess Abrahams und seines Sohnes, stellt sich in Sure 37 so etwas wie Eindeutigkeit aus dem weiteren Gang des Geschehens her. Die Prüfung Abrahams tatsächlich durch *Gott* erweist sich dem Koran zufolge als eine solche erst gegen Ende der Erzählung (Sure 37,106). So behalten die gestellten Fragen ihre theologische Dringlichkeit auch in Bezug auf die koranische Fassung des Opferdramas.

Damit hängt ein zweiter Unterschied direkt zusammen: Während im Koran ein Erkenntnisprozess Abrahams und seines Sohnes beschrieben wird, geht es in der biblischen Fassung um einen *Erkenntnisprozess Gottes.* Gott muss Abraham auf furchtbare Weise prüfen, um sich über dessen Glaubensgröße erst Gewissheit zu verschaffen. So vermeldet Genesis 22,12: „Strecke deine Hand nicht nach dem Knaben und tu ihm nichts! Denn nun weiß ich, dass du gottesfürchtig bist, da du deinen einzigen Sohn mir nicht verweigert hast." Hier geht es also, um noch einmal *Claus Westermann* zu zitieren, um „eine Erkenntnis, die Gott gewonnen hat durch die Prüfung

---

[93] Das Buch Genesis, Berlin 1934, Nachdruck Stuttgart 2000, S. 492.

[94] Zit. nach: Stories Of The Prophets [by] Ibn Kathīr, Riyadh 2003, S. 164 f. Das arabische Original ist singularisch formuliert: *ru'yā l-anbiyā' wahy.* Dass schon im Judentum und im Christentum, also in der Bibel, die Träume als *mögliche* (doch nicht eindeutige) „Mitteilungswege" Gottes verstanden wurden, braucht hier nicht eigens nachgewiesen zu werden.

eines Frommen."[95] Dieser Vers legt nahe, dass der – klassischer jüdischer und christlicher Glaubenslehre zufolge – allwissende Gott etwas Bestimmtes zu einer bestimmten Zeit nicht gewusst habe. So hat dieser Vers jüdischen wie christlichen Auslegern seit jeher großes Kopfzerbrechen bereitet. Nicht aber ihren muslimischen Kollegen, denn ein Äquivalent zu Genesis 22,12 findet sich in der koranischen Fassung gerade nicht. Der allwissende Gott weiß im Koran sehr wohl um die Größe des Glaubensgehorsams von Abraham und seinem Sohn – nur sie selber wissen es noch nicht und sollen ihre eigene Größe erst entdecken. Und wie sie ihre Glaubensgröße entdecken und bewähren! Damit sind wir beim dritten und vielleicht wichtigsten Unterschied angelangt. Gemäß dem Koran sucht Abraham sogleich das *Gespräch mit seinem Sohn*. Nach Genesis 22 schweigt Abraham so lange wie irgend möglich über sein Vorhaben. Er lässt den Sohn, der nicht zum ersten Mal an einer Opferhandlung teilnimmt und weiß, dass noch etwas fehlt, im Ungewissen zwischen Hoffen und Bangen. Abrahams Schweigen lastet auf dem Sohn. Das Schweigen lastet auch auf Abraham selbst. Es ist das Schweigen Gottes *nach* dem Befehl. Vielleicht auch deshalb hüllt sich Abraham seinerseits in Schweigen: weil er bis zuletzt auf Gottes Widerruf wartet. Und weil er sich seiner selbst nicht gewiss ist, ob er dem Befehl tatsächlich Folge leisten wird oder nicht. Daher ist es nur eine Frage der Zeit, bis der Sohn die unausgesprochene Frage stellt, die sie beide auf ihrem dreitägigen Weg nach Morija begleitet hat und die sie beide so sehr fürchten: die Frage nach dem fehlenden Opfertier. Benno Jacob zufolge ist es „eine Frage, die Abraham ins Herz treffen muß."[96] Abraham versucht, Zeit zu gewinnen, noch immer auf Gottes Widerruf wartend. Ausweichend antwortet er (Genesis 22,8): „Gott wird sich selbst ausersehen das Lamm zum Ganzopfer, mein Sohn." Jacob weist mit Blick nicht nur auf diese konkrete Geschichte, sondern auf sämtliche Erzählungen von Abraham und Isaak im Buch Genesis auf die überraschende Tatsache hin: „Diese Frage und Antwort sind in der ganzen Geschichte Abrahams und Isaaks das Einzige, was wir sie miteinander sprechen hören." Wenn Vater und Sohn sich der Tora zufolge ihr Leben lang so gut wie nichts zu sagen haben, ist das kein gutes Zeichen. Auch das haben die Rabbinen bereits diskutiert. Wie anders erzählt da der Koran!

Während in der biblischen Fassung Isaak bis zur Opferhandlung völlig ahnungslos bleibt, wird Isaak dem Koran zufolge von Anfang an eingeweiht. Der Vater ergreift selbst die Initiative und wartet gar nicht erst die Frage seines Sohnes ab (V. 102): „Mein Sohn! Ich sah im Traum, dass ich dich opfern soll. Nun sieh, was meinst du dazu?" Dadurch ändert sich der Charakter der Erzählung ganz entscheidend. *Diese völlig neue Akzentuierung des Dramas ist freilich keine Erfindung oder Ein-*

gebung Muhammads gewesen. Bereits in manchen rabbinischen Nacherzählungen (hebr. *Midraschim*) wird Isaak zuvor von Abraham informiert. Und noch früher hat schon der Jerusalemer Priester und Historiker *Flavius Josephus* (gest. ca. 100 u. Z.) in seinem Alterswerk „Jüdische Altertümer" (lat. *Antiquitates Judaicae*) in seiner Version dieser Geschichte eine Rede des Vaters an den Sohn eingefügt. Nachdem er den Altar errichtet hat, sagt Abraham:

> „O Sohn, mit tausend Bitten habe ich deine Geburt von Gott erfleht und dich mit grösster Sorgfalt erzogen, seit du in dieses Leben eingetreten bist, und ich kannte kein grösseres Glück, als dich in deiner Manneskraft zu erblicken und dich bei meinem Tode als Erben meiner Herrschaft zu hinterlassen. Aber weil ich durch Gottes Willen dein Vater geworden bin, und er jetzt von mir fordert, deiner zu entsagen, so ertrage starkmütig deine eigene Opferung. Denn ich trete dich an Gott ab, da er dies zu seiner Ehre verlangt und stets mein gnädiger Helfer und Beschützer gewesen ist. Wie du nicht dem gewöhnlichen Lauf der Dinge gemäss geboren wurdest, so sollst du auch aus dem Leben scheiden auf besondere Weise, nämlich von deinem eigenen Vater Gott, dem Erzeuger aller Dinge, zum Opfer gebracht werden. Hat er dich doch für wert gehalten, dass du nicht durch Krankheit, Krieg oder ein anderes Unglück, wie es den Menschen zuzustossen pflegt, aus diesem Leben scheidest, sondern dass er deine Seele unter Gebet und feierlichem Opfer aufnehme und bei sich unterbringe. Du wirst deshalb doch der Pfleger und Hüter meines Alters sein, wozu ich dich vornehmlich erzog, indem du durch dein Verdienst Gott an deine Stelle setzest." Darauf erklärt sich Isaak sogleich zu diesem Selbstopfer bereit.[97]

Auch im Koran erscheint Abraham nicht länger als hinterhältiger, grausamer Vater, der etwas gegen seinen Sohn im Schilde führt. Zudem hat der nach Auffassung der Korankommentatoren etwa 13-jährige Knabe nunmehr die Möglichkeit, seinen Gehorsam gegenüber seinem Vater wie auch seine Ergebenheit gegenüber dem unerforschlichen Willen Gottes zu bewähren – oder eben auch nicht. Er bleibt nicht, wie in der Bibel, bis zum Schluss das ahnungslose oder auch ahnungsvolle *Opfer*, sondern ist von Anfang an ein buchstäblich „gefragter" *Mitspieler* in diesem Geschehen. Dies ist wohl der Sinn des zunächst rätselhaft wirkenden Hinweises in Sure 37,102 (Übersetzung Khoury): „Als dieser (sc. der Knabe) das Alter erreichte, daß er mit ihm (sc. Abraham) laufen konnte". Bobzin übersetzt: „Als er mit ihm den Lauf erreichte". Manche westliche Ausleger (z. B. Rückert, Paret, Bobzin) meinen, dass damit auf den rituellen siebenmaligen Lauf zwischen den Hügeln *al-Safā* und *al-Marwa* bei der Pilgerfahrt angespielt werde, weil der Vers den Fachbegriff dafür (arab. *al-sa'y*) nenne. Dies ist allerdings eher unwahrscheinlich, da in der islamischen Tradition dieser Ritus nicht auf Abraham und das Opferdrama, sondern auf

---

[97] Buch 1, Kap. 13, zit. nach der Übersetzung von Heinrich Clementz (1899) in: Des Flavius Josephus Jüdische Altertümer, Wiesbaden 11. Auflage 1993, S. 51.

Hagars Suche nach Wasser für Ismael zurückgeführt wird (s. u. Kapitel 12). Vielmehr ist gemäß den meisten islamischen Auslegern – und wie schon bei Josephus – anzunehmen, dass mit diesem Hinweis schlicht gesagt werden soll, dass Abrahams Sohn alt genug war, um mit diesem gehen und arbeiten zu können (was zugleich das Alter darstellen mag, in dem Jugendliche „den Lauf" machen können). Mit einem Wort: Dem Koran zufolge ist der Sohn *mündiger Mitspieler* in diesem Drama und gerade kein unmündiges Opfer, über dessen Kopf hinweg sein Tod im Namen Gottes beschlossen wird. Wenn schon nicht die Mutter, so wird wenigstens der Sohn aufgefordert, Stellung zu Abrahams Alptraum zu beziehen.

Wie soll man die Initiative Abrahams bewerten? Die innerislamischen Meinungen gehen darüber weit auseinander. In unseren Tagen meint z. B. *Hamideh Mohagheghi*, der Sohn dürfe damit sogar „entscheiden, ob der Vater der Aufforderung Gottes nachkommen soll oder nicht. Ein eindeutiger Aufruf, dass die Rechte der Menschen geschützt und sorgfältig beachtet werden sollen."[98] Der schon erwähnte, aus Persien stammende rationalistische Theologe *al-Zamakhsharī* hingegen meint in seinem Korankommentar:

> Er (sc. Abraham) hat ihn nicht konsultiert, um seine Meinung zu erkunden und seinen Rat zu befolgen, sondern um zu erfahren, wie er zur Prüfung Gottes steht, die ihn getroffen hat. So könnte er ihn festigen und ihm zur Standhaftigkeit helfen, sollte er Angst haben, und so sichergehen, daß er nicht strauchelt, wenn er standhaft bleibt und sich Gott ergibt. Und auch wollte er ihn lehren, sich selbst zu erforschen, um stärker zu werden und der Prüfung leichter entgegenzusehen, wie jemand, der sie erwartet. Somit würde er seinen Lohn erhalten durch die Unterwerfung unter den Befehl Gottes, bevor er eintrifft.[99]

Die „klare Prüfung", wie der Koran in Sure 37,106 das Geschehen selber deutet (vgl. Sure 2,124), erstreckt sich nicht, wie in der Bibel, allein auf Abraham, sondern bezieht den Sohn mit ein. Dass es sich bei dieser Prüfung um eine Art Glaubensprobe handelt, darin stimmen die biblische und die koranische Fassung überein. Doch will Gott, so der Koran, nicht nur Abraham prüfen, sondern auch seinen Sohn. Dessen Antwort dokumentiert seine Absicht, die Prüfung ebenfalls vorbildlich zu bestehen (V. 102): „Mein Vater, handle so, wie dir befohlen wird; du wirst mich, so Gott will, geduldig finden." Der Sohn erkennt sogar noch eher als der Vater, dass der Traum ein „Befehl von oben" war. Der Sohn öffnet dem Vater die Augen über die wahre Natur und Herkunft seiner nächtlichen Vision. Mit den Worten des weltberühmten indischen Korankommentators *Abdullah Yusuf Ali* (gest. 1953):

---

[98] Opfer im Islam? Abraham und sein Sohn, a.a.O. S. 54.

[99] Zit. nach: Der Koran Arabisch – Deutsch. Übersetzt und kommentiert von Adel Th. Khoury, Gütersloh 2004, S. 566, Anm. zu Sure 37,102.

Um sicherzugehen, dass es kein dummer Traum war, und – falls er ein tatsächlicher Befehl war – um sicherzugehen, dass sein Sohn zustimmte, befragte Abraham seinen Sohn.
Der Sohn stimmte bereitwillig zu und versprach Standhaftigkeit, falls sein Selbstopfer tatsächlich eingefordert würde. Die ganze Sache ist symbolisch. Gott verlangt nicht nach
dem Fleisch und Blut von Tieren (Sure 22,37), erst recht nicht von Menschen. Doch verlangt er die Hingabe unseres ganzen Seins an Gott. Das Symbolische besteht darin, dass
wir etwas aufgeben sollten, das sehr wertvoll für uns ist, wenn die Glaubenspflicht dieses
Opfer erfordern sollte.[100]

Schon gemäß der Nacherzählung des Josephus erklärt Isaak seinem Vater (in indi-
rekter Rede): „Er wäre nicht wert geboren zu sein, wenn er nicht dem folgen würde,
was Gott und sein Vater über ihn beschlossen hätten, da es doch schon unrecht sei,
den Gehorsam zu versagen, wenn es sein Vater allein befehlen würde. – Darauf trat
er zum Altare hin, um sich schlachten zu lassen."[101] Der Koran liegt mit Sure 37,103
(„Als die beiden sich ergeben hatten . . .") ganz auf der Linie des Josephus. Wenn Väter ihre Söhne als mündige Menschen behandeln und sie in ihre Träume und Vorhaben einbeziehen, dann können sie von ihren Söhnen auch etwas lernen. Sie lernen
von ihnen etwas so Kostbares wie Gottergebenheit, Geduld, Standhaftigkeit und
Mut. Der Vater hat etwas vor, der Sohn nimmt dazu Stellung und ermutigt den Vater, so dass sie das Vorhaben quasi gemeinsam ausführen – das ist ein ganz anderer
Ton als in der biblischen Variante. Ein anderer Ton auch als im Verhältnis Abrahams
zu seinem Vater Āzar. Das stellt das Vater-Sohn-Verhältnis in ein neues Licht, das
ähnlich bereits in der nachbiblischen jüdischen Tradition aufleuchtet. Auffällig
scharf ist der Kontrast zwischen der ersten Vater-Sohn-Beziehung (Abraham und
dessen Vater), die an unterschiedlichen Glaubensauffassungen scheitert und zer-
bricht, und dieser zweiten Vater-Sohn-Beziehung (Abraham und sein Sohn), die
sich bewährt und durch ihren gemeinsamen opferbereiten Glauben noch vertieft
wird. Diese Übereinstimmung im Glauben, diese *islamische Glaubensgemeinschaft*
war es, die Abraham mit seinem eigenen Vater nicht teilen konnte, nun aber mit seinem Sohn teilen darf – und in einer äußersten Prüfung bewähren muss. *Gott „kom-
pensiert" gegenüber seinem Freund den zutiefst ungläubigen Vater durch einen zutiefst
gläubigen Sohn.* Ob dieser die Prüfung überlebt, erscheint nachrangig, solange er
nur seinen Glauben bewährt. Und das tut er. Eben deshalb wird der nun nicht länger
anonym bleibende, sondern mit seinem Namen *Isaak* benannte Sohn am Ende
dieser Erzählung als „Prophet" und „Frommer" qualifiziert (Sure 37,112–113). So
erfüllt Gott die anfänglich geäußerte Bitte Abrahams (V. 100) nicht einfach um
irgendwelche Nachkommen, sondern um „fromme" Nachkommen. Um ihres in der

---

[100] The Holy Qur'an. Text, Translation and Commentary by Abdullah Yusuf Ali, Beirut
1968, S. 1205, Anm. 4100.
[101] Des Flavius Josephus Jüdische Altertümer, a. a. O. S. 51.

Prüfung bewährten Glaubens willen werden beide, Abraham und Isaak, von Gott gesegnet – ein Segen freilich, der nicht vererbbar ist (V. 113): „unter ihren Kindeskindern ist mancher, der Gutes tut, und mancher, der offen frevelt gegen sich." Gesegnet zu sein, stellt keinen Automatismus dar, beinhaltet keine Gütegarantie für Abrahams Nachkommen. Sich darauf zu berufen, von Abraham abzustammen, ist dem Koran zufolge noch kein Ausweis der Rechtgläubigkeit oder eines Gott wohlgefälligen Handelns. Dies ist ein auffällig kritischer Abschluss der Geschichte mit Blick auf jüdische, christliche und sogar muslimische Selbstgerechtigkeiten, die der Koran vor Augen hat. Sich auf den Erzvater lediglich zu berufen, genügt nicht. So hatte bereits die christliche Tradition gegenüber dem Judentum argumentiert (s. o. S. 55). Schon dem jüdischen Bußprediger *Johannes dem Täufer* werden im Neuen Testament folgende Worte zugeschrieben (Matthäus 3,8–9): „Bringt Frucht hervor, die eure Umkehr zeigt, und meint nicht, ihr könntet sagen: Wir haben ja Abraham zum Vater. Denn ich sage euch: Gott kann aus diesen Steinen Kinder Abrahams machen."

Nicht nur die meisten Juden, sondern auch fast alle Christen und Muslime beantworten also die Frage, ob die Opferung des Sohnes eine Prüfung Gottes war, mit einem eindeutigen Ja. So schreibt etwa der Ägypter *Muhammad al-Ghazālī al-Saqqā* (gest. 1996), einer der einflussreichsten religiösen Gelehrten des 20. Jahrhunderts in der islamischen Welt:

> Abraham, als loyaler und gehorsamer Knecht sowie Bote (sc. Gottes), konnte sich nicht vorstellen, einen Befehl seines Herrn zu ignorieren (...). Die Erzählung (sc. von Abraham und seinem Sohn) ist ein weiteres Beispiel dafür, dass Gottes Prüfung des Menschen schwerwiegend und weitreichend ist, und dass wahrer Glaube mehr ist als ein bloßes Lippenbekenntnis, sondern Standhaftigkeit und völlige Unterwerfung unter Gott erfordert.[102]

Doch wie es zumindest jüdischerseits daran immer auch Zweifel gegeben hat, so finden sich auch einige muslimische Ausleger, die bereits bei ihrer Übersetzung des Korantextes größere Vorsicht walten lassen. Ich verweise beispielsweise auf *Muhammad Asad*, der zu Beginn von Sure 37,103 in Klammern hinzufügt: „Aber sobald die beiden sich ergeben hatten (dem, was sie dachten, es sei) der Wille Gottes..." Asad fügt in einer Anmerkung hinzu:

> Da jedoch die Folge klar zeigt, daß es *nicht* Gottes Wille war, daß Ismael geopfert werden sollte, kann seine und seines Vaters „Selbstergebung in Gottes Willen" in diesem Zusammenhang nur eine rein subjektive Bedeutung haben – nämlich „dem, was sie *dachten*, es sei der Wille Gottes".[103]

---

[102] A Thematic Commentary on the Qur'an, Kuala Lumpur 2001, S. 491 f.

[103] Die Botschaft des KORAN, a. a. O. S. 854 mit Anm. 40, Hervorhebungen i. O. Sure 37,103 übersetzt Asad in der englischen Originalausgabe seines Kommentars eleganter, als es

Dazu passt die ebenso vorsichtige Übersetzung *Hartmut Bobzins*: „Als die beiden sich in ihr Geschick [statt: in den Willen Gottes] ergeben hatten (…)".[104] Er deutet damit eher die Subjektivität der Akteure als die Objektivität eines klar erkennbaren göttlichen Willens an. Gerade weil im Koran das Drama nicht als explizites Befehlswort Gottes wie in der Bibel, sondern als eine alptraumhafte Opferung eingeführt wird, also zweideutig bis zwielichtig bleibt, kann ebenso interpretiert werden: Dem Koran zufolge ist die Aufforderung zur Opferung des Sohnes nicht wirklich auf Gottes Wort und Willen zurückzuführen, sondern war von Anfang an lediglich eine nächtliche *Einbildung Abrahams*. Den Sohn zu schlachten, war keine echte, keine tatsächliche, sondern eine eingebildete Prüfung Gottes (s. u. Exkurs 5). Ähnlich vorsichtig äußert sich auch *Harry Harun Behr*:

> Abraham ist sich seiner Sache eben nicht sicher (und das wäre ja im Koran nicht das einzige Mal), er ist unentschlossen zwischen der Bewertung seiner Vision als *ru'yā* oder *aḥlām*, als „Vision" oder „Illusion", und er ringt um eine Bewertung. Und die Rede Gottes in 37:105 könnte auch einfach nur bedeuten: „Abraham, du hast deinen Traum für wahr gehalten – das war er aber nicht, und genau darin lag die Prüfung; dein Glaube ehrt dich. Zur Vorsicht aber erteile ich dir eine Lektion, damit dir so etwas nicht noch einmal passiert: Opfere einen Widder als Zeichen deiner Sühne und als Erinnerung daran, dass es gilt, zwischen sinnvollen und sinnlosen Opfern zu entscheiden."[105]

Dass es also zumindest eine *moralische Verpflichtung zum Zweifel* gibt, erst recht, wenn das Drama so zurückhaltend wie im Koran beschrieben wird, sollte klar geworden sein. Diese Zweifel wurden mit Blick auf die in dieser Hinsicht eindeutigere biblische Fassung vor allem seit der Aufklärung laut, wie das Beispiel des Königsberger Philosophen *Immanuel Kant* (gest. 1804) zeigt. Seine Bemerkungen sind ein typisches Beispiel für die neuzeitliche Bewertung Gottes nach dem Maßstab der moralischen Vernunft: „wenn Gott zum Menschen wirklich spräche, so kann dieser doch niemals *wissen*, daß es Gott sei, der zu ihm spricht." Immerhin könnte, so Kant, das „moralische Gesetz" im Sinne eines allgemeinen Humanitätsideals ein inhaltliches Kriterium sein. Dazu merkt Kant in einer berühmt gewordenen Fußnote an:

> Zum Beispiel kann die Mythe von dem Opfer dienen, das Abraham, auf göttlichen Befehl, durch Abschlachtung und Verbrennung seines einzigen Sohnes – (das arme Kind trug unwissend noch das Holz hinzu) – bringen wollte. Abraham hätte auf diese vermeinte göttliche Stimme antworten müssen: „daß ich meinen guten Sohn nicht töten solle, ist ganz

---

in der deutschen Übersetzung wiederzugeben ist: „But as soon as the two had surrendered themselves to (what they *thought* to be) the will of God …"

[104] Arab. *fa-lammā aslamā*. Der koranische Sprachgebrauch des Verbums *aslama* „sich ergeben" impliziert normalerweise „in Gottes Willen", weshalb viele Übersetzer diese Worte in Sure 37,103 automatisch in den deutschen Text mit einfügen.

[105] Die Abraham-Konstruktion im Koran, a. a. O. S. 143.

gewiß; daß aber du, der du mir erscheinst, Gott seist, davon bin ich nicht gewiß, und kann es auch nicht werden, wenn sie (sc. die Stimme) auch vom (sichtbaren) Himmel herabschallete."[106]

In der Tat hätte Abraham zweifeln und die Aufforderung Gottes für ein Missverständnis seinerseits oder gar für einen Alptraum, eine satanische Einflüsterung, halten *können*. Doch er zweifelte nicht. Er wollte lieber das Absurde glauben und wurde gerade so zum Held des Glaubens und nicht zu einem Hort der Moral, wie *Kierkegaard* eindringlich beschrieben hat:

Aber Abraham glaubte und zweifelte nicht, er glaubte das Unsinnige. Wenn Abraham gezweifelt hätte, hätte er etwas anderes getan, etwas Großes und Herrliches; denn wie hätte Abraham irgend andres tun können, als was groß und herrlich ist! Er wäre ausgezogen zum Berge Morija, er hätte das Brennholz gespalten, die Scheite entzündet, das Messer gezogen, – er hätte zu Gott gerufen: „Verschmähe dies Opfer nicht, es ist nicht das Beste, das mein eigen ist, das weiß ich wohl; denn was ist ein alter Mann gegen den Sohn der Verheißung, aber es ist das Beste, was ich dir geben kann. Laß es Isaak niemals erfahren, daß er sich trösten möge mit seiner Jugend." Er hätte das Messer in seine eigne Brust gestoßen. Er wäre in der Welt bewundert worden, und sein Name würde nicht vergessen sein; aber Eins ist es, bewundert werden, ein Andres, ein weisender Stern werden, der den Geängstigten rettet. Aber Abraham glaubte. Er bat nicht für sich, den Herrn zu bewegen; nur damals, als über Sodom und Gomorrha die gerechte Strafe erging, trat Abraham herfür mit seinen Bitten.[107]

Abraham ist eben deshalb zu einem wegweisenden Stern für alle Glaubenden geworden, weil er nicht zweifelte und, so der Koran, weil er seinen rückhaltlosen Glauben nicht rücksichtslos, sondern unter Einbeziehung seines Sohnes bewährt hat. Kierkegaards Standpunkt und Antithese zu Kant und anderen vernünftig Glaubenden entspricht wohl auch der Auffassung der meisten Muslime. Für sie stellt sich die Frage nach der Güte Gottes in diesem Drama eigentlich gar nicht. Denn nicht Gott habe seine Güte vor dem Forum der menschlichen Vernunft oder Moral zu bewähren, sondern Abraham und sein Sohn seien gefordert, ihren Glauben an Gott zu bewähren. Dann stellt sich freilich die Frage: Gehört dem Koran zufolge letztlich der *blinde Gehorsam* zu einem *unbedingten Glauben* dazu?[108] Ist solch ein erbarmungsloser weil

---

[106] Der Streit der Fakultäten (1798), zit. nach: Werke in sechs Bänden, hg. von W. Weischedel, Bd. VI, Darmstadt 1983, S. 263–393, beide Zitate S. 333. Klammern ohne sc. i. O.

[107] Furcht und Zittern (1843) a. a. O. S. 28f.

[108] Das würden auch viele christliche Theologen von der biblischen Fassung des Opferdramas sagen, z. B. *Josef Imbach* (Mit Abraham unterwegs, a. a. O. S. 79): „Schon einmal, als er (sc. Abraham) seine Heimat und seine Sippe verließ, hat er Gott blinden Gehorsam geleistet – und in der Folge erfahren, dass es so gut war. Die Erinnerung an diese Erfahrung bewegt ihn zu dem Entschluss, Gott auch diesmal zu vertrauen, wohin auch immer diese Entscheidung – oder sein Gott – ihn führen wird."

radikaler Gehorsam – neben der schon erwähnten „Intoleranz der Eins" gegenüber denen, die wie Āzar an viele Götter glauben – ein weiterer Preis, der für den Monotheismus bezahlt werden muss? Anders gefragt: Führt eine von Gott rückhaltlos eingeforderte Opferbereitschaft zur Rücksichtslosigkeit gegenüber Dritten? Darauf mag man antworten: Der koranischen Fassung des Opferdramas zufolge ist das nicht zwangsläufig der Fall. *Ibrāhīm halīm*, der „milde Abraham", als der er gerühmt wird (Sure 9,114; 11,75), hat sich immerhin als rücksichtsvoll erwiesen. Denn er hat das Einverständnis seines mündigen Sohnes eingeholt, ehe sie sich gemeinsam in das hinein ergaben, was sie beide für den Willen Gottes gehalten haben. Damit kommen wir zu einer dritten Frage:

Wo bleibt die Mutter?

Diese Frage stellt sich umso dringlicher, als sie von Seiten der (männlichen) Kommentatoren selten überhaupt in den Blick gerät. Was ist und geschieht in diesem Drama eigentlich mit der Mutter? Konkreter im Plural gefragt: Wo bleibt Sara, die Mutter Isaaks, und wo bleibt Hagar, die Mutter Ismaels? Es fällt auf, dass sich die biblische und die koranische Version hinsichtlich der *Ignoranz gegenüber den Müttern* gleichen. Sara und Hagar bleiben in beiden Varianten außen vor, obwohl sie eigentlich von dem Geschehen zwischen ihrem Mann und ihrem Sohn und dessen möglichen Folgen unmittelbar mit betroffen sind. Der, der da geopfert werden soll, ist ja auch ihr Sohn und nicht allein Abrahams Sohn. Dieses Drama kann man also insgesamt in mindestens dreierlei Perspektiven betrachten: als ein Vater-Sohn-Drama, als eine Glaubensgeschichte zwischen Mensch und Gott, und schließlich auch als Familiendrama unter Einschluss der Mutter, d. h. als eine Vater-Mutter-Sohn-Erzählung. Erst wenn man die Ehefrau und Mutter mit einbezieht, wird der ganze Abgrund dieses Dramas für Abraham offenbar. Es geht nicht allein um den Konflikt zwischen seiner Liebe zu Gott – also dem Gehorsam des Glaubenden – und seiner Liebe zum Sohn – also der Rolle des Vaters –, sondern auch darum, dass er meint, dies hinter dem Rücken und höchstwahrscheinlich gegen den Willen seiner Frau, der Mutter des Sohnes, entscheiden zu müssen. *Das* führt ihn an den Abgrund. Denn wie auch immer das Drama enden wird: *Danach* wird er seiner Frau, der Mutter ihres gemeinsamen Sohnes, nie wieder in die Augen sehen können … – Eine moderne, eine womöglich feministische Interpretation? Nein! Nicht erst Frauen und Mütter der Gegenwart, die sich mit Bibel- bzw. Koranauslegung beschäftigen, haben derlei Überlegungen angestellt. Schon in vorislamischer Zeit, in den Auslegungen und Neuerzählungen der Rabbinen wurde gefragt, wo denn Sara war und was sie tat, als die Männer opfern gingen. In der Jüdischen Bibel selbst gibt es einen guten Grund für diese Frage, der gleichfalls selten in den Blick der Ausleger gerät. Unmittelbar nach der Geschichte von der Bindung Isaaks wird der *Tod Saras* konstatiert. Genau so: Er wird festgestellt, nicht beschrieben (Genesis 23,1–2). Nun stellt bereits der schon erwähnte *Midrasch Bereschit Rabba* einen kausalen Zusammenhang zum unmittelbar vorangehenden Opfergang des Mannes mit dem Sohn her, von dessen Ausgang sie nie erfahren hat. Der Midrasch folgert, dass *Sara infolge dieses Dramas um Isaak starb!* Sara starb offensichtlich zurückgelassen und getrennt von Abraham in Kirjat Arba (= Hebron). Denn dieser hatte sich nach dem Opfergang nicht wieder auf den Heimweg zurück zu Sara gemacht, sondern sich im ca. 50 Kilometer entfernten Beerscheba niedergelassen (Genesis 22,19): „Hierauf (sc. nach dem Opfer) ging Awraham zu seinen Knaben [= Knechten] zurück. Sie machten sich auf, gingen zusammen nach Beer Schewa, und Awraham ließ sich nieder in Beer Schewa."[109] Daher musste Abraham zuallererst von seinem neuen Wohnort nach Kirjat Arba zur Totenklage um Sara reisen. *Rabbi Jose* spitzt im Midrasch den Zusammenhang noch zu: Abraham kam direkt „vom Berge Morija. Sara war nämlich aus Gram gestorben, weshalb auch die beiden Erzählungen: Jizchaks Opferung und Saras Tod nebeneinander stehen." Ein paar Sätze weiter macht der Todesengel, der zu Sara gekommen war, dem trauernden Abraham den Vorwurf: „Durch deine Schuld ist Sara gestorben; hättest du nicht deinen Sohn gebunden, so wäre sie nicht gestorben. Das sagte er aber nur, damit Abraham seine Uebereilung (sic!) bereue (…)."[110] Es gibt nicht nur „Abrahams Herz-Sohn-Schrei" (Nelly Sachs), sondern auch und lauter noch einen Herz-Sohn-Schrei der Mutter! Andere Midraschim stellen diesen kausalen Zusammenhang ebenfalls her, etwa der *Midrasch Tanchuma* (7.–9. Jahrhundert), dem zufolge es Satan ist, der Sara in der Gestalt Isaaks das Opfervorhaben ihres Mannes verrät. Und noch ehe er mit dem Bericht zu Ende ist, stirbt Sara. Wieder andere Midraschim beschreiben die List, mit der Abraham seine Opferabsichten vor Sara zu verbergen sucht, und das bitterliche Weinen Saras beim Abschied und Aufbruch von Vater und Sohn zum Opfergang.[111] So heißt es in einem Gedicht von *Hayyim Robinson*:

Generationen erklommen den Scheiterhaufen
und wurden von ihm genommen;
vergessen ist der Geschlachtete

---

[109] Wenigstens anmerkungsweise sei erwähnt, dass in diesem Vers nur von der Rückkehr Abrahams nach dem Opfer die Rede ist: Das Verb steht im Singular! Isaak wird nicht mehr erwähnt. War er in einer ursprünglichen Version dieses Dramas, wie Iphigenie, doch geopfert worden?

[110] Bereschit Rabba, Parascha 58, zit. nach der Übersetzung von August Wünsche in: Der Midrasch Bereschit Rabba, a. a. O. S. 275.

[111] Vgl. im Einzelnen Michael Krupp, Den Sohn opfern? Die Isaak-Überlieferung bei Juden, Christen und Muslimen, Gütersloh 1995, S. 55 ff.

und auch der Schlächter, –
doch das Weinen der Mutter
hält ewiglich an.[112]

Dieses bereits im vorislamischen Judentum beginnende Nachdenken über einen direkten Zusammenhang zwischen dem Opferdrama und Saras Tod wird hier nicht
allein beschrieben, weil dieser in den männlich dominierten Bibelauslegungen selten
erkannt wird, sondern auch und vor allem deshalb, weil sich die Erkenntnis dieses
Zusammenhangs bis in die islamischen Prophetenerzählungen hinein fortgesetzt
hat. So heißt es beispielsweise in der Sammlung des persischen Korangelehrten *Ahmad Ibn Muhammad al-Thaʿlabī* (gest. 1035), also rund 600 Jahre nach dem Midrasch Bereschit Rabba: „Als Sara erkannte, was er (sc. Abraham) mit Isaak vorhatte,
lebte sie noch zwei Tage, am dritten Tag starb sie."[113] Ein weiteres Beispiel bietet *Rashīd al-Dīn* aus Hamadan im Iran (gest. 1318). Der vom Judentum zum Islam kon-
vertierte Gelehrte gilt bis heute als einer der größten muslimischen Universalhistoriker. Seine mehrbändige Weltgeschichte mit dem Titel „Sammlung der Chroniken"
ist einzigartig. Der zweite Band ist der „Geschichte der Kinder Israels" gewidmet.
Bei ihrem Erscheinen 1304 „waren schon weit mehr als zwanzig Jahre seit seinem
Übertritt zum Islam verflossen, und er hatte sich inzwischen durch Wort und Tat
als treuer Anhänger des Propheten erwiesen."[114] In dieser Geschichte findet sich
auch eine Nacherzählung des Opferdramas, in welcher der Historiker Elemente aus
der Genesisfassung (der 37-jährige Isaak ist das Opfer), der rabbinischen Auslegung
(Saras Tod) sowie aus der Koranversion (Weglassung Morijas und des Altars) miteinander verbindet. Am Ende seiner *relecture* ist zu lesen:

> Als Sarah von dieser Begebenheit, so wie sie sich zugetragen hatte, erfuhr, stieß sie aus
> Herzeleid Schmerzensschreie aus, verlor den Verstand und starb. Ihre Lebensdauer betrug
> 127 Jahre, die Abrahams 137, und die Ismaels war damals 51 Jahre. Abraham aber war zur
> Zeit des Todes Sarahs abwesend.[115]

Das Bedürfnis, zuerst die biblische und dann auch die koranische Vater-Sohn-Geschichte um die weiblich-mütterliche Perspektive zu erweitern, ist bis in die Gegenwart hinein zu beobachten. In der Tat sollte dieses Drama, das in beiden Heiligen

---

[112] Zit. in der Übersetzung von Annette Böckler nach: Die TORA in jüdischer Auslegung,
a. a. O. Bd. 1, S. 222.

[113] Islamische Erzählungen von Propheten und Gottesmännern, a. a. O. S. 106.

[114] So urteilt *Karl Jahn*, der Übersetzer und Herausgeber dieses Werkes in seiner Einleitung:
Ders., Die Geschichte der Kinder Israels des Rašīd ad-Dīn, Wien 1973, S. 13.

[115] Ebd. S. 39. Zu Rashīd al-Dīn vgl. neben der Einleitung Jahns auch Lewis, Die Juden in
der islamischen Welt, München 2004, S. 95 f., sowie Schreiner, Die „Bindung Isaaks" – Die
ʿAqeda in jüdischer und islamischer Überlieferung, in: Ders., Die jüdische Bibel in islamischer
Auslegung, hg. von Eißler/Morgenstern, Tübingen 2012, S. 46–74, hier S. 58–62.

Schriften allein um die Männer und Gott kreist, immer wieder neu erzählt und dabei nicht länger ausschließlich aus männlicher Sicht geschildert werden. Die Mutter darf als unverzichtbare Akteurin in diesem Drama nicht länger übergangen und ignoriert werden. Die Absicht ist nicht, den vorliegenden biblischen bzw. koranischen Text zu manipulieren oder zu ersetzen, sondern liegt darin, eine zusätzliche Dimension, die ausgeblendet war, endlich einzubeziehen. In heutiger Zeit kommt es ganz besonders darauf an, über den alten Texten nicht nur endlos zu brüten, sondern auch kreativ und innovativ mit ihnen umzugehen, und zwar so, dass sie in die gegenwärtigen Herausforderungen hinein zu sprechen vermögen. Dieses generelle Anliegen gilt speziell für die Opfergeschichte. Schon in vorislamischer Zeit hatten jüdische Neuinterpretationen durch die Einführung eines Gesprächs zwischen Vater und Sohn sowie später durch die Hinzufügung der Gestalten der Mutter oder des Satans die Dramaturgie des Geschehens vertieft. *Diesen jüdischen Neuinterpretationen des Opferdramas folgt der Islam unmittelbar*: sei es bereits im Koran (Gespräch zwischen Vater und Sohn), sei es in der späteren Tradition (Figuren der Mutter und des Satans). Letzteres sei im folgenden Exkurs veranschaulicht, der vier unterschiedliche Beispiele für das Bemühen um eine neue Deutung des uralten Dramas anführt.

Exkurs 5: Der Mythos vom Sohnesopfer – neu erzählt

(1) Allein bis in die Zeit des islamischen Mittelalters gab es rund zwanzig verschiedene Nacherzählungen des Opfermythos, meist im Kontext der großen Kommentarliteratur (arab. *tafsīr*) oder im Genre der Prophetenerzählungen (arab. *qisas al-anbiyā'*).[116] Noch mehr als die Hälfte von ihnen identifiziert den Sohn mit Isaak und die Mutter mit Sara. Das erste Beispiel ist eben diesen mittelalterlichen Prophetenerzählungen entnommen, wie sie der gerade erwähnte *Ahmad Ibn Muhammad al-Tha'labī* aus Nischapur (Ostiran) in seiner klassisch gewordenen Sammlung geschildert hat. Die Quelle dieser *relecture* dürfte sehr viel älter sein. *Al-Tha'labī* zufolge soll sie sogar bis auf den Prophetengefährten Abū Huraira (gest. ca. 678) zurückgehen, einen der wichtigsten Zeugen und Gewährsmänner der islamischen Tradition. Diese alte Erzählung nimmt, wie der Koran, keine Festlegungen hinsichtlich der Identität von Mutter und Sohn vor:

> Als Abraham im Traum sah, daß er seinen Sohn opfern sollte, sagte der Satan: „Bei Gott! Wenn ich die Familie Abrahams bei dieser Gelegenheit nicht verführe, werde ich nie einen von ihnen verführen." Er verwandelte sich in die Gestalt eines Mannes, begab sich zur Mutter des Jungen und sagte zu ihr: „Weißt du, wohin Abraham mit deinem Sohn gegangen ist?" Sie sagte: „Er ist mit ihm zum Holzsammeln in die Schlucht da gegangen." Er sagte: „Nein, bei Gott! Er ist mit ihm weggegangen, um ihn zu schlachten!" Sie sagte: „Beileibe nicht! Er ist zu rücksichtsvoll gegen mich und zu liebevoll gegen ihn, als daß er das täte." Da sagte der Satan: „Er be-

---

[116] Vgl. Reuven Firestone, Journeys in Holy Lands, a. a. O. S. 116 ff.

hauptet, Gott habe ihm das befohlen." Sie sagte: „Wenn ihm das befohlen worden ist, tut er gut daran, gegen seinen Herrn gehorsam und zu sein und sich dem Befehl Gottes zu unterwerfen." Da lief der Teufel wie auf der Flucht weg, bis er den Sohn einholte, der hinter seinem Vater herging. Er sagte zu ihm: „Junge! Weißt du, wohin dein Vater mit dir geht?" Er sagte: „Um für unsere Familie Holz in der Schlucht da zu sammeln." Er sagte: „Bei Gott! Er will nichts anderes als dich schlachten." Er fragte: „Warum?" Er sagte: „Er behauptet, Gott habe es ihm befohlen." Da sagte der Junge: „Dann soll er tun, was Gott ihm befohlen hat; er muß auf den Befehl Gottes hören und ihm gehorchen." Als der Junge sich ihm verweigerte, wandte der Teufel sich an Abraham und sagte zu ihm: „Wo willst du hin, Meister?" Er sagte: „Ich will in die Schlucht da, um etwas zu erledigen." Er sagte: „Bei Gott! Ich habe gesehen, daß der Teufel zu dir im Traum gekommen ist und dir befohlen hat, deinen Sohn zu opfern." Da erkannte Abraham ihn und sagte: „Weg von mir, Verfluchter! Bei Gott! ich werde den Befehl meines Herrn ausführen." Da kehrte der Teufel im Zorn um, ohne seine Absicht bei Abraham und seiner Familie erreicht zu haben. Sie hatten sich ihm mit der Hilfe und Unterstützung Gottes entzogen.[117]

Dieses mehr als 1.000 Jahre alte Beispiel für eine *relecture* der koranischen Opfergeschichte bringt nicht allein die Perspektive der Mutter mit ein, sondern verschärft mit der Figur des Satans zugleich den Charakter der Prüfung für die Beteiligten. Abraham, seine Frau und ihr gemeinsamer Sohn sollen sich nicht nur einer furchtbaren Prüfung von Seiten Gottes unterziehen, sondern werden darüber hinaus noch vom Satan versucht. Diese Versuchung besteht gerade darin, an der Bedeutung des Opfers als einer göttlichen Prüfung zu zweifeln. Kierkegaard, für den Abraham ein Held des Glaubens jenseits aller Zweifel war, hätte an dieser *relecture* wahrlich seine Freude gehabt, wenn er sie gekannt hätte. So erweisen sich am Ende nicht nur Abraham und sein Sohn, sondern auch die Mutter als im Glauben besonders Bewährte, die gleichzeitig eine göttliche Prüfung und eine satanische Versuchung bestehen. Die beiden zusätzlich eingebrachten Perspektiven verstärken die Tendenz, die bereits im Koran zu beobachten ist. Von welcher weiteren Seite das Geschehen auch betrachtet wird, welcher neue Akteur auch immer auftreten mag – es bleibt dabei: Abraham und sein Sohn haben „sich beide in ihr Geschick ergeben" (Sure 37,103), nämlich „dem, was sie *dachten*, es sei der Wille Gottes", um nochmals *Muhammad Asad* zu zitieren. Die beiden sind durch keinen Selbstzweifel von innen und durch keine Versuchung von außen mehr zu erschüttern. Alle Fragen im Sinne der Theodizee prallen von dieser Glaubensfestigkeit – manche mögen sagen: von dieser Glaubensfestung – ab wie Pfeile von einer soliden Rüstung.

(2) Dies gilt bemerkenswerterweise auch und gerade für die Mutter. Während sie manchen Midraschim zufolge beim Bericht Satans aus Kummer sogleich stirbt, scheint ihr dieselbe Botschaft desselben Boten gemäß den islamischen Varianten nichts anzu-

---

[117] Islamische Erzählungen von Propheten und Gottesmännern, a. a. O. S. 127 f. Auf die Bedeutung dieser Überlieferung für das Ritual der Steinigung Satans bei der Pilgerfahrt in Mekka heutzutage werde ich unten im zwölften Kapitel eingehen.

haben. Das ist nicht nur bei al-Thaʿlabī der Fall, wie wir eben sahen, sondern auch in der späteren, von *Muhammad ibn Abdallāh al-Kisāʾī* (12. Jahrhundert) erzählten Fassung, in der es u. a. heißt:

> Als die beiden (sc. Abraham und Isaak) weggezogen waren, trat der Teufel zu Sara und sagte zu ihr: „Abraham hat beschlossen, deinen Sohn zu opfern, Isaak! Eile ihm nach und halte ihn auf!" Doch sie erkannte ihn und sagte: „Hinweg, du Verfluchter Gottes! Sie haben sich auf den Weg gemacht, um Gott gefällig zu sein!" Da verließ er sie und machte sich an Isaak heran. Er sagte zu ihm: „Dein Vater hat vor, dich zu opfern!" Doch Abraham sprach zu ihm: „O mein Sohn, weiter! Achte nicht auf ihn, denn er ist der Teufel."

Das anschließende Gespräch zwischen Vater und Sohn malt Kisāʾī volkstümlich-drastisch aus:

> Er (sc. Isaak) sprach: „O Vater, wenn du mich opfern willst, so mache meinen Rücken frei von meinem Hemd, damit meine Mutter es nicht (blutig) sieht und allzu lange um mich weint. Binde meine Arme zusammen, damit ich mich nicht zwischen deinen Händen winde und dir Schmerzen bereite. Wenn du mir das Messer an die Kehle setzt, wende dein Gesicht ab, damit dich nicht das Mitleid mit mir überwältigt und du ablässt (deine Aufgabe auszuführen). Suche Hilfe bei Gott für den schmerzlichen Verlust. Und wenn du (nach Hause) zurückkehrst, bringe das Hemd zu meiner Mutter, damit sie darin etwas Trost findet über mich."

Allerdings rebelliert das Messer in Abrahams Hand und weigert sich, seinen Dienst zu tun. Kisāʾī lässt es zweimal „mit Gottes Erlaubnis" sprechen: „Gib nicht mir die Schuld, o Prophet Gottes, denn mir wurde (sc. von Gott) befohlen, dies zu tun!"[118]

(3) Es gibt auch ganz andere Neuinterpretationen des Dramas, welche mehr der Zurückhaltung des Korans Rechnung tragen, wie sie in Asads oder Bobzins Übersetzung sichtbar wird. Exemplarisch sei in unseren Tagen auf die ausführliche Nacherzählung des deutschen Muslims *Ahmed (al-Mansouri Salahuddin) Kreusch* hingewiesen. Sie trägt den Titel „Das Opfer: Die Prüfung des Propheten Ibrahim und seines Sohnes Ismail" und ist eingebettet in den größeren Erzählzusammenhang „Wie Mekka entstand". Kreusch gelingt es, deutlich zu machen, wie sehr das Opfer eine Phantasie des alten, für seinen Erstgeborenen unendlich dankbaren Abraham war, die er meinte in die Tat umsetzen zu müssen. Es heißt im Anfangsteil der Erzählung:

> Aber dann war ein neuer Wunsch in ihm aufgetaucht, der Wunsch, Allah zu danken. Natürlich war Ibrahim dankbar, aber es schien ihm zu wenig. Wie konnte er für seine Dankbarkeit einen vollkommenen Ausdruck finden? Wie für seine Liebe zu Allah eine entsprechende Form? Es musste schon etwas Besonderes sein, denn Allah hatte an ihm über alle menschliche Vorstellungskraft hinaus großzügig gehandelt. (...) Während Ismail heranwuchs, hatte Ibrahim sich noch mehr als früher in Großzügigkeit geübt, die eigenen Leute, auch seine Gäste reich be-

---

[118] Muhammad ibn Abdallāh al-Kisāʾī, Qisas al-anbiyāʾ. In eigener Übersetzung zit. nach: Reuven Firestone, Journeys in Holy Lands, a. a. O. S. 125f. Klammern ohne „sc." i. O.

schenkt, oft üppige Gastmahle veranstaltet, den Armen ein Stück Land und Vieh gegeben, Kranke bei sich aufgenommen, um sie zu heilen – seine heilenden Hände waren berühmt. Gutes zu tun war sicher eine schöne Form, Dankbarkeit zu zeigen. Aber der Gedanke an ein richtiges Opfer hatte inzwischen von ihm Besitz ergriffen und beschäftigte ihn beinah Tag und Nacht. Ein Opfer ausschließlich für Allah, für niemand sonst. Dann hatte er zu beten begonnen, Allah selbst möge das Opfer bestimmen. Allah möge ihm zeigen, was Er haben wolle, er würde es sofort opfern.

Schließlich wird Abraham klar, dass nur der Sohn selbst das angemessene Opfer sein kann. Und so nimmt die Geschichte ihren bekannten Lauf. Das extra geschärfte Messer verweigert seinen Dienst mehrfach. Es will einfach nicht in den Hals des Sohnes schneiden – ein Motiv, das sich eben bei al-Kisāʾī und auch sonst oft in der islamischen Tradition findet. Als Gott dann eingreift, begreift Abraham

> im gleichen Augenblick, dass ja nicht Allah von ihm dieses Opfer verlangt hat. Sondern er selbst hat es angeboten, hat es seinem Herrn regelrecht aufgedrängt. Und Allah hat es in Seiner göttlichen Weisheit und Geduld nicht einfach abgelehnt. Ibrahim wollte Ihm etwas Besonderes opfern, so wie ein Fürst, der einen anderen Fürsten durch Großzügigkeit beeindrucken will. Aber er ist nur ein Geschöpf, ein Diener Allahs, und jetzt hat Allah ihm gezeigt, dass Er, der Schöpfer, das Opfer bestimmt und nicht Sein Geschöpf.[119]

Diese *relecture* ist ein schönes Lehrstück über die Größe der Barmherzigkeit Gottes, welche die menschliche Opferbereitschaft – um nicht zu sagen: den *Opferwahn des Menschen* – ad absurdum führt. Nicht Gott drängt den Menschen, zu Prüfungszwecken, zum Opfer, sondern es ist immer wieder der Mensch, der meint, Gott seine Opfer aufdrängen zu müssen, sei es aus übergroßer Dankbarkeit, sei es, um Gott gnädig zu stimmen, sei es, um Gottes Unterstützung für allzu menschliche Wünsche und Projekte zu gewinnen. Den Sohn zu opfern, war von Anfang an Abrahams Initiative – Abrahams Traum eben.

(4) Das letzte, gleichfalls zeitgenössische Beispiel für eine *relecture* der Opfergeschichte stammt von *Sylvia Karzen*, welche die weiblich-mütterliche Sichtweise so realistisch in ihre Interpretation einbringt, dass sie wohl den meisten Müttern aus dem Herzen spricht. Es braucht nicht weiter kommentiert zu werden:

> Und Gott sprach zu Abraham: Nimm deinen Sohn, den du liebhast und geh und opfere ihn zum Brandopfer. – Wo war denn die Mutter? Ein Engel Gottes kam auch zur Mutter und sagte: „Nimm deinen Sohn in die Berge und baue einen Altar und bringe ihn als Opfer dar zur Prüfung, daß du gehorsam bist und Gott fürchtest." Die Mutter bedeckte ihre Augen, weil sie Angst hatte, das Gesicht des Engels

---

[119] Das Opfer: Die Prüfung des Propheten Ibrahim und seines Sohnes Ismail (2009), unveröffentlichtes Manuskript. Ich danke dem Autor, der nach eigener Aussage „immer auf der Suche ist nach den Ursprüngen von Kunst, Kreativität, Religion und was davon als Spuren in uns heute noch lebendig ist", für die Erlaubnis zum Abdruck.

Gottes zu sehen, und sie schüttelte den Kopf: „Nein. Ich kann meinen Sohn nicht opfern. Er ist Gottes Geschenk an mich. Er ist mir viel zu kostbar!" Die ganze Nacht konnte die Mutter nicht schlafen. Ihr erster Gedanke war, mit ihrem Sohn in die Wüste zu fliehen und ihn zu verstecken. Aber im Herzen wußte sie, daß Gott alles sieht und alles weiß. Dann dachte sie daran, ein anderes Kind aus einem Stamm der Nachbarn zu finden und ihren Sohn durch jenen zu ersetzen, aber sie wußte, daß der Betrug entdeckt werden würde. Als sie am nächsten Morgen aufstand, sah sie, daß Abraham, ihr Sohn und zwei ihrer Diener das Lager verlassen hatten. Da wurde ihr klar: der Engel war genauso dem Abraham erschienen, und der war mit ihrem Sohn weggegangen, um Gottes Bitte zu erfüllen. Was konnte sie jetzt noch unternehmen, da Abraham schon fortgegangen war? Wie sollte sie das Unvermeidliche aufhalten? Da rief sie in ihrer Verzweiflung zu Gott: „O Herr der Welt, Schöpfer des Universums, höre mein Gebet. Hast du vergessen, wie sehr ich mich über dieses Kind gefreut habe? Hast du vergessen, daß du selbst mir gesagt hast, daß durch diese Geburt unser gemeinsamer Sohn das Haupt eines großen Volkes werden würde? Hast du die besondere Liebe einer Mutter für ihr Kind vergessen? O Gott, bewahre meinen Sohn! Erlaube Abraham nicht, ihn zu schlachten! Wenn du unbedingt ein Menschenopfer brauchst, dann nimm mich statt meines Sohnes! Ich gehe und bin bereit dazu, aber halte die Hand Abrahams fest, daß er sie nicht gegen unser gemeinsames Kind ausstreckt!" Als sie diese Worte ausgerufen hatte, da erbarmte sich Gott ihrer um ihrer selbstlosen Mutterliebe willen. Er erhörte sie und ließ einen Widder im Gebüsch erscheinen, so daß der Engel zu Abraham sprach: „Tue deinem Sohn nichts an und nimm diesen Widder für das Brandopfer, denn Gott hat das Flehen deiner Frau und seiner Mutter erhört."[120]

Was für ein Opfer bringt Abraham dar?

Nach diesem Ausflug in die Rezeptionsgeschichte von Genesis 22 und Sure 37, der die bleibende Faszination und Aktualität dieses Dramas dokumentiert, wenden wir

---

[120] Die von mir leicht bearbeitete Vorlage wird zitiert nach: Krupp, Den Sohn opfern? a. a. O. S. 79 f. Hinzugefügt sei, dass Sylvia Karzen Jüdin ist. Ihre Neuinterpretation ist kein Einzelfall. Es gibt zahlreiche weitere Beispiele aus der zeitgenössischen israelischen Lyrik und vor allem im Bereich des Theaters. Dabei ist zu beobachten, dass in den jüdischen *relectures* unserer Tage den Frauen in diesem Drama eine viel wichtigere, aktive Rolle zukommt als in der Urfassung der Genesis. Vgl. Kartun-Blum: Political Mothers. Women's Voice and the Binding of Isaac in Israeli Poetry, in: Greiner/Janowski/Lichtenberger (Hg.), Opfere deinen Sohn! Das „Isaak-Opfer" in Judentum, Christentum und Islam, Tübingen 2007, S. 93–108, sowie Morgenstern, Vom „Götzenzerstörer" Abraham zur „Leihmutter" Sara. Die Erzeltern Abraham und Sara in 1800 Jahren jüdischer Tradition, in: Möller/Goßmann (Hg.), Interreligiöser Dialog. Chancen abrahamischer Initiativen, Berlin 2006, S. 101–126.

uns nun wieder direkt dem Bibel- und Korantext zu. Hier seien zunächst nochmals die Schlusspassagen der beiden Versionen einander gegenübergestellt:

> *Genesis 22:* 11 Da rief ihm ein Engel des Ewigen [hebr. *JHWH*] vom Himmel zu und sprach: „Awraham, Awraham!" Er sprach: „Hier bin ich!" 12 Jener: „Strecke deine Hand nicht nach dem Knaben und tu ihm nichts! Denn nun weiß ich, dass du gottesfürchtig bist, da du deinen einzigen Sohn mir nicht verweigert hast." 13 Awraham hob seine Augen auf und sah einen Widder (vorbeilaufen). Hernach ward er in den Hecken mit seinen Hörnern verwickelt. Da ging Awraham hin, nahm den Widder und brachte ihn als Ganzopfer dar anstatt seines Sohnes.
>
> *Sure 37:* 104 da riefen wir ihm zu: „O Abraham! 105 Du hast den Traum für wahr gehalten." Siehe, so belohnen wir die, die Gutes tun. 106 Siehe, das war die klare Prüfung! 107 Durch ein herrliches Schlachtopfertier schafften wir Ersatz für ihn (sc. den Sohn).

Der Tora zufolge interveniert ein Engel, im Koran wird der Engel nicht genannt. Entweder ist es Gott selbst, der zu Abraham spricht. Oder, was wahrscheinlicher ist: Den Zeitgenossen Muhammads war dieses Drama so geläufig, dass der Engel als Akteur in dieser Szene nicht eigens erwähnt zu werden brauchte. Das belegt auch die islamische Ikonographie, in welcher, wie in der jüdisch-christlichen, bei dieser Szene stets ein Engel abgebildet wird. Dabei ist besonders interessant, dass in zeitgenössischen, volkstümlichen Darstellungen *der intervenierende Engel auffällig häufig weiblich gemalt wird*.[121] Auch in so manchem Sufi-Zentrum, etwa in Tekken des Bektaschi-Ordens, finden sich derlei Bilder. Dies erinnert an die beiden berühmten Darstellungen dieser Szene von *Rembrandt* 1635 (Eremitage, St. Petersburg) und 1636 (Alte Pinakothek, München), die zu den wichtigsten Bildern der christlichen Ikonographie zu diesem Motiv zählen. Auch Rembrandt verlieh dem Engel jeweils deutlich weibliche Züge. Die islamischen Bilder mögen auch Teil des Bestrebens der Muslime sein, in dieses Drama eine weibliche Dimension einzubringen. Nicht nur über die Person der Mutter, die bei den Neuerzählungen ins Spiel gebracht wird, sondern auch in der Art, wie die Engel gemalt werden, hat die islamische Tradition die „harte Männergeschichte", wie sie die Bibel und der Koran erzählen, um eine wichtige Nuance ergänzt. *Das Menschenopfer wird letztlich von einer Macht des Erbarmens gestoppt, die ausdrücklich weibliche, manchmal gar mädchenhafte Züge trägt.* Bobzin gibt hier die Worte Gottes bzw. des Engels erneut zurückhaltend, subjektivisch wieder (V. 105): „Du hast den

---

[121] Ich verweise auf das Video-Cover eines populären türkischen Abraham-Films *Sayedna Ibrahim* (1972), von dem Matthias Radscheit berichtet in: Weibliche Engel. Ein Videocover, in: Greiner u. a. (Hg.), Opfere deinen Sohn! Das „Isaak-Opfer" in Judentum, Christentum und Islam, Tübingen 2007, S. 302–304. Ein weiteres Beispiel ist eine Hinterglasmalerei „Opferung Ismaels" aus Tunesien (anonym, 20. Jahrhundert), die im Internet zu sehen ist: http://www.bibelwissenschaft.de/wibilex/das-bibellexikon/lexikon/sachwort/anzeigen/details/abraham-6/ch/45e32f5286f2e55b826656e3a6572594/#h37 (Januar 2014).

Traum für wahr gehalten." Dazu passt einmal mehr Muhammad Asads vorsichtige Übersetzung: „Du hast schon (den Zweck) jenes Traumgesichts erfüllt!" Asad kommentiert: „Die moralische Bedeutung von Abrahams Traumgesicht bestand in einer Prüfung seiner Bereitschaft, auf das hin, was er dachte, es sei Gottes Geheiß, alles zu opfern, was ihm im Leben am liebsten war."[122]

Den muslimischen Kommentatoren zufolge hat Gott den im Text ungenannten Engel Gabriel gesandt, um im letzten Moment das Menschenopfer „mittels eines grandiosen Schlachtopfers" (arab. *bi-dhibhin azīm*, wörtlich übersetzt) zu verhindern. Das Manko, dass auch der aus der Genesis bekannte Widder im Koran nicht explizit genannt wird, umgeht Bobzin, indem er den arabischen Terminus für „Schlachtopfer" *dhibh* mit „Schlachtopfertier" übersetzt. Wie immer vervollständigen später die Prophetenlegenden sämtliche Leerstellen und schmücken auch noch aus, z. B. folgendermaßen: „Da blickte Abraham auf, und da stand Gabriel mit einem Widder, der schwarze und schöne Augen hatte; seine Augenbrauen waren zusammengewachsen. Der Widder rief: ‚Gott ist groß', und Abraham und sein Sohn riefen: ‚Gott ist groß.'"[123] Dieses grandiose Schlachtopfer, welches dem Sohn Abrahams das schon verloren geglaubte Leben zurückgibt, bildet in der islamischen Welt den Archetyp für das Opferfest, das alljährlich gefeierte höchste Fest des Islams. Hieran wird sichtbar, dass die Nachahmung Abrahams, des vollkommenen Vorbilds und Ur-Muslims, durchaus wörtlich zu verstehen ist, wenn denn der von Muhammad neu gestiftete Islam im Grunde die wiederhergestellte „Religion Abrahams" ist. Das Opferfest (arab. *īd al-adhā*, türk. *kurban bayramı*) wird in Erinnerung an diesen dramatischen Höhe- oder auch Tiefpunkt im Leben Abrahams begangen. Es bildet den mehrtägigen Abschluss der Pilgerfahrt in Mekka, wird jedoch gleichzeitig von den Muslimen in aller Welt mitgefeiert.

Um nun zur Frage nach der Opferart zu kommen. Hier wird ein bemerkenswertes Detail sichtbar, das einen weiteren Hauptunterschied zwischen der biblischen und der koranischen Fassung des Dramas bildet. Genesis 22 zufolge soll Abraham seinen Sohn als *Ganz-* oder auch *Brandopfer* (hebr. *olah*, gr. *holókauston*) darbringen, wie der Text gleich mehrfach sagt. Der Altar, den Abraham baut, ist also ein Brandaltar, wie er schon im alten Ägypten für solche Opferhandlungen bekannt war, bei denen das zu opfernde Wesen (Tier oder Mensch) vollständig auf dem Altar zu verbrennen war. Der Koran, der weder einen Engel noch einen Widder erwähnt, weiß auch von keinem Altar zu berichten, den Abraham baut. Es heißt lediglich in Vers 103, dass Abraham den Sohn „auf die Stirn geworfen hatte" (arab. *wa-tallahū li-l-djabīni*). Gemeint ist, wie die Kommentatoren betonen, dass der Sohn mit dem

---

[122] Die Botschaft des KORAN, a. a. O. S. 854, Anm. 41. Klammer im ersten Zitat i. O.

[123] Zit. nach: Islamische Erzählungen von Propheten und Gottesmännern, a. a. O. S. 127.

Gesicht zur Erde, also abgewandt vom Vater, lag, damit dieser ihm nicht ins Gesicht
sehen müsse. So würde es Abraham leichter fallen, denn Auge in Auge mit dem
Sohn wäre es ihm unmöglich gewesen, ihn zu töten. Dass der Koran bei diesem Vorgang keinen Altar erwähnt, ist freilich nicht der allgemeinen Bekanntheit der Geschichte damals geschuldet, sondern eine absichtliche Weglassung.[124] Es bedarf nämlich gar keines Altars, weil es sich im Koran um eine ganz andere Art des Opfers
handelt, das Abraham darbringt. In Sure 37,107 ist nicht von einem Brandopfer,
sondern von einem *Schlachtopfer* die Rede (als Verb auch in V. 102). Was ist der Unterschied? Das Brandopfer war bei den Israeliten und ihren Vorfahren, ja bereits bei
den alten Ägyptern ausdrücklich eine exklusive, rituell-kultische Opferform, eine
Darbringung an die Höchste oder an die Einzige Gottheit, welche nur von einem
Priester im Tempel oder an einer anderen sakralen Stätte vollzogen werden durfte.
Demgegenüber bildet das Schlachtopfer (hebr. *sebach*) schon in der Tora die sozusagen säkularisierte und popularisierte Form des Opferns, wie etwa Deuteronomium
(= 5. Mose) 12,13–15 am Ende sagt: „Doch kannst du in allen deinen Toren nach
eigenem Belieben schlachten und Fleisch essen nach dem Segen des Ewigen, deines
Gottes, den er dir beschieden hat." Ein Schlachtopfer, bei dem nur das Blut und ein
paar symbolische Teile des Opfers an die Gottheit gegeben wurden, der große Rest
aber in einem Opferfestmahl verzehrt wurde, konnte an vielen Orten von beliebigen
(ungeweihten) Menschen dargebracht werden. An dieses *unkultische und demokrati-
sierte Opferverständnis*, welches das gemeinsame Essen und Trinken der Opfernden
zum Ziel hat, schließt sich die koranische Fassung des Opferdramas an. Dieses andere Opferverständnis der koranischen Version macht die kollektive Nachahmung
Abrahams in Gestalt des islamischen Opferfestes, das ein Schlachtopfer für alle und
kein exklusiv priesterliches Brandopfer ist, erst möglich.

Dies führt zu einer weiteren bedeutsamen Einsicht. Die Bedeutung dieses
Schlachtopfers ist im Islam gerade keine kultische im Sinne z. B. einer stellvertreten-
den Sühne für Sünden, wie sie für die christliche Rezeption dieses Textes typisch
wurde.[125] Vielmehr besteht sie darin, dass sich jeder und jede Mitfeiernde selbst
Gott zur Verfügung stellt: „Hier bin ich, o Gott, zu deinem Dienst bereit", heißt es

---

[124] Auch die Nacherzählung des Dramas durch den vorhin erwähnten Historiker *Rašīd
al-Dīn*, der zum Islam konvertiert war, lässt den Altar weg, obwohl sie ansonsten nah an der
Torafassung bleibt: „Abraham brachte Isaak an den hiefür (sic!) bestimmten Ort, legte sein
zartes Gesicht auf die Erde und zog ein Messer (…)": Jahn, Die Geschichte der Kinder Israels
des Rašīd ad-Dīn, a. a. O. S. 39.

[125] Bekanntlich hat sich das *kultische* Opferdenken in der *christlichen* Rezeptionsgeschichte
fortgesetzt, wo die meist sog. „Opferung Isaaks" als Vorausbild für die Opferung Jesu Christi
als des Sohnes Gottes am Kreuz zur Sühne der Sünden verstanden und mit einer speziellen
kultischen (Opfer)Handlung, dem „Sakrament" der Eucharistie- bzw. Abendmahlsfeier, ver-

bei der Schlachtung am Opferfest. Symbolisch ist dieses Opfer also insofern, als es bei der Opferung letztlich nicht um das Tier oder um das Vergießen des Blutes geht, sondern um die eigene Haltung Gott gegenüber, wie sie Abraham vorgelebt hat. Dieser ist nicht mehr nur der Spiegel des Propheten, sondern *ein Spiegel für alle Muslime*. Sie identifizieren sich bei diesem Fest kollektiv mit Abraham und bemühen sich darum, seine Haltung der rückhaltlosen Opferbereitschaft – der Hingabe des Liebsten an Gott – zu verinnerlichen und nachzuvollziehen. Bei der Schächtung wird das Tier mit dem Kopf in Richtung Mekka gelegt. Dabei spricht der Opfernde das folgende Gebet: „Im Namen Gottes. Gott ist größer. Gott! In Deinem Namen, durch Dich und für Dich. Nimm es von mir an, wie Du es von Deinem Freund Abraham angenommen hast." Das Fleisch des geschlachteten Tieres wird aufgeteilt. Ein Drittel kann man für die eigene Familie behalten; ein Drittel wird an Verwandte oder Nachbarn und ein weiteres Drittel an die Armen abgegeben. Nichts davon wird für Gott verbrannt wie beim ägyptischen und jüdischen Brandopfer.

Abrahams Sohn ist davongekommen. Die Zeche zahlt bis heute das Opfertier. Unzählige Tiere starben in den vergangenen 1.400 Jahren – zur Freude ihres Schöpfers? In Erinnerung an Abraham werden alljährlich in Mekka und weltweit massenhaft Tiere geopfert. Was das konkret bedeutet, welche Dimensionen das angesichts von mehreren Millionen Pilgern in Mekka annimmt, welche hygienischen und auch tierethischen Probleme sich daraus ergeben, davon kann man sich kaum eine Vorstellung machen, wenn man noch nie dort war. Am besten greift man deshalb auf Berichte von Pilgern zurück. Ich zitiere im Folgenden aus der eindrücklichen Darstellung einer Pilgerfahrt von *Abdellah Hammoudi*, einem aus Marokko stammenden, renommierten Ethnologen. Hammoudi schildert seine Eindrücke vom Vorabend des Opferfestes, auf dem Weg von Arafat nach Minā:

> Langsam begann ich die Schafe zu riechen. Dann sah ich die ersten Ställe. Der Geruch wurde immer stärker, je länger die endlosen Reihen der Viehhallen vor den Bergen, deren scharfe Reliefs zu erahnen waren, an uns vorüberzogen. Unweit der Straße verbrachten die Tiere dort ihre letzte Nacht, verharrten reglos unter schwacher Beleuchtung. (...) Millionen Lebewesen warteten darauf, getötet zu werden. Die Ställe in Minā sahen aus wie ein riesiges Tierkonzentrationslager: zwei, drei, vier Millionen Köpfe oder noch mehr. Eine riesige Anzahl von Pilgern bereitete sich darauf vor, ihre Opferpflicht durch eine „Opfergabe" zu erfüllen, zu der das Sühne- und das Almosenopfer hinzukommen. Wie sehr ich mir auch einredete, dass wir nichts mit Wild- und Haustieren gemein hatten, wie groß ich die Distanz zwischen uns und den gesichts- und sprachlosen Tierarten auch machte, die in unseren Augen keine Gefühle ausdrücken können, die vermischten Gerüche von Blut, Kot und Schweiß schnürten mir trotzdem einmal mehr die Kehle zu. Wir waren zusammenge-

---

gegenwärtig wird, die allein durch geweihte Priester bzw. berufene Pfarrer/-innen vollzogen werden darf.

kommen, um unser Leben zu erretten, doch das Heil verlangte von uns die Tötung dieser
Tiere. Die Masse der Pilger, die nach dem „Verweilen" in Arafat, dem Gebet in Muzdalifa
und der Steinigung in Minā auf dem Gipfel der Entsagung angelangt war, würde nun Millionen von Leben auslöschen. Vielleicht sehe ich in einem Tier ja tatsächlich vor allem die
Gattung. Dennoch setzt jede Opferung einem Leben ein Ende, das ebenso einzigartig ist
wie jedes menschliche Leben: Es ist ein Gewaltakt, kurz gesagt, ein Mord. (...)
Der Anblick dieser zusammengepferchten Tiere, die für die Vernichtung bestimmt waren,
übertrug sich unwiderruflich auf jenes andere Bild von dem einsamen Patriarchen, der den
eigenen Sohn als Opfer darbietet, um dem Willen Gottes zu folgen. Es gab der wunderbaren
Ersetzung des Kindes durch das Lamm einen unheilvollen Zug. Die Modernisierung der Pilgerfahrt hatte daran zweifellos ihren Anteil: optimierte Gehege, eingezäunte Flächen, Plan-
quadrate, lückenlose Sicherheits- und Überwachungssysteme. Jedem Reich war sein Platz
zugewiesen worden. Den Tiermassen ihre Pferche und, nicht weit entfernt davon, den Men-
schenmassen die Zeltlager, die entlang der mit Absperrband markierten Straßen von hohen
Eisengittern umgeben waren. Nichts durfte sich dieser Rationalität entziehen. Das Hin und
Her der Polizeifahrzeuge und die ständig über uns kreisenden Hubschrauber vervollständig-
ten das Bild. Diese Ordnung sollte es der Menschenmasse ermöglichen, im Namen Gottes die
Tiermasse zu töten. Auf den ersten Blick hatte die Moderne den alten Zielen keinen Abbruch
getan. Es konnte aber auch nur den Anschein haben, denn vielleicht beeinträchtigte die
Moderne die Glaubenspraxis mit ihren veränderten Maßstäben, Zeitabläufen, Synchronisie-
rungen und Vorrichtungen, mit ihren vervielfachten Handlungsmöglichkeiten.[126]

So weit ein Schlaglicht, eine leise Ahnung dessen, was es heutzutage bedeutet, in millionenfacher Steigerung Abrahams Tieropfer nachzuahmen. Die Frage muss erlaubt sein:
Wenn man damit einverstanden ist, was ein Einzelner tut, billigt man es auch dann
noch, wenn Millionen genau dasselbe tun? Anders gefragt: Muss diese riesige Tötungs-
maschinerie wirklich sein? Ist das im Sinne Gottes? Schon mehrfach habe ich Muslime
danach gefragt, bin aber bislang so gut wie immer auf völliges Unverständnis gestoßen.
Woran liegt das? An mangelndem Mitgefühl für die Tiere? Oder weil es ungebührlich ist,
etwas in Frage zu stellen, was schon so lange selbstverständlich getan wird? Weil eine ver-
änderte Praxis die eigene religiöse Identität in Frage stellte? Daran habe ich kein Interesse. Ich möchte lediglich zu folgendem Gedankenexperiment einladen: Könnten
nicht die Millionen Tiere in Mekka ihrerseits ausgelöst werden „mittels eines grandiosen
Schlachtopfers" (arab. *bi-dhibhin azīm*, Sure 37,107)? Könnten nicht die vielen Opfertiere ausgelöst werden durch wenige stellvertretende Opfertiere oder auch nur durch
ein einziges Tier, so wie jener allererste Widder den Sohn Abrahams ausgelöst hat? Natürlich sind sich viele Muslime bewusst: Nicht das geopferte Fleisch und Blut sind entscheidend; Gott fragt zuerst nach der Hingabebereitschaft der Gläubigen. Hier – und

---

[126] Saison in Mekka. Geschichte einer Pilgerfahrt, München 2007, S. 230–233. Berichte
über die entsetzlichen Zustände bei den Massenopferungen im Tal von Minā gibt es spätestens seit dem 19. Jahrhundert. Vgl. z. B. Richard Francis Burton, Persönlicher Bericht einer
Pilgerreise nach Mekka und Medina 1853, Neuausgabe Lenningen 2005, S. 293 und S. 298.

nicht bei den Schlachthäusern von Minā – sind wir nach mehrheitlicher Auffassung am eigentlichen Kern des Islams angelangt. Dieser versteht sich nicht als eine Schlachtopferreligion, schon gar nicht als priesterliche Brandopferreligion, sondern als ein Weg der Frömmigkeit und als eine Praxis der Gottesliebe, die auf Demut und Hingabe beruhen. Dementsprechend heißt es in Sure 22, die den Namen „Die Pilgerfahrt" trägt (V. 37): „Ihr Fleisch und auch ihr Blut (sc. der Opfertiere) gelangen nicht zu Gott; zu ihm gelangt vielmehr die Gottesfurcht von euch. Auf diese Weise machte er sie euch zu Diensten, damit ihr Gott dafür preist, dass er euch geleitet hat. Bringt frohe Botschaft denen, die Gutes tun." Die im übertragenen Sinne gemeinten *Opfer der Herzen*, von denen schon einige dem priesterlichen Tempelkult gegenüber kritisch eingestellte Propheten und Psalmen in der Hebräischen Bibel sprechen, sind die wirklichen Opfer, die Gott gefallen. Die muslimische Identität steht also sowieso nicht zur Disposition. Dass weder Fleisch noch Blut Gott erreichen, auch nicht in millionenfacher Steigerung, wohl aber die Frömmigkeit des Einzelnen – diese Auffassung von Sure 22,37 hat ihre exakte Entsprechung beim Propheten *Micha* in der Jüdischen Bibel. Diese Passage liest sich wie ein später Kommentar zum Opferdrama Abrahams:

> Hat der Herr Gefallen an Tausenden von Widdern, an zehntausend Bächen von Öl? Soll ich meinen Erstgeborenen hingeben für meine Vergehen, die Frucht meines Leibes für meine Sünde? Es ist dir gesagt worden, Mensch, was gut ist und was der Herr von dir erwartet: Nichts anderes als dies: Recht tun, Güte und Treue lieben, in Ehrfurcht den Weg gehen mit deinem Gott.[127]

Was wurde aus Isaak?

Im Judentum wird an hohen Feiertagen bis heute in Erinnerung an das Opferdrama und zu Ehren des geopferten Widders ein Widderhorn geblasen (hebr. *Schōfar*). Ganz zum Schluss sei der Blick vom Widder weggelenkt und auf den Sohn Abrahams gerichtet. „Abrahams Herz-Sohn-Schrei" (Nelly Sachs) löst sich auf in Abrahams Herz-Sohn-Jubel! Abrahams Erleichterung wird unendlich gewesen sein, doch was ist mit Isaak? Die Frage klingt zunächst ähnlich spekulativ wie oben diejenige nach der Rolle der Mutter im Drama. Doch zu allen Zeiten ist man dieser Frage nachgegangen, wie wohl der Sohn diese Fast-Hinrichtung durch den eigenen Vater verkraftet und verarbeitet haben mag. Kann man *danach* einfach zur Tagesordnung der bisherigen Beziehung, die Vater und Sohn miteinander hatten, übergehen? Wie kann der Sohn mit diesem Vater weiterleben oder je wieder Vertrauen zu ihm haben? Wie schon erwähnt, hat Benno Jacob auf den bemerkenswerten Umstand hingewiesen, dass der Tora zufolge Vater und Sohn nach

---

[127] Micha 6,7–8 zit. nach der Einheitsübersetzung. Zur Opferkritik in der Tora vgl. auch Psalm 51,18–19; Hosea 6,6; 8,13; 1. Samuel 15,22. Eben dies war auch die Botschaft des *Jesus von Nazareth*, der im Neuen Testament ein Gotteswort beim Propheten Hosea (6,6) – „Barmherzigkeit will ich, nicht Opfer!" – gleich zweimal zitiert (Matthäus 9,13; 12,7).

diesem Drama nie wieder ein Wort miteinander wechseln werden. Ich füge hinzu: Dasselbe gilt auch für Abraham und Sara, welche direkt nach bzw. wegen des Opfergangs stirbt. Nach menschlichen Maßstäben müsste Isaak traumatisiert gewesen sein. Jedenfalls gemäß der biblischen Version des Dramas, der zufolge die Bindung durch den Vater wie ein Erdbeben ohne Vorwarnung über ihn kommt. Handelt das Drama von der *Bindung* des Sohnes, so handelt dessen Schluss von seiner *Ent-Bindung*. Am Ende steht Isaak als der buchstäblich Entbundene und Davongekommene da. Mit jüdischen Augen betrachtet, ist er der erste Holocaust-Überlebende, wie *Elie Wiesel* schreibt: „Als erster Überlebender lehrt er die Überlebenden der künftigen jüdischen Geschichte, daß es möglich ist, ein ganzes Leben lang zu leiden und zu verzweifeln und dennoch nicht auf die Kunst des Lachens zu verzichten."[128] Isaak ist dem Tod entronnen. Es ist wie eine zweite Geburt, ein neues Leben nach dem für sicher gehaltenen Tod, das ihm geschenkt wird. Theologisch handelt das Drama von einer (eingebildeten) Prüfung Abrahams durch Gott. Historisch dokumentiert das Drama die Abschaffung von Menschenopfern. Entwicklungspsychologisch verstanden, handelt das Drama – doch nur gemäß der Torafassung – von der endgültigen *Abnabelung des Sohnes vom Vater*. In diese Richtung zielt die tiefsinnige Auslegung des deutsch-kanadischen Reformrabbiners *Wolf Gunther Plaut* (gest. 2012):

> Der Text sagt, dass Awraham aus dem Land Morija zurückkehrt, erwähnt aber Jizchak nicht. Wäre es möglich, dass Jizchak nicht mit seinem Vater zurückkehrte, dass die traumatische Erfahrung des nahen Todes den Sohn vom Vater trennte, dass Jizchak nun ein Mann geworden ist, der zum ersten Mal seinen Vater gehen lassen konnte und erst später zurückkehrte, wenn er es wollte und zu einem von ihm gewählten Zeitpunkt? Die Akedah hat Jizchaks Wesen weder radikal verändert, noch kann man den prägenden Einfluss seiner frühen Kindheit leugnen, doch in der Bindung wird Jizchak ein Individuum mit seinen eigenen Rechten. Wenn Awraham durch diese Agonie geprüft und geläutert wurde, dann wurde Jizchak durch sie befreit.[129]

Bei seiner ersten Geburt wurde Isaak vom Nabel seiner Mutter entbunden. Nunmehr ist er auch entbunden vom (Irr)Glauben seines Vaters, im Namen Gottes alles tun zu müssen. Für die koranische Version wie bereits für die jüdischen *relectures* dieses Dramas in vorislamischer Zeit bewahrt das alles verändernde Gespräch Abrahams mit seinem Sohn *vor* dem Opferakt diesen vor der Traumatisierung und der Instrumentalisierung für „höhere" oder „heilige" Zwecke. Eben deshalb kann und wird der entbundene anonyme Sohn dem Koran zufolge an der Seite seines Vaters bleiben und, falls es sich um Ismael handelte, mit Abraham später eine große gemeinsame Tat vollbringen, wie wir im übernächsten Kapitel erfahren werden.

---

[128] Die Opferung Isaaks: Geschichte des Überlebenden, a. a. O. S. 101.
[129] Die TORA in jüdischer Auslegung, a. a. O. Bd. 1, S. 219.

6. Abraham und die Auferstehung – oder: Von der Unruhe des Herzens

Während der Wirksamkeit Muhammads in Medina (622–632) wird Abraham zur zentralen Referenzgestalt und Identifikationsfigur für den Propheten, sowohl was seine Botschaft betrifft als auch sein Selbstverständnis. Denn Muhammad ist dem Erzvater nunmehr auch darin ähnlich geworden, dass er wie jener in eine zwar ungewisse Zukunft hinein ausgewandert ist, jedoch von Gott „rechtgeleitet" (Sure 37,99). *Ihre eigentliche Zukunft – gemessen an der späteren Wirkungsgeschichte – hatten beide Emigranten in ihrer neuen Heimat noch vor sich.* Die besondere Bedeutsamkeit Abrahams für Muhammad in Medina zeigt sich bereits in der zweiten Sure, genannt „die Kuh" (arab. *al-baqara*), die in die dortige Anfangszeit zu datieren ist. In insgesamt zwanzig, teils sehr ausgedehnten Versen kommt diese längste Sure des Korans auf Abraham zu sprechen. Der Textumfang in Sure 2 ist so groß wie in keiner anderen Sure mit Abrahamtexten und macht rund ein Fünftel aller Sätze (nicht: Verse) des Korans über Abraham aus. Wir erinnern uns: Ein zentraler Gesichtspunkt in der Auseinandersetzung Abrahams mit dem Astralglauben seines Vaters – und spiegelbildlich Muhammads mit seinen mekkanischen Gegnern – war die Frage nach Gott als dem Schöpfer. Es ist nicht lange her, dass der Koran gemäß der spätmekkanischen Sure 29,16–27 Abraham mit den Werken der Schöpfung argumentieren ließ. Diese seien nicht nur ein Indiz für die Existenz des Einen, sondern auch dafür, dass Gottes Macht sogar den Tod überwindet. Wahrhaftig Gott genannt zu werden, habe nur der verdient, welcher auch die Macht zur Auferweckung besitzt, hatte Abraham seinem Vater erklärt. Nun ist Muhammad seit kurzem in Medina, und schon widmet sich eine Passage von drei langen Versen erneut und von verschiedenen Seiten her der Frage nach Gott und seiner Allmacht als Schöpfer. Zwar wird Abraham nur in zwei Versen explizit genannt, doch da sie eine thematische Einheit bilden – Demonstrationen der schöpferischen Allmacht und Souveränität Gottes, um den Glauben an die Auferstehung zu begründen –, gehe ich im Folgenden auf alle drei Verse ein. Zunächst sei Sure 2,258 zitiert:

> Hast du nicht jenen (Herrscher der Vorzeit) gesehen, der mit Abraham über seinen Herrn stritt, (indem er die Tatsache leugnete) daß Gott ihm die Königsherrschaft gegeben hatte?[130] Damals, als Abraham sprach: „Mein Herr ist's, der lebendig macht und tötet", sprach er (sc. der Herrscher): *„Ich* bin es, der lebendig macht und tötet!" Abraham sprach:

---

[130] Der erste Satz des Verses folgt der Übersetzung Rudi Parets (Klammern i. O.). Bobzin übersetzt: „Sahst du denn den nicht, der sich mit Abraham über seinen Herrn stritt – dass Gott die Herrschaft *ihm* gegeben habe?" Hervorhebung Bobzin, auch in der Folge oben im Haupttext.

„Siehe, Gott lässt die Sonne im Osten aufgehen, so lasse du sie im Westen aufgehen!"[131] Da war der, der nicht glaubte, verblüfft. Gott leitet kein frevlerisches Volk.

Den muslimischen Auslegern zufolge handelt es sich hier um eine *Debatte zwischen Abraham und Nimrod* (arab. *Namrūd*), dem sagenhaften ersten Helden, dem „gewaltigen Herrn auf der Erde", den bereits die Bibel kurz erwähnt (Genesis 10,8–10). Nimrod, der Urenkel Noahs, wird dort als großer Jäger und Eroberer beschrieben. Später gilt Nimrod in der jüdischen Tradition als mächtiger Tyrann, der über den Osten, Assyrien und Babylonien, herrschte. Er soll auch den Turmbau zu Babel angeordnet haben, von dem Genesis 11 berichtet, allerdings ohne Nimrod zu erwähnen. Im Judentum und dann auch im Christentum wurde er zum Inbegriff des hochmütigen Herrschers, der sich in seinem Frevel zum gottgleichen Herrn über die Menschheit aufschwang. Schon sein Name war Programm. Er bedeutet „einer, der Rebellion veranlasst" (von hebr. *himrīd*). Der Talmud erklärt: „einer sagt, sein eigentlicher Name war Amraphel, und Nimrod werde er deshalb genannt, weil er die ganze Welt widerspenstig gegen ihn (sc. Gott) machte."[132] Auch einem Midrasch zufolge hatte Nimrod sich bewusst zum Rebell gegen Gott erklärt: „Nimrod kannte seinen Herrn, entschied sich aber zur Rebellion gegen ihn."[133]

Dieses jüdische Bild von Nimrod passt natürlich hervorragend zu Sure 2,258. Im Koran jedoch bleibt der Herrscher, mit dem Abraham sich streitet, wieder einmal anonym. Wie zuletzt beim Opferdrama erzählt der Koran nicht historisierend, sondern typisierend: Es könnte jederzeit an jedem Ort vorkommen, dass ein besonders mächtiger Mensch sich zum Herrn über Leben und Tod aufschwingt und von seinen Untertanen eine womöglich göttliche Verehrung einfordert. Da können die Gläubigen nach dem Vorbild und mit den Worten Abrahams lediglich bekennen: „Mein Herr ist es – und nicht du! –, der die Menschen lebendig macht oder sie sterben lässt". Dieses Credo begegnet wenig später auch in Sure 3,156: „Gott macht lebendig und lässt sterben" – und nicht das Schwert des Feindes auf dem Schlachtfeld. Ein Bekenntnis, das nicht allein Abrahams Bild von dem Schöpfer-Gott zum Ausdruck bringt, sondern auch die Weigerung impliziert, irgendeinen Menschen als Gott oder anstelle Gottes zu verehren. Abrahams Glaube an den einen Gott bedeutet nicht nur die Absage an die Astralgötter seiner Vorfahren, sondern auch die Absage an alle Menschen, die sich selbst zu Göttern – mithin zu Herren über Leben und Tod – aufschwingen. Sodann führt auch hier Abraham seinen unbekannten Diskussionspartner ad absurdum und gibt ihn der Lächerlichkeit

---

[131] Die Übersetzung dieses Satzes stammt von mir. Bobzin übersetzt: „Gott bringt die Sonne aus dem Osten. So bringe *du* sie aus dem Westen!"

[132] Traktat Erubin 53a, zit. nach: Der Babylonische Talmud, a. a. O., Bd. II, S. 157.

[133] Midrasch Sifre Bechukotai 2, zit. nach: Die TORA in jüdischer Auslegung, a. a. O. Bd. 1, S. 139.

preis (vgl. Sure 21,51–73). Den Lauf der Sonne könne eben nur derjenige beeinflussen, welcher der Herr über die Schöpfung sei und diesen Lauf in seiner Richtung festgelegt habe. Der gottgleiche Machthaber muss verstummen. Abraham ist der rhetorische und theologische Sieger in diesem knappen Disput: „mit Gottes Führung und Unterstützung echte und einfache Argumente gebrauchend, war Abraham in der Lage, den arroganten Tyrannen in Verwirrung zu stürzen."[134] Bereits in vorislamischer Zeit haben aggadische Texte den Dialog zwischen Abraham und Nimrod breit ausgemalt. Der *Midrasch Bereschit Rabba* bringt Abrahams Bildersturm in direkte Verbindung zur Konfrontation Abrahams mit Nimrod. Denn sein Vater Terach ist es, der den aufsässigen Sohn, der die Götzen in Stücke geschlagen hat, eigenhändig zum Tyrannen bringt.

> Dieser sprach zu ihm: „Wir wollen das Feuer anbeten!" Darauf entgegnete Abraham: „Das kommt eher dem Wasser zu, welches das Feuer löscht." Nimrod sprach: „So wollen wir das Wasser anbeten." „Nein, das kommt eher der Wolke zu, die das Wasser trägt." „Gut, so beten wir die Wolke an." „Nein, diese Ehre gebührt dem Winde, welcher die Wolken zerstreut." „So wollen wir den Wind anbeten." „Nein, das gebührt eher dem Geist." „Recht, wir wollen den Geist anbeten." „Nein, das gebührt eher dem Menschensohne, welcher den Geist trägt." „Wenn du mich nur mit Worten abfertigst", sprach endlich Nimrod, „(so wisse,) ich bete nur das Feuer an. Ich werde dich ins Feuer werfen und es mag dich der Gott, den du anbetest, aus ihm erretten."[135]

Diese Geschichten begegnen ähnlich auch in den islamischen Prophetenlegenden, in denen Nimrod wie bei Juden und Christen als Prototyp des hochmütigen Herrschers dargestellt wird. Sie erzählen sogar von einem siebentägigen Aufenthalt Abrahams im Feuer des Scheiterhaufens. Wir kommen im neunten Kapitel ausführlicher darauf zurück. An den Nimrodvers schließt sich ein weiteres Gespräch zwischen einem ebenfalls anonymen Menschen und Gott an (Sure 2,259):

> Denke auch an den Mann, der an einer Stadt vorüberkam, die in Trümmern lag und sagte: „Wie könnte Gott diese Stadt jemals wieder zum Leben rufen?" Gott ließ ihn sterben und rief ihn nach hundert Jahren wieder ins Leben und sprach: „Wie lange bist du tot gewesen?" Der Mann sagte: „Einen Tag oder einen Bruchteil davon." Gott sprach: „Du bist hundert Jahre tot gewesen. Schau deine Speise und deinen Trank an, sie sind nicht verdorben, und sieh dir deinen Esel an! Wir machen dich zu einem Zeichen für die Menschen. Sieh dir die Knochen an, wie wir sie wieder zusammenfügen und mit Fleisch beziehen!" Als der Mann das alles klar erkannte, sprach er: „Jetzt weiß ich: Gott ist aller Dinge mächtig."[136]

---

[134] Muhammad al-Ghazālī, A Thematic Commentary on the Qur'an, a. a. O. S. 26.

[135] Parascha 38, zit. nach der Übersetzung von August Wünsche in: Der Midrasch Bereschit Rabba, a. a. O. S. 173, Klammern i. O., die Anführungszeichen stammen von mir zur besseren Übersicht.

[136] Bis auf dieses Schlusszitat, von Bobzin übersetzt, stammt die Übersetzung dieses Verses ansonsten von Moustafa Maher (Al-Azhar-Ausgabe).

Die Stadt, die in Trümmern liegt – der Bibelkundige wird sich an *Nehemia* erinnert fühlen, den jüdischen, aus Babylonien stammenden Statthalter von Juda im 5. Jahrhundert v. u. Z. Als dieser in das drei Generationen zuvor von den Babyloniern zerstörte Jerusalem zurückkommt, wird die Stadt mit folgenden Worten beschrieben (Einheitsübersetzung): „Jerusalem liegt in Trümmern, und seine Tore sind abgebrannt" (Nehemia 2,17). Ein Wiederaufbau war nach menschlichem Ermessen unrealistisch, doch Nehemia ist der Überzeugung (V. 20): „Der Gott des Himmels wird uns Erfolg verleihen. Wir, seine Knechte, wollen ans Werk gehen und bauen." Doch dem Koranvers geht es gar nicht um die mögliche Wiederbelebung einer Geisterstadt durch Gott(es Hilfe), sondern um *Gottes Souveränität über die Zeit*. Alles Irdische ist in unterschiedlicher Weise der Vergänglichkeit, mithin der Zeit, unterworfen. Gott spielt gleichsam mit der Zeit, wie es ihm gefällt. Dem indischen Korankommentator *Abdullah Yusuf Ali* zufolge ist aus dem Vers die Lehre zu ziehen: „(1) Zeit bedeutet für Gott nichts; (2) sie betrifft verschiedene Dinge in verschiedener Weise; (3) die Schlüssel von Leben und Tod sind in Gottes Hand; (4) die Macht des Menschen ist nichtig – sein Glaube sollte sich auf Gott richten."[137] Mithin lässt Gott Menschen sterben und ruft sie nach 100 Jahren ins Dasein zurück; Speise und Trank konserviert er; Tiere vermodern und er sorgt für ihre Wiederbelebung – ein Vorgang, der sich vermutlich an die berühmte Vision von der Wiederbelebung des Totenfeldes beim Propheten Ezechiel (37,1–14) anlehnt. Dort werden die Knochen beschrieben, die zusammenrücken, mit Fleisch überzogen und schließlich mit Gottes Geist belebt werden. Im Koran geht es nicht nur darum, *dass* Gott, der Schöpfer, die Macht zur Auferweckung besitzt, kollektiv und auf Menschen bezogen (Sure 2,258; Hesekiel 37) wie individuell und ebenso auf Tiere bezogen (Sure 2,259), sondern auch darum, *wie* er das konkret anschaulich tut. Das konkret Anschauliche beseitigt die Zweifel und führt zur Erkenntnis, die ein Bekenntnis ist: „Jetzt weiß ich: Gott ist aller Dinge mächtig." Die Frage nach dem Wie, nach der Anschaulichkeit der schöpferischen Allmacht Gottes für die menschlich-begrenzte Vorstellungskraft, ist gleichfalls das Thema des dritten Verses, welcher Abraham wieder explizit erwähnt, und zwar mit einer Bitte an Gott (Sure 2,260):

> Damals, als Abraham sprach: „Mein Herr, lass mich sehen, wie du die Toten lebendig machst!" Er sprach: „Glaubst du denn nicht?" Er sprach: „Doch. Aber mein Herz soll Gewissheit finden." Er sprach: „So nimm vier Vögel und wende sie zu dir! Dann lege einen Teil von ihnen auf jeden Berg, dann rufe sie, so werden sie eilends zu dir geflogen kommen! Wisse, Gott ist mächtig, weise!"[138]

---

[137] The Holy Qur'an, a. a. O. S. 105, Anm. 305.

[138] Ich habe Bobzins Übersetzung an einer Stelle verändert. Dieser übersetzt wörtlich korrekt: „so werden sie eilends zu dir *gelaufen* kommen!" Dass Vögel jedoch vielmehr *geflogen* kommen, erst recht von den Bergen herab, ist offenkundig gemeint.

Abraham, der Freund Gottes, hat ein gläubiges Herz. Doch dieses Herz ist unruhig, ist so lange unsicher, bis Gott selbst seinem Herzen durch eine konkrete Demonstration seiner Allmacht Sicherheit und Frieden gewährt. Erneut bedient sich der Koran, wie übrigens auch an anderen Stellen ohne Bezug auf Abraham, der Tiere als Fingerzeige und Beispielgeber – hier nun sind es Vögel. Dieses *Vogelwunder* in Sure 2,260 erinnert manche Ausleger an die Erzählung aus der Hebräischen Bibel von den geteilten Fleischstücken, durch die ein göttliches Feuer hindurchfährt. Ich zitiere aus dieser archaischen Geschichte, in der Abraham noch Abram (hebr. *Awram*) heißt, in Auszügen (Genesis 15,8–18):

> Jener (sc. Awram) sprach: „O Herr! O Ewiger! Wodurch werde ich vergewissert, dass ich sie (sc. die verheißene Landschaft) besitzen werde?" Und der Ewige sprach: „Bring mir ein dreijähriges Kalb, eine dreijährige Ziege und einen dreijährigen Widder, auch eine Turteltaube und eine junge Taube." Awram brachte ihm alle diese Stücke, zerschnitt sie in der Mitte und legte jedes Stück dem andern gegenüber. Das Geflügel aber zerschnitt er nicht. Da kamen Raubvögel herab auf die Leichname. Awram aber scheuchte sie hinweg. Als die Sonne untergehen sollte, fiel ein tiefer Schlaf auf Awram. Und nun überfiel ihn zugleich eine finstere große Angst. (…) Als die Sonne untergegangen und es finster (sc. geworden) war, da war es wie ein Ofen, aus welchem Rauch und Flamme des Feuers zwischen diese (sc. Fleisch) Stücke fuhr[en]. Damals schloss [wörtlich: zerschnitt, hebr. *karat*] der Ewige mit Awram einen Bund und sprach: „Deinem Samen habe ich dieses Land gegeben (…)".

In der Tora geht es um einen irdischen oder diesseitigen Bund Gottes mit Abraham, bei dem diesem bzw. seinen Nachkommen Land, also ein eigenes Siedlungsgebiet, verheißen wird. Sure 2,260 hingegen handelt von einem himmlischen oder jenseitigen Bund Gottes allein mit Abraham. Von seinen Nachkommen ist keine Rede. Abraham geht es um eine Beziehung mit Gott – im Falle Abrahams heißt das ja: um die Freundschaft mit Gott –, die über den Tod hinaus Bestand hat. Die Hoffnung auf eine Auferstehung im Sinne einer fortdauernden individuellen Beziehung mit Gott jenseits des (körperlichen) Todes ist für den Koran wie schon für das Neue Testament ein selbstverständliches Glaubensgut. In der Hebräischen Bibel allerdings kann davon mit Blick auf Abraham und die anderen sog. Erzväter und Erzmütter noch keine Rede sein, da sich der Auferstehungsglaube historisch deutlich später entwickelt hat.[139] Der Abraham der Tora lebt nach seinem Tod allenfalls im übertragenen Sinne weiter: in seinen Nachkommen, in ihrem Andenken an und ihrer Verehrung für ihn. Ich glaube kaum, dass Muhammad diese archaische Geschichte aus Genesis 15 vor Augen stand. Die eigentliche Parallele zum Vogelwunder Abrahams findet sich ebenfalls im Koran: in einem zweiten, jüngeren Vogelwunder, das *von Jesus, dem Sohn Marias,* berichtet wird. In Sure 3,49 sagt Jesus: „Ich kam zu euch mit

---

[139] Gemeint ist natürlich nicht: später als Abraham mutmaßlich gelebt hat (1900 v. u. Z.), sondern: später als die Abrahamtexte der Genesis verfasst worden sind (5./4. Jhdt. v. u. Z.).

einem Zeichen von eurem Herrn, dass ich für euch aus Ton erschaffe, was die Gestalt von Vögeln hat. Dann hauche ich es an, so dass es wirklich Vögel werden, mit
Gottes Erlaubnis."[140] Beide Vogelwunder im Koran demonstrieren die schöpferische
Allmacht Gottes als schlechthinnige Macht über Leben und Tod. Es ist der für Pre-
digten und Gleichnisse typische und schon bei den Rabbinen und auch bei Jesus anzutreffende Schluss vom Kleineren auf das Größere (lat. *argumentum a minori ad
maius*): Wenn schon Abraham und Jesus, mit Gottes Erlaubnis, tote Vögel zum Leben erwecken können, wie viel mehr kann Gott selbst die Toten – u. zw. Menschen,
nicht nur Vögel – auferwecken!

Doch inwiefern sollen die Vögel ein Bild für den Glauben an die Auferstehung
sein? Worin genau besteht der Vergleich mit den Vögeln? Die muslimischen Ausleger sehen vor allem zwei Möglichkeiten, den vage bleibenden Vers zu verstehen. Entweder geht es in Sure 2,260 um die Wiederbelebung geschlachteter Vögel, oder es
geht um die Abrichtung lebender Vögel. Die Al-Azhar-Ausgabe, übersetzt von
Moustafa Maher, lässt beispielsweise ihre Interpretation direkt in die deutsche Übersetzung des Textes einfließen: „Nimm vier Vögel und zähme sie und sieh sie dir so
genau an, daß du sie wiedererkennen kannst! *Schlachte sie* und verteile die Teile auf
verschiedene voneinander entfernte Berge! Rufe sie dann zu dir her, und sie werden
kommen!" Der mehrheitlichen Deutung zufolge besteht das Wunder letztlich darin,
dass Gott geschlachtete, zerteilte und verstreute Vogelstücke neu erschaffen kann als
lebendige Vögel, die aus großer Entfernung zurück zu Abraham geflogen kommen.
Die Schwierigkeit dieser traditionellen Interpretation, der auch die meisten deutschen Koranübersetzer folgen, liegt allerdings darin, dass im Text von einer Schlachtung der Vögel gar nicht explizit die Rede ist – diese wird einfach vorausgesetzt und
in den Text eingefügt (z. B. von Paret und Khoury). Es heißt im Text lediglich:
„Nimm vier Vögel und mache sie dir zugetan (oder: zugewandt, arab. *fa-surhunna
ilayka*). Verteile die Stücke (oder: verteile sie stückweise, also einzeln) auf verschiedene voneinander entfernte Berge! Rufe sie dann zu dir her, und sie werden geflogen
(wörtlich: gelaufen) kommen." Andere Ausleger mit rationalistischem, schiitischem
oder mystischem Hintergrund (z. B. al-Zamakhsharī, al-Rāzī) argumentieren daher
durchaus plausibel, die Vögel seien gar nicht tot. Sie sollen vielmehr von Abraham
abgerichtet werden und sich dabei so sehr an ihn gewöhnen, dass sie nach ihrer Aus-
setzung auf den Bergen aus den vier Himmelsrichtungen – also von überall her –
wieder zu ihm zurückfinden können, jeder Vogel einzeln. In diesem Sinne deutet
und übersetzt auch *Muhammad Asad*: „Nimm denn vier Vögel und lehre sie, dir zu

---

[140] Bobzin folgt in seiner Übersetzung wie schon Paret derjenigen Lesart, der zufolge es sich
nicht nur um einen einzigen Vogel (arab. *tā'ir*), sondern um mehrere Vögel (*tāyr*) handelt.
Vgl. zu den Einzelheiten Bauschke, Der Sohn Marias. Jesus im Koran, a. a. O. S. 74–77.

gehorchen; dann setze sie getrennt auf jeden Hügel (um dich herum); dann rufe sie zusammen: sie werden zu dir geflogen kommen."[141] Diese plausiblere Auslegungstradition beruft sich auf ein Wort von *Abū Muslim* aus Chorasan (gest. 755): „Wenn der Mensch fähig ist – was er zweifellos ist –, Vögel auf solche Weise abzurichten, daß sie seinem Ruf gehorchen, dann ist es offensichtlich, daß Gott, dessen Willen alles gehorcht, Leben ins Dasein rufen kann, indem Er einfach bestimmt: ‚Sei!'"[142] Dieses Wort bringt das erwähnte Argument *a minori ad maius* exakt auf den Punkt. Daher ist diese Deutung von Sure 2,260 pointierter als die erstgenannte Auslegung. Gerade im Vergleich mit den großen menschlichen Möglichkeiten und Fähigkeiten übersteigen Gottes Möglichkeiten und Fähigkeiten jene unendlich, weil er in seinem Schöpfertum allmächtig ist und die Menschen es nicht sind. Der Tod setzt dem Menschen jederzeit eine letzte Grenze. Doch der Tod kann dem Willen Gottes, Leben zu erschaffen oder neu zu erschaffen, keine Grenzen setzen. Ein weiterer Unterschied zur traditionellen Interpretation besteht darin, dass hier „Auferstehung" anders verstanden wird: nicht im Sinne der Wiederbelebung der toten äußeren Gestalt, sondern im Sinne der Rückkehr und Heimkehr zu Gott, dem Ursprung des Menschen, ganz so, wie der Koran oftmals und auch in dieser selben Sure betont (2,28): „Wie könnt ihr nur an Gott nicht glauben? Ihr wart doch tot, und er rief euch ins Leben. Dann wird er euch sterben lassen und euch erneut ins Leben rufen: Dann werdet ihr zu ihm zurückgebracht." Welche der beiden Deutungen auch besser zu überzeugen vermag, die Pointe bleibt in jedem Fall: *Für den Glaubenden bedeutet der Tod keine endgültige Trennung von Gott.* Auferstehung bedeutet das Zurückfinden zu Gott für jeden, der mit Gott ein inniges Verhältnis aufgebaut hat. Denn Gott ist ein „Freund (arab. *walī*) derer, die glauben", wie der Koran direkt vor dieser Abrahampassage sagt. „Die führt er aus der Finsternis ans Licht" (Sure 2,257). Und das heißt: Er führt sie vom Nichtsein ins Dasein und vom Tod in ein neues Leben. Nur eine solche Hoffnung voller Licht, voller Zukunft vermag das unsichere Herz Abrahams, des Freundes Gottes, wie auch die Herzen aller glaubenden Menschen, die ihrerseits Gott zum Freund haben, in der Tiefe zu beruhigen.

Zum Schluss sei angemerkt: Dass der Koran zur Illustration dieser frohen Botschaft von Gottes Schöpfermacht in dieser Abrahampassage gleich zweimal (Verse 259 und 260) auf Tiere zurückgreift, lässt darüber hinaus sogar hoffen, dass der Glaube an eine Unsterblichkeit bzw. *Auferstehung auch der Tiere* und nicht nur der Menschen womöglich direkt vom Koran her begründet werden könnte – was freilich eine Aufgabe der muslimischen Theologen bleibt. Immerhin spielen auch sonst

---

[141] Ebenso übersetzen und deuten auch andere zeitgenössische Ausleger wie etwa Abdullah Yusuf Ali oder der bislang noch nicht erwähnte indische Gelehrte und erste Erziehungsminister des unabhängigen Indien Abul Kalam Azad (gest. 1958) in ihren Kommentaren zur Stelle.

[142] Zit. nach Asad, Die Botschaft des KORAN, a. a. O. S. 97, Anm. 257.

Tiere eine interessante Rolle im Koran und so manche Sure ist nach ihnen benannt.[143] In Münster hat sich 2008 das erste deutsche *Institut für Theologische Zoologie* eine akademische Basis gegeben, diesem und anderen Aspekten einer „schöpfungsgemäßen Spiritualität" von heute wissenschaftlich nachzugehen.[144] Vielleicht beteiligen sich irgendwann auch muslimische Theologen daran.

---

[143] Vgl. den Rundfunkbeitrag von Thilo Guschas „Im Islam haben auch Tiere eine Seele" vom 19. Dezember 2009 für Deutschlandradio Kultur. Online noch immer nachlesbar unter http://www.deutschlandradiokultur.de/im-islam-haben-auch-tiere-eine-seele.1278.de.html? dram:article_id=192460 (Januar 2014).

[144] Vgl. Rainer Hagencord (Hg.), Wenn sich Tiere in der Theologie tummeln. Ansätze einer theologischen Zoologie, Regensburg 2010; Ders., Die Würde der Tiere. Eine religiöse Wertschätzung, Gütersloh 2011; Eugen Drewermann, Über die Unsterblichkeit der Tiere: Hoffnung für die leidende Kreatur, Düsseldorf 2012.

7. Abraham in Mekka – oder: Ismael tritt aus dem Schatten Isaaks hervor

Gemäß der Tora und der jüdischen Tradition hatte Abraham mehrere Frauen und zahlreiche Söhne. Nur die beiden ältesten und bekanntesten Söhne – Ismael (in acht Suren) und Isaak (in 14 Suren) – begegnen auch im Koran (Tabelle 2). Bislang hat Ismael (hebr. *Jischmaël* – dt. „Gott (er)hört" –, arab. *Ismāʿīl*), der andere Sohn Abrahams, im Unterschied zu Isaak oder auch zu Lot praktisch keine Rolle in Muhammads Verkündigung gespielt. In der mehr als zehnjährigen Wirksamkeit Muhammads in Mekka wird er lediglich an fünf Stellen explizit erwähnt. Historisch muss man klar festhalten: Ismael ist für Muhammad bzw. den Koran in den ersten Jahren völlig unbedeutend. Mehr noch, *dass er der älteste Sohn Abrahams war, hat Muhammad zunächst gar nicht gewusst!* Das sieht man daran, dass dort, wo Ismael an den chronologisch frühesten drei Stellen im Koran auftaucht, jeder Bezug zu Abraham fehlt. Erstmals wird Ismael ausdrücklich in Sure 19,54–55 erwähnt: „Gedenke im Buch des Ismael! Siehe, er war der Verheißung treu und war Gesandter und Prophet. Er gebot den Seinen Gebet und Armensteuer und stieß bei seinem Herrn auf Wohlgefallen." In derselben Sure ist nur wenige Verse zuvor sogar explizit von Abraham und seinem Sohn Isaak die Rede (V. 49): „Als er sich von ihnen und dem, was sie an Gottes statt verehrten, trennte, schenkten wir ihm Isaak und Jakob und machten beide zu Propheten." Ein Zusammenhang zwischen Abraham und Ismael wird nicht hergestellt. Genau dasselbe ist wenig später bei der nächsten knappen Notiz über Ismael in Sure 38,48 zu beobachten: „Gedenke Ismaels, Elisas und des Dhū l-Kifl – ein jeder gehörte zu den Frommen." Auch hier fehlt jeder Hinweis auf eine Zugehörigkeit Ismaels zu Abrahams Familie, obwohl die Männer dieser Familie in den drei direkt vorangehenden Versen erwähnt werden: „45 Gedenke unserer Knechte Abraham, Isaak und Jakob, Männern voller Kraft und Klarsicht! 46 Siehe, wir haben sie besonders ausersehen zur Mahnung an das Jenseits. 47 Siehe, sie gelten bei uns als die besonders Auserwählten."

Derselbe Sachverhalt wiederholt sich ein drittes Mal in Sure 21. Hier wird ab Vers 51 ausführlich die fünfte Variante der Auseinandersetzung Abrahams mit seinem Vater geschildert. Dann werden (V. 71–75) Abrahams männliche Familienmitglieder Lot, Isaak und Jakob erwähnt und gerühmt. Völlig unabhängig von ihnen wird zehn Verse später Ismael, dieses Mal an der Seite von Idrīs (Henoch oder Andreas?) und Dhū l-Kifl erwähnt (V. 85–86): „Sie alle waren geduldig. Und wir nahmen sie in unsere Barmherzigkeit auf. Siehe, sie waren Rechtschaffene!" Wir halten also zunächst fest: Bei den frühesten Erwähnungen Ismaels im Koran ist einerseits die enge *Zusammengehörigkeit von Abraham und Isaak* sowie andererseits die völlige *Zusammenhanglosigkeit zwischen Abraham und Ismael* sogar in direkt benachbarten

Versen ein und derselben Sure zu beobachten. Isaak gilt dem Koran von Anfang an als *der* Sohn Abrahams. Ismael hingegen wird erst allmählich im Laufe der Wirksamkeit Muhammads als ein Sohn Abrahams gewissermaßen „entdeckt". Nicht nur mit Blick auf die bereits behandelte Frage nach der Identität des anonymen Sohnes in der Opfergeschichte ist das eine folgenreiche Entdeckung, wie wir gleich sehen werden. Erst in den letzten mekkanischen Jahren Muhammads taucht Ismael zum ersten Mal explizit in Verbindung mit Abraham auf, und zwar in Sure 14, die nach dem Namen des Erzvaters benannt ist. In dieser *Sura Ibrāhīm* gibt es ein schönes Gebet, das ihn als vorbildlichen Beter ausweist. Hier findet sich in Vers 37 auch eine Anspielung auf das von felsigen Hügeln umschlossene karge Tal von Mekka mit der *Ka'ba* sowie auf die Araber, die sich genealogisch über Ismael als Nachfahren ihres Vaters Abraham verstehen. Vorbildlich ist Abraham als Beter vor allem deshalb, weil er beim Beten nicht nur an sich selbst denkt, sondern auch andere fürbittend in sein Gebet mit einschließt. Ähnlich ist das in den beiden bereits zitierten Gebeten Abrahams in Sure 26,83–89 und Sure 60,4–5 der Fall gewesen. Dieses Gebet aus Sure 14 lautet folgendermaßen:

> 35 Damals, als Abraham sprach: „Mein Herr, gib diesem Ort Sicherheit! Bewahre mich und meinen Sohn davor, dass wir den Götzenbildern dienen! 36 Mein Herr, sie haben viele Menschen fehlgeleitet; doch wer mir nachfolgt, der gehört zu mir; und wer sich auflehnt gegen mich – siehe, Gott ist bereit zu vergeben, barmherzig. 37 Unser Herr, siehe, ich habe von meinen Nachkommen einige angesiedelt in einem unfruchtbaren Tal bei deinem Heiligtum, unser Herr, auf dass sie das Gebet (sc. dort) verrichten. Mach du, dass Menschenherzen sich hin zu ihnen neigen, und schenke ihnen Früchte für den Lebensunterhalt, vielleicht sind sie ja dankbar. 38 Unser Herr, du weißt, was wir verbergen und (sc. was wir) offenlegen. Gott bleibt kein Ding verborgen, auf Erden nicht und nicht im Himmel. 39 Gelobt sei Gott, der mir trotz meines Alters noch Ismael und Isaak geschenkt hat. Siehe, mein Herr erhört das Gebet. 40 Mein Herr, lass mich verrichten das Gebet und mit mir meine Kindeskinder, unser Herr, und nimm mein Beten an! 41 Unser Herr, vergib mir wie auch meinen Eltern und den Gläubigen an dem Tag, da die Abrechnung erfolgt!"

Erst jetzt, viele Jahre nach der Kundgabe bzw. Offenbarung von Sure 37 mit dem Opferdrama, wird in Sure 14,39 Ismael als ein Sohn und als der Erstgeborene Abrahams im Koran eingeführt. Allein schon dieses eine chronologische Argument spricht gegen eine Identifikation des anonymen Sohnes mit Ismael. Dabei scheint diese anfängliche „Entdeckung" des Zusammenhangs zwischen Abraham und Ismael durchaus nicht nachhaltig gewesen zu sein. Denn in der noch jüngeren, spätmekkanischen Sure 6 wird ausführlich die siebte Variante des Narrativs „Abraham und sein Vater" erzählt (Verse 74ff.), das mit Vers 84 endet: „Wir schenkten ihm (sc. Abraham) Isaak und Jakob. Jeden leiteten wir recht, und Noah leiteten wir schon früher recht; und aus seiner (sc. Abrahams) Nachkommenschaft: David, Salomo, Hiob, Joseph, Moses und Aaron. Auf diese Weise belohnen wir die, die Gutes tun." Die Prophetenreihe setzt sich dann kreuz und quer durch die Heilsgeschichte folgendermaßen fort (Sure 6,85–86): „Und Zacharias, Johannes, Jesus und Elia: Sie alle gehören zu den Frommen. Und Ismael, Elisa, Jona und Lot: Sie alle zeichneten wir von den Weltbewohnern aus." Auch hier begegnet Ismael wieder in ein und derselben Sure, in der auch Abraham ausführlich erwähnt wird, doch ohne Bezug auf ihn. Dass Ismael hier in einem Vers zusammen mit Lot aufgezählt wird, wirkt wie eine Art „Ablösung". Es ist, chronologisch betrachtet, die letzte Erwähnung Lots im Koran und zugleich die letzte Erwähnung Ismaels ohne Bezug auf Abraham. Dessen Neffe Lot ist später in Medina verschwunden und vergessen, wird also in den dort entstandenen bzw. offenbarten Suren nicht mehr erwähnt, wohingegen in Medina gleichsam der aufgehende Stern Ismaels erst richtig zu leuchten beginnt.

Exkurs 6: Jakob als Abrahams Sohn und Enkel im Koran

Der von Muslimen selbstverständlich als ein Prophet verehrte Jakob (arab. *Ya'qūb*) wird im Koran insgesamt in zehn Suren erwähnt. Es sind dies in chronologischer Reihenfolge ihrer Entstehung bzw. Offenbarung: Sure 19,6; 19,49; 38,45–47; 21,72; 11,71; 12 (vielfach); 29,27; 6,84; 2,132–133; 2,136; 2,140; 3,84; 4,163. Am häufigsten begegnet er in Sure 12, die nach seinem bekanntesten Sohn Josef (arab. *Yūsuf*) benannt ist und eine schöne Novelle über dessen Geschicke mit seinen Brüdern in Ägypten erzählt. Die Beobachtung, dass Muhammad in den ersten rund zehn Jahren seiner Wirksamkeit die Familie Abrahams nicht genau kannte, lässt sich nicht allein am Beispiel Ismaels belegen, sondern auch am Beispiel Jakobs. Dieser gilt bekanntlich in der Bibel als der Sohn Isaaks und damit als der *Enkel Abrahams*. Dem Koran zufolge ist Jakob jedoch anfänglich ein weiterer *Sohn Abrahams*, mithin nicht der Sohn Isaaks, sondern dessen jüngerer Bruder. Das lässt sich in den meisten mekkanischen Suren beobachten, die ihn erwähnen. So heißt es etwa in Sure 19,49: „Als er (sc. Abraham) sich von ihnen und dem, was sie an Gottes statt verehrten, trennte, schenkten wir ihm Isaak und Jakob und machten beide zu Propheten." An manchen Stellen erscheint Jakob als zweiter Sohn, den Abraham sich zusätzlich zu Isaak gewünscht hat. So heißt es in Sure 21,72 (ähnlich auch in Sure 6,84): „Und wir schenkten ihm (sc. Abraham) Isaak, und Jakob noch dazu, und machten alle (sc. beide) zu Rechtschaffenen." Und in Sure 11,71 wird Abrahams Frau Sara als Mutter statt als Großmutter Jakobs beschrieben: „Seine Frau stand da und lachte. Da kündeten wir ihr Isaak an und nach Isaak Jakob."[145]

Erst in Medina, in einer Zeit der intensiven Kontakte, aber auch Auseinandersetzungen mit den dortigen jüdischen Stämmen wird Muhammad die biblische Genealogie der Familie Abrahams vollends klar. Etwa zur selben Zeit, in der Ismael als der erst-

---

[145] Meines Wissens war es Abraham Geiger, der erstmals auf diese Unklarheiten Muhammads bezüglich Jakobs hingewiesen hat: Was hat Mohammed aus dem Judenthume aufgenommen?, a. a. O. S. 138 ff. Seither ist dies in der westlichen Koranforschung unbestritten und oft wiederholt worden.

geborene Sohn Abrahams im Koran erscheint, wird auch Jakob deutlich als Sohn
Isaaks und Enkel Abrahams identifiziert. Dies zeigt sehr schön Sure 2:

> 132 Abraham trug dies seinen Söhnen auf sowie auch Jakob[146]: „Meine Söhne!
> Siehe, Gott hat die Religion für euch gewählt. Daher dürft ihr nicht sterben, es sei
> denn, ihr seid Ergebene!" 133 Wart ihr denn damals Zeugen, als der Tod sich Jakob
> nahte? Als er zu seinen Söhnen sprach: „Was werdet ihr nach mir verehren?"
> Sie sprachen: „Wir werden deinen Gott verehren, den deiner Väter Abraham und
> Ismael und Isaak, als einen einzigen Gott! Wir werden ihm ergeben sein!"

Zu derlei *Klärungen früherer genealogischer Irrtümer* ist Muhammad dem Koran zufolge ohne weiteres bereit gewesen, hatte Gott ihn doch gerade in dieser Zeit aufgefordert, sich bei Juden und Christen, den sog. Schriftbesitzern (arab. *ahl al-kitāb*), kundig
zu machen: „Bist du im Zweifel über das, was wir zu dir herabsandten, dann frag[e]
doch die, die schon vor dir das Buch vorgetragen haben" (Sure 10,94; vgl. Sure 16,43).
Muhammad hatte in der Folge Erkundigungen über Abrahams Familie eingezogen,
wie die korrigierten Zuordnungen Jakobs und Ismaels in den Medina-Suren klar erkennen lassen. Später wollten die (meisten) islamischen Theologen von Zweifeln oder
genealogischen Fehlern des ihrer Ansicht nach unfehlbaren Propheten Muhammad
natürlich nichts wissen. Da dachte der Prophet selbst deutlich bescheidener von sich.

Nun also, in Medina, schlägt die Stunde Ismaels. Angesichts der dramatischen äußeren Umstände dort tritt er gleichsam aus dem Schatten Isaaks hervor und wird – mit
immer stärkerem Gewicht dann in der islamischen Tradition – *Isaak nicht nur genealogisch, sondern auch theologisch vorgeordnet*. Wie ist es dazu gekommen? Was ist in
Medina geschehen und in welcher Hinsicht wird Ismael von nun an immer wichtiger? Das soll uns im Folgenden sowie später in Kapitel 12 beschäftigen.

Abgesehen von seinem Berufungserlebnis (ca. 610) und dem Tod seiner Frau
Khadidja (619), mit der Muhammad fünfundzwanzig Jahre verheiratet gewesen
war, stellt die Emigration nach Yathrib – dem später sog. Medina – drei Jahre später
die wichtigste Zäsur im Leben Muhammads dar. Die etwa 300 Kilometer nördlich
von Mekka gelegene Oasenstadt bot dem Propheten völlig neue Rahmenbedingun-
gen für die Verkündigung seiner Botschaft und vor allem für deren konkrete Umset-
zung, welche denjenigen in Mekka diametral entgegengesetzt waren. Nun war es erst
möglich, eine muslimische Gemeinde (arab. *umma*), ein Gemeinwesen nach den
Maßstäben des (bisher offenbarten) Korans aufzubauen. Daher wurde die Emigration (arab. *hidjra*) im Jahr 622 u. Z. zum Ausgangspunkt der islamischen Zeitrechnung. Muhammad kam mit seinen Anhängern jedoch nicht als Flüchtling oder
Asylsuchender nach Yathrib, sondern in einer ganz bestimmten, zuvor vertraglich

---

[146] Ob die erste Anrede an die Söhne von Abraham oder wie in Vers 133 bereits von Jakob
stammt, ist nicht eindeutig. Grammatikalisch ist beides möglich.

vereinbarten Rolle: als Bündnispartner und als Streitschlichter oder Schiedsrichter (arab. *hakam*) für die dortigen verfeindeten Stämme, die sich größtenteils dazu verpflichtet hatten, Muhammad zu unterstützen – auch in den gewaltsamen Konflikten und Scharmützeln mit den Mekkanern – und seine religiöse Botschaft anzunehmen. In Mekka waren die Muslime in der Minderheit gewesen. Es war für sie eine Situation der Ohnmacht, der Diskriminierung und Verfolgung gewesen. Jetzt in Medina finden sich die Muslime zunehmend in einer Position der – allerdings nicht unangefochtenen – Macht wieder und zugleich der kriegerischen Konfrontation mit ihren Gegnern in Mekka. Dort war Muhammad als Prophet und Reformer aufgetreten, der mit seiner monotheistischen und ethischen Botschaft eine Gefahr für das soziale und wirtschaftliche Establishment wie auch für den polytheistischen Götterkult in der Ka'ba darstellte. In Medina wuchs Muhammad in neue Rollen hinein: als erfolgreicher Mediator und Politiker, als Gesetzgeber und religiöser Leiter der muslimischen Gemeinschaft, als Familienvorstand und Ehemann zahlreicher Frauen sowie als ein General und Heerführer, der es verstand, Truppen von Kämpfern aufzubauen und in den kriegerischen Konflikten und Raubzügen selbst anzuführen. Sein Ruhm, sein Ruf, seine Reputation begannen, sich auf der arabischen Halbinsel auszubreiten.

Wie erwähnt, intensivierten sich in Medina Muhammads Kontakte sowohl zu Christen als auch und vor allem zu den Juden. Damals lebten in der Oasenstadt schätzungsweise zehntausend Juden, verteilt auf drei bedeutende Stämme, die in jeweils eigenen, festungsartig ausgebauten Vierteln lebten. Es wird dort etliche Synagogen und wohl auch ein jüdisches Lehrhaus gegeben haben. Ihr Einfluss wie auch ihre wirtschaftliche Macht waren zu groß, als dass Muhammad sie hätte ignorieren können. So orientierte er sich zunächst verstärkt an manchen religiösen Riten und Gebräuchen der hier ansässigen Juden. Ohnehin verstand Muhammad seine Botschaft bereits in Mekka ganz in der Tradition der älteren monotheistischen Religionen, der „Schriftbesitzer", wie der Koran sie nennt. Die Anhänger Muhammads beteten wahrscheinlich auch, aber wohl nicht nur in Richtung Jerusalem.[147] Sie fasteten am jüdischen Versöhnungstag (hebr. *Jom Kippur*) und hielten ihr gemeinschaftliches rituelles Gebet am Freitagmittag ab, bevor mit der Abenddämmerung der jüdische Ruhetag (hebr. *Schabbat*) begann. Die Hoffnung, die Muhammad in Medina hegte, war dennoch zum Scheitern verurteilt: dass ihn die hiesigen Juden

---

[147] Im Koran wird Jerusalem als Gebetsrichtung (arab. *qibla*) nicht erwähnt. Vielmehr scheint man davon ausgehen zu müssen, dass die *Qibla* bis ca. 624 nicht klar festgelegt war, mithin (das irdische oder das himmlische?) Jerusalem nur eine von mehreren Möglichkeiten für die *Qibla* war. Das lässt sich aus folgenden Versen schließen: „Gottes ist der Osten und der Westen. Wohin ihr euch auch wendet, dort ist Gottes Angesicht" (Sure 2,115 = 2,142) und: „Wohl sehen wir, wie du dein Angesicht gen Himmel hin- und herbewegst. So wollen wir dir eine Richtung geben, die dein Gefallen findet" (Sure 2,144).

auch als ihren Propheten anerkannten. Das haben sie nämlich nicht getan. Im Gegenteil! Sie begegneten Muhammad kritisch und zunehmend feindselig. In den Jahren ab ca. 623/24 wird das Verhältnis zu den jüdischen Stämmen immer schwieriger
und eskaliert am Ende sogar. Dafür sind zahlreiche Faktoren und Umstände verantwortlich, die hier nicht näher dargestellt werden können. Wir halten nur das
Ergebnis fest: Zwei Stämme werden enteignet und aus Yathrib vertrieben, der dritte
Stamm der *Qurayza* hingegen, der insgeheim mit den mekkanischen Feinden der
Muslime verhandelt hatte, wird faktisch ausgerottet. Alle Männer werden getötet,
die Frauen und Kinder als Sklaven verkauft – ein Urteil, das Muhammad nicht selbst
gefällt haben soll, wie seine Biographen berichten. Aus heutiger Sicht erscheint es
grausam und unangemessen, doch entsprach diese harte Vorgehensweise gegen
Kollaborateure mit den Feinden durchaus den Maßstäben der damaligen Zeit, wie
der schottische Islamwissenschaftler *William Montgomery Watt* (gest. 2006) urteilt:
„die Welt des Arabiens des 7. Jahrhunderts war gnadenlos. Mohammed wußte, daß
seine erbittertsten Gegner jede Gelegenheit wahrnehmen würden, ihn zu töten."[148]
Muhammad hatte in Mekka mit der Vielgötterei seiner Vorfahren gebrochen. Die
Konsequenz war seine Emigration nach Yathrib. Diese Erfahrung sah er in Abrahams Lossagung vom Astralkult seines Vaters und in seiner Auswanderung aus seiner babylonischen Heimat vorgebildet. Diesem ersten Bruch Muhammads in Mekka
folgte in Medina der skizzierte zweite Bruch mit den jüdischen Stämmen. Keine
Frage, dass dies auch theologisch zu einer zunehmenden Abkehr vom Judentum
führte, was nun zusätzlich Auswirkungen auf die weitere Ausgestaltung Abrahams
und vor allem Ismaels im Koran hat.

Die zweite Sure, die chronologisch in die Anfangsjahre Muhammads in Medina
gehört, bringt diese *rituelle und theologische Abkehr vom Judentum* deutlich
zum Ausdruck. Unmittelbar nach wichtigen neuen Abrahamversen, denen wir
uns gleich zuwenden, wird in den Versen 142 bis 150 ein fundamentaler Richtungswechsel markiert. Jerusalem soll nicht länger ein oder der Orientierungs-
punkt für das rituelle Gebet sein. Nunmehr mögen die Muslime ihr Angesicht ausschließlich in Richtung auf das Heiligtum in Mekka verrichten. Wiederholt erfolgt
in dieser Passage die Aufforderung: „So wende nun dein Angesicht zur heiligen An-
betungsstätte!" Auch wenn Juden, Christen und Muslime denselben Gott verehren,
sollen sie doch ihr Gebet in unterschiedlichen Richtungen vollziehen, wie Vers 148
sagt: „Es hat ein jeder eine Richtung, nach welcher er sich wendet. Wetteifert daher
um das Gute! Wo immer ihr auch sein mögt, Gott wird euch alle (sc. zum Gericht)

---

[148] In: Ders./A. T. Welch (Hg.), Der Islam, Bd. I, Stuttgart u. a. 1980, S. 113. Zum durchaus
tragisch zu nennenden Konflikt mit den jüdischen Stämmen von Yathrib vgl. ausführlich:
Johan Bouman, Der Koran und die Juden. Die Geschichte einer Tragödie, Darmstadt 1990.

sammeln. Und siehe, Gott ist aller Dinge mächtig." Mit der Lossagung vom Polytheismus der Mekkaner hatte Muhammad sich in die monotheistische Tradition des Judentums und des Christentums gestellt, mit deren beiden Stiftern Mose und Jesus er sich tief verbunden fühlte. Durch die Festlegung einer neuen *Qibla* zum Heiligtum in Mekka wird nun der Anspruch auf die Eigenständigkeit der durch Muhammad neu gestifteten Religion des Islams demonstriert. Dieser Islam ist mehr als nur ein arabisches Judentum oder Judenchristentum. Die *Ka'ba* wird gleichsam zum „neuen Jerusalem". Da mag man sich mit den Anhängern Muhammads verwundert fragen: „Ist diese neue *qibla* nicht höchst missverständlich? Warum denn sollten wir Muslime als Monotheisten nun ausgerechnet in Richtung eines polytheistischen Heiligtums beten? Das wäre ja gerade so, als wenn Abraham in Richtung der heidnischen Stufentempel in Ur gebetet hätte. Haben wir nicht um des Glaubens willen das götzendienerische Mekka erst vor kurzem verlassen und damit alle Brücken hinter uns abgebrochen? Bedeutet dies nicht einen Rückfall ins Heidentum?"

Genau in dieser höchst zweideutigen Situation, in der Muhammad sich befand, kommt nun Abraham ins Spiel. Mit einer sog. Kultlegende oder Ätiologie, die sich in derselben Sure 2 findet, in der auch die Aufforderung zum Richtungswechsel beim Gebet erfolgt, erklärt der Koran: Das Heiligtum in Mekka wird zwar derzeit noch heidnisch zweckentfremdet, doch ursprünglich war es ein von Abraham und seinem Sohn Ismael gestiftetes Gotteshaus gewesen. Diese *Erzählung von der Stiftung des Heiligtums von Mekka* ist chronologisch betrachtet das letzte große Abrahamnarrativ im Koran. Und sie ist die einzige, in der ausdrücklich Ismael an der Seite seines Vaters steht. Sie findet sich zuerst und am ausführlichsten in Sure 2,125–134. Die *Ka'ba* wird hierbei schlicht „das Haus" (*al-bayt*) genannt:

125 Damals, als wir das Haus zu einem Ort der Einkehr für die Menschen machten und zu einer Sicherheit[149] [, sprachen wir]: „Nehmt die Stätte Abrahams zum Betplatz!" Und wir zur Pflicht es machten Abraham und Ismael: „Reinigt mein Haus für die Umkreisenden und darin Weilenden, für die sich Beugenden und die sich Niederwerfenden!" 126 Damals, als Abraham sprach: „Mein Herr, mach[e] dies zu einem sicheren Ort, und beschenke die dort Wohnenden mit Früchten – die von ihnen, die an Gott glauben und an den Jüngsten Tag!" Er (sc. Gott) sprach: „Doch wer ungläubig ist, den werde ich nur weniges genießen lassen, dann werde ich ihn in die Qual des Feuers zwingen. Welch schlimmes Schicksal!" 127 Damals, als Abraham die Fundamente von dem Haus errichtete mit Ismael [, beteten sie]: „Unser Herr! Nimm es von uns an! Siehe, du bist der Hörende, der Wissende. 128 Unser Herr! Mach[e] uns beide zu dir Ergebenen, und mach[e] aus unseren Kindeskindern eine Gemeinde, die dir ergeben ist! Zeig[e] uns unsere Opferriten, und wende dich uns zu! Siehe, du bist es, der sich gnädig zukehrt, der Barmherzige. 129 Unser Herr! Lass[e] unter ihnen (sc. meinen Nachkommen) einen Gesandten erstehen, aus ihrer

---

[149] Arab. *amn*. Gemeint ist: Zufluchtsstätte.

Mitte, der ihnen deine Verse vorträgt, sie das Buch und die Weisheit lehrt und sie läutert!
Siehe, du bist der Mächtige, der Weise." 130 Nur der verschmäht die Glaubensweise Ab-
rahams, der gegen sich selber töricht ist. Wir erwählten ihn (sc. Abraham) schon in dieser
Welt, und im Jenseits wird er fürwahr einer von den Frommen sein. 131 Damals, als sein
Herr zu ihm sprach: „Ergib dich!" Da sprach er: „Ich habe mich ergeben dem Herrn der
Weltbewohner." 132 Abraham trug dies seinen Söhnen auf sowie auch Jakob: „Meine
Söhne! Siehe, Gott hat die Religion für euch gewählt. Daher dürft ihr nicht sterben, es sei
denn, ihr seid Ergebene!" 133 Wart ihr denn damals Zeugen, als der Tod sich Jakob nahte?
Als er zu seinen Söhnen sprach: „Was werdet ihr nach mir verehren?" Sie sprachen: „Wir
werden deinen Gott verehren, den deiner Väter Abraham und Ismael und Isaak, als einen
einzigen Gott! Wir werden ihm ergeben sein!" 134 Das ist eine Gemeinde, mit der ver-
ging, was sie begangen hat. Doch euch kommt zu, was ihr begangen habt. Ihr werdet
nicht nach dem gefragt, was sie zuvor getan [haben].

Wer die Gestalt Abrahams allein aus der Jüdischen Bibel kennt, dürfte von dieser Erzählung ziemlich überrascht sein. Der Erzvater ist durchaus bekannt als einer, der
Orte der Gottesverehrung gestiftet und Opferstätten (Altäre) für Gott errichtet hat
wie etwa in Bet-El (dt. „Haus Gottes", Genesis 12,8) und auf dem Berg Morija (Genesis 22). Auch dass Abraham als (Halb)Nomade ein großer Wanderer vor Gott bzw.
im Auftrag Gottes war und womöglich bis in die Wüste Negev, die Sinaihalbinsel
und nach Ägypten reiste (Genesis 12,10 ff.), ist nicht neu. Doch dass Abraham auf
seinen Wanderungen bis nach Südarabien gekommen sein soll und dass er dort
nicht nur einen Altar, sondern ein Heiligtum für Gott erbaute, ist in der jüdischen
und auch in der christlichen Tradition unbekannt. Diesen Bericht des Korans deshalb jedoch – wie das westliche Koranausleger getan haben – rundweg ins Reich der
Legenden zu verweisen oder als reine Erfindung Muhammads abzutun, ist völlig un-
angebracht. Denn faktisch hat der Koran nichts anderes getan als die Verfasser,
Tradenten und Neuerzähler der zahllosen vorislamischen Abrahamgeschichten: *den
Erzvater im Lichte ihrer je eigenen Lebens- und Glaubenswirklichkeit zu rezipieren.* Das
heißt ihn neu zu interpretieren, ihn für ihre Anliegen und Programme als Gewährs-
mann zu instrumentalisieren und ihn so für je ihre Zeit zu aktualisieren. Abraham
war und ist durch die Zeiten bis auf den heutigen Tag eine *ideale Projektionsfigur,*
die für die unterschiedlichsten und teilweise auch widersprüchlichen Projekte derer,
die sich seiner bedienten, herhalten muss. Das wird durch die innovative Verbindung seiner Person mit Mekka nur besonders deutlich, aber es ist dies kein Vorgang,
der erst oder nur bei Muhammad stattgefunden hat. Dies soll im folgenden Exkurs
verdeutlicht werden.

Exkurs 7: Abraham als Identifikationsgestalt par excellence

Der Orientalist und evangelische Theologe *Julius Wellhausen* (gest. 1918) hat in seinen revolutionären quellenkritischen Studien zum „Alten Testament" schon vor mehr als 130 Jahren zeigen können, dass und wie Abraham zum Stammvater Israels stilisiert, also nachträglich den schon vorhandenen Isaak- und Jakob-Überlieferungen als der „Erzvater par excellence" vorgeordnet wurde.[150] Die seitherige Forschung hat dies im Wesentlichen bestätigt und vertieft: Der „alte Abraham", der fast schon auf den ersten Seiten der Bibel begegnet, ist literarisch oder entstehungsgeschichtlich gesehen eine relativ *junge Gestalt*, die erst in der exilisch-nachexilischen Zeit – also im 5. und 4. Jahrhundert v. u. Z. – entdeckt und zu einer zentralen Identifikationsfigur für die Israeliten wurde. Dies ist das Verdienst einiger Redaktoren am damals längst noch nicht abgeschlossenen Buch *Genesis* (= 1. Mose), von dem man aus heutiger Sicht sagen kann:

> Diese der Gattung der Sage angehörenden Berichte über die Patriarchen kamen nicht nur einem ätiologischen Bedürfnis entgegen (…), sondern auch dem Interesse, die Erinnerung an die Ahnen zu bewahren, als deren Erben man sich verstand. Die Patriarchenerzählung stellt ein sorgfältig tradiertes Gedenkbuch dar, in dem jedes Mitglied des Clans seine eigene Identität wiederfinden kann (…). Es wurde treu überliefert, auch wenn in jeder Epoche die ganz natürliche Neigung bestand, die vergangenen Ereignisse im Lichte der Gegenwart zu überdenken und das zu betonen, was die Gegenwart direkt betraf. Das Überdenken der Tradition führte so zu ihrer Aktualisierung.[151]

Auch aus der Sicht jüdischer Toraauslegung – sofern sie überhaupt zu einer quellenkritischen Exegese bereit ist und nicht sämtliche Texte Mose als Verfasser zuschreibt – wird dieser Projektionscharakter der Figur Abrahams nicht bestritten. So schreibt etwa der schon erwähnte Reformrabbiner *Wolf Gunther Plaut*:

> Es kommt jedoch weniger darauf an, Awrahams Zeit genau datieren zu können oder zu bestimmen, welche der Geschichten über Awraham historisch sind und welche legendarisch. Wichtig ist seine Rolle als Begründer des Volkes. (…) Die Bibel betrachtet die Erzväter als Archetypen, die ihre Nachkommen und deren Schicksal abbilden. Awram und Sarai sind die Urahnen, deren Leben auf die spätere Geschichte des Volkes Israel hinweist.[152]

Hat man nun nicht allein die Abrahamtradition der Tora vor Augen, sondern auch die außerbiblische Tradition – sprich: die hellenistisch-jüdische, die christliche und später die islamische Rezeption –, so wird erkennbar, dass Abraham viel mehr wurde als nur der kanonisch-jüdische „Erzvater par excellence", als den ihn Wellhausen beschrieben

---

[150] Prolegomena zur Geschichte Israels (1878), 6. Ausgabe 1927 = Berlin/New York 2001, S. 318, Anm. 1.

[151] Robert Martin-Achard, Art. Abraham I: Im Alten Testament, in: Theologische Realenzyklopädie Bd. 1, 1977, S. 364–372, Zitat S. 367.

[152] Die TORA in jüdischer Auslegung, a. a. O. Bd. 1, S. 152 f.

hatte. Abraham avancierte zur Identifikationsgestalt für das gesamte Judentum und die aus ihm hervorgegangenen Religionen! Das haben neuere Studien über die Maßen klar herausgearbeitet. Exemplarisch für das hellenistische Judentum in den beiden Jahrhunderten v. u. Z. steht das bereits mehrfach erwähnte *Jubiläenbuch*. Über das Bild von Abraham, das sich dessen Verfasser gemacht hat, urteilt *Reinhard G. Kratz*: „Was er beschreibt, sind nicht eigentlich die Verhältnisse zur Zeit der Vorfahren Abrahams, sondern ist in Wahrheit seine eigene Gegenwart, wie er sie erfahren und gedeutet hat."[153] Dasselbe kann man über den rabbinischen Abraham im Talmud und der Midraschliteratur sagen: „die Beschäftigung des rabbinischen Judentums mit Abraham (steht) unter dem Vorzeichen der Rückprojektion der Gefährdungen und Konflikte der jeweils eigenen Exilszeit in die Vergangenheit."[154] Zuletzt (2011) hat *Anke Mühling* in einer umfangreichen Studie Abraham als „Identifikationsfigur des Judentums in der Zeit des Exils und des Zweiten Tempels" beschrieben. So erscheint Abraham z. B. im Buch Genesis als Auswanderer und Rückkehrer von Ur bzw. Haran ins Gelobte Land, wodurch er zum Vorbild für die Exilierten in Babylon und später für das Diasporajudentum in Mesopotamien und Ägypten wurde. Er wird als militanter Kämpfer gegen den Götzendienst, als Gottsucher und Anhänger des allein wahren Gottes beschrieben (Jubiläenbuch, Josephus). Er ist der erste Proselyt, der sogar Hebräisch lernen muss (Jubiläenbuch). Er ist Philosoph, Gelehrter, stoischer Weiser und Kulturbringer, der die ungeschriebenen Moralgesetze verkörpert (Philo, Josephus). Er ist der Vater des Glaubens und das Urbild dessen, der von Gott gerecht gesprochen wird (Paulus), usw. In ihrem Fazit schreibt Mühling:

> Die Fortschreibung der Texte durch das Ausfüllen von Leerstellen oder die Uminterpretation bekannter Traditionen erweist sich somit als durch die explizite oder implizite Absicht der Redaktoren oder Autoren motiviert, eigene Identitätsansprüche stellen zu können, nachdem durch das jeweils bekannte Gut auch Identitätszuschreibungen an Abraham als Identifikationsfigur herangetragen worden sind. (…) Literarische Gestalten als Akteure in bestimmten Handlungszusammenhängen sind immer auch Chiffren für konkrete soziale Verhältnisse. Gerade für die literaturgeschichtliche Epoche der hellenistischen Zeit lässt sich die Tendenz beobachten, Probleme „figurbezogen" zu diskutieren, bzw. anders gesagt: Anhand biblischer Gestalten und ihrer jeweiligen Interpretation wird das (theologische, politische, soziale etc.) „Programm" der Verfasser für die Adressaten ausgedrückt.[155]

Genau das trifft auch auf den koranischen Abraham generell zu und insbesondere darauf, dass Abraham nunmehr auch in Verbindung mit dem Heiligtum in Mekka gebracht wird. Um es noch einmal anders zu sagen: Wir befinden uns, was die historische Glaubhaftigkeit betrifft, bei den Erzählungen über Abraham und die anderen

---

[153] „Öffne seinen Mund und seine Ohren". Wie Abraham Hebräisch lernte, a. a. O. S. 58.

[154] Matthias Morgenstern, Vom „Götzenzerstörer" Abraham zur „Leihmutter" Sara. Die Erzeltern Abraham und Sara in 1800 Jahren jüdischer Tradition, a. a. O. S. 104.

[155] „Blickt auf Abraham, euren Vater": Abraham als Identifikationsfigur des Judentums in der Zeit des Exils und des Zweiten Tempels, Göttingen 2011, S. 345 und S. 347.

Erzväter und Erzmütter auf schwankendem Boden. Ob Abraham und Sara überhaupt historische Gestalten sind, also tatsächlich gelebt haben, wird nie zu beweisen sein, geschweige denn ist eine Art „historischer Abraham" objektiv rekonstruierbar. Daher ist die Frage, ob er jemals auch in Arabien gewesen sein mag oder nicht, nicht minder spekulativ wie die Frage, ob er jemals in Ägypten war oder nicht. Sehr weite Strecken zurücklegende semitische Halbnomaden, wie sie die Erzväter und ihre Sippen repräsentieren, gab es in diesen geographischen Räumen damals unzählige. Arabien ist daher prinzipiell ebenso möglich wie Ägypten. Wir befinden uns jedoch in jedem Fall im Reich der *Sagen und Legenden* oder – religiös ausgedrückt – in der Gattung der *Glaubensgeschichten*, wie sie eben in Heiligen Schriften und religiösen Traditionen anzutreffen sind. Und es ist selbstverständlich das legitime Recht *aller*, die sich religiös mit Abraham befassen, angesichts ihrer jeweiligen Situation ihr je eigenes Bild von Abraham zu entwerfen. Das haben die Verfasser der Genesis und des Jubiläenbuches getan, die wir nicht kennen. Das haben Philo und Josephus, das haben die Rabbinen und Paulus getan. Und nichts anderes tut Muhammad bzw. der Koran mit der mekkanischen Kultlegende. Fazit: Die koranische Kultlegende über das Heiligtum in Mekka ist so historisch oder so unhistorisch, so real oder so fiktional wie alle älteren jüdischen und christlichen Abrahamerzählungen. Sie ist ebenfalls eine Rückprojektion ihres Autors.

Die Funktion der Kultlegende ist ganz klar. Die Erzählung von der Stiftung oder Neugründung des Heiligtums von Mekka, der *Ka'ba,* durch Abraham und Ismael wirkt *identitätsstiftend* für Muhammad und seine Anhänger damals sowie für die Muslime aller Zeiten bis heute. Mekka wird im Zuge der Abgrenzung und Abnabelung des Islams von den anderen monotheistischen Religionen zum „neuen Jerusalem": zum spirituellen Mittelpunkt, zum rituellen Fluchtpunkt einer weiteren monotheistischen Religion. *Eine Art kollektive Ent-Bindung und Erwachsenwerdung der Muslime von der jüdischen Mutterreligion.* An diesem heiligen Ort vollziehen bzw. stiften Abraham und Ismael die muslimischen Riten der Pilgerfahrt wie etwa das siebenmalige Umkreisen des Heiligtums (arab. *tawāf*), wie Sure 2,125 andeutet. Vor allem darauf nehmen die beiden anderen Passagen über Abraham und die *Ka'ba* Bezug. In ihnen wird allerdings Ismael schon nicht mehr erwähnt. Eine kürzere Passage findet sich in Sure 3:

> 95 Sprich: „Gott sagt die Wahrheit. So folgt der Glaubensweise Abrahams, eines wahren Gläubigen – und er war keiner von den Beigesellern." 96 Siehe, das erste (sc. Gottes) Haus, das für die Menschen errichtet wurde, ist das in Bekka [= Mekka], als Segen und als Leitpunkt für die Weltbewohner! 97 In ihm sind klare Zeichen: Abrahams Platz. Wer es betritt, ist sicher. Es ist von Gott den Menschen aufgetragen, zum Haus (sc. der Ka'ba) die Pilgerfahrt zu vollziehen – wer einen Weg dorthin zu finden in der Lage ist. Doch wer ungläubig ist – Gott ist nicht auf die Weltbewohner angewiesen!

Die letzte Erwähnung der *Ka'ba* in Verbindung mit Abraham findet sich schließlich in Sure 22, die der Pilgerfahrt gewidmet und so auch übertitelt ist:

26 Damals, als wir Abraham den Platz des Hauses zugewiesen hatten [und sprachen]: „Du sollst mir nichts beigesellen! Reinige mein Haus für alle, die es umkreisen, die zum Gebet stehen und sich zum Beten niederknien! 27 Und rufe unter den Menschen zur Pilgerfahrt[156] auf, auf dass sie zu dir kommen, sei es zu Fuß, sei es auf mageren Reittieren jeder Art, die da aus allen tiefen Schluchten kommen, 28 damit sie für sich Nutzen sehen und an bestimmten Tagen Gottes Namen nennen über dem Vieh, mit dem er sie versorgt hat: ‚Esst davon, und speist den Armen und Bedürftigen!‘ 29 Dann sollen sie sich wieder pflegen, die Gelübde erfüllen und dann das Haus aus alter Zeit umkreisen.“

Nur in der ersten der drei Varianten von Abraham und dem Heiligtum in Mekka wird Ismael erwähnt. Er und nicht mehr Isaak steht nunmehr an der Seite Abrahams. Das hat symbolisch-theologische Bedeutung: Isaak wird gleichsam durch Ismael beerbt. *Enterbt* wäre wohl übertrieben, da die älteren Geschichten mit Isaak nicht aus dem Koran entfernt wurden, sondern ihre Gültigkeit behalten. Die Figur Ismaels übernimmt dieselbe Funktion wie die neue Gebetsrichtung zur *Kaʿba* in Mekka und die Erzählung von deren Errichtung durch Abraham. Mit diesen drei Signalen wird der Anspruch auf die Eigenständigkeit der Muslime sowohl gegenüber den Juden und Christen als auch den Polytheisten – der Koran nennt sie „Beigeseller“ (arab. *al-mushrikūn*) – demonstriert. Wie Isaak an der Seite seines Vaters ihrer beider schwerste Prüfung zu bestehen hatte, so steht nun Ismael seinem Vater bei, wenn es um den Bau der *Kaʿba* geht. Doch worin genau bestand der Auftrag Gottes an Abraham und Ismael?

Darüber haben die muslimischen Kommentatoren endlos debattiert. Denn die Angaben des Korans bleiben wieder einmal äußerst vage. Sure 2,125; 22,26 legen nahe, dass Abraham und Ismael ein schon vorhandenes – der islamischen Tradition zufolge von Adam erbautes – Gotteshaus reinigen bzw. renovieren sollen. Es ist aber auch von einer Grundsteinlegung (Sure 2,127) und der Errichtung des ersten monotheistischen Gebetshauses für die Menschheit die Rede (Sure 3,96), das in Sure 3,97 der „Ort“ oder „Platz Abrahams“ (arab. *maqām Ibrāhīm*) genannt wird. Darauf werden wir im zwölften Kapitel zurückkommen. Ob Errichtung oder Reinigung, entscheidend für das Verständnis der Kultlegende ist: Die *Kaʿba* wird durch Abraham und Ismael monotheistisch umgewidmet. Sie wird nunmehr für den Glauben an Gott (arab. *Allāh*) reklamiert. Sie gilt nicht länger als heidnisches, weil polytheistisches Heiligtum, sondern als das *Haus des einen und wahren Gottes Abrahams*, der zugleich der Gott ist, welcher Muhammad gesandt hat. Aus diesem theologischen Anspruch resultiert eine ganz praktische und unmittelbare *Handlungsanweisung Gottes an Muhammad und die Muslime* (Sure 2,125): „Nehmt die Stätte Abrahams zum Betplatz!“

---

[156] Arab. *haddj*. Bobzin gibt dasselbe Wort sonst meist mit „Pilgerfahrt“ wieder, hier allerdings mit „Wallfahrt“, einem eigentlich *katholisch* besetzten Terminus: Wallfahrten unternimmt man nach Rom oder Lourdes. Daher ersetze ich hier Wallfahrt durch Pilgerfahrt (so auch Asad u. a.).

Und (Sure 3,97): „Es ist von Gott den Menschen aufgetragen, zum Haus (sc. der Ka'ba) die Pilgerfahrt zu vollziehen – wer einen Weg dorthin zu finden in der Lage ist." Dem Bekenntnis zu dem einen Gott Abrahams soll die entsprechende Tat folgen: das mekkanische Heiligtum im Namen Abrahams neu zu weihen und als Zielort der Pilgerfahrt für alle Muslime zu etablieren. Bei der Ka'ba (arab. „Würfel") handelt es sich bekanntlich um ein kubusförmiges Gebäude, das etwa fünfzehn Meter hoch, zwölf Meter lang und knapp elf Meter breit ist. Dieser „Tempel Abrahams" ist gleichsam umbaute Leere: ein heutzutage leerer Raum, der alljährlich in einem Ritual gereinigt wird. So soll sich, symbolisch verstanden, der pilgernde Mensch wie Abraham Gott gegenüber vollkommen leer machen, um sich von seiner Barmherzigkeit, seinem Frieden erfüllen zu lassen. Noch in anderer Hinsicht besitzt die Architektur der Ka'ba eine symbolische Bedeutung, wie *Muhammad Asad* erläutert. Er beschreibt den Tempel Abrahams als ein Symbol für die Demut und Hingabe Abrahams:

> In der formalen Einfachheit eines Kubus, in dem vollkommenen Verzicht auf alle Schönheit der Linie und Form sprach sich der Gedanke aus: „Was auch immer der Mensch an Vollendetem mit seinen Händen zu schaffen vermag – immer wird es nur Überheblichkeit sein, es als Gottes würdig hinzustellen; und deshalb ist das Einfachste, das er sich erdenken kann, das Größte, das er zu Gottes Ruhme bauen kann." Einem ähnlichen Gedankengang verdankt wohl auch die mathematische Einfachheit der ägyptischen Pyramiden ihr Dasein – nur daß dort des Menschen Eitelkeit zumindest in den gewaltigen Ausmaßen seiner Bauwerke zum Ausdruck kam. Hier aber, in der Kaaba, sprachen sogar die Ausmaße nur von Demut und Hingabe; und die stolze Bescheidenheit dieses Baus hatte nicht ihresgleichen auf der Erde.[157]

Wie gesagt, steht die Kultlegende von der Ka'ba im Dienste einer immer stärkeren Abgrenzung Muhammads vom Judentum, da ihn die jüdischen Stämme nicht als authentischen Propheten anerkannt haben. Das strategische Mittel dafür ist die Rückkehr zum Ursprung, zum ersten Anfang. *Das Argument: Das Alte wird durch das noch Ältere abgelöst.* Mekka ersetzt Jerusalem als Gebetsrichtung. Abraham ersetzt Mose als Leitfigur. Der von Abraham errichtete Altar im „Haus Gottes" (hebr. *Bet-El*, Genesis 12,8) wird durch das neue altarlose „Haus Gottes" in Mekka ersetzt. Und Ismael verdrängt Isaak an die zweite Stelle. *Der* Sohn Abrahams ist hinfort und betontermaßen Ismael, welcher nunmehr in den Aufzählungen der Söhne und Enkel Abrahams als erster genannt wird (Sure 14,39; 2,133–140; 3,84; 4,163). Eine Rivalität der beiden Söhne Abrahams, in der sich prototypisch die Rivalität der „Kinder Abrahams" – der drei monotheistischen Religionen – widerspiegelt, wird bereits in der Bibel sichtbar. Dort mündet diese Rivalität in eine Überlegenheit Isaaks – also zunächst des auserwählten Volkes Israel und der Juden, später der Kirche, die sich als das neue Gottesvolk versteht – über Ismael. Doch machen die Texte der Genesis,

---

[157] Muhammad Asad, Der Weg nach Mekka (1955), Hamburg/Zürich 1992, S. 426.

wie neuere exegetische Untersuchungen zeigen, immerhin deutlich, dass Gott in jedem Fall an Ismael, Hagar und seinen Verheißungen ihnen gegenüber festhält.[158] Genau daran knüpfen später sowohl der Koran als auch die islamische Tradition an, freilich so, dass die Rivalität nun ins Gegenteil umschlägt: zugunsten einer Dominanz Ismaels über Isaak, der Muslime über die Juden (und Christen).

Im Koran bleibt es übrigens bei der bloßen *Andeutung* einer eigenständigen Bedeutung Ismaels. Dieser wird nur in der ausführlichen Version der Kultlegende in Sure 2 erwähnt; in den beiden späteren Fassungen in Sure 3 und Sure 22 wird er schon nicht mehr genannt. Ismael wird später nur noch zweimal in Prophetenreihen mit aufgelistet (Sure 3,84; 4,163). Alle Eigenschaften, die der Koran ansonsten über Ismael aufzählt, sind stereotyp; sie gelten ebenso für viele andere Propheten und lassen kein besonderes Profil erkennen. Die höchste Auszeichnung wird Ismael in den bereits zu Beginn dieses Kapitels zitierten Versen (Sure 19,54–55) zuteil: „Gedenke im Buch des Ismael! Siehe, er war der Verheißung treu und war Gesandter und Prophet. Er gebot den Seinen Gebet und Armensteuer und stieß bei seinem Herrn auf Wohlgefallen." Im Koran werden nur einige besonders prominente Boten Gottes wie vor allem Mose, Jesus und Muhammad selbst – im Anschluss an Sure 46,35 heißen sie „Gesandte mit festem Willen" (arab. *ūlū-l-azm*) – sowohl „Prophet" (*nabī*) als auch „Gesandter" (*rasūl*) genannt. Zu diesen Erzgesandten, die mehr sind als gewöhnliche Propheten, zählt also auch Ismael. Höheres kann man nach koranischen Maßstäben von einem Menschen nicht sagen. Nichtsdestotrotz muss man feststellen: *Die koranische Rezeption Ismaels bleibt alles in allem äußerst bruchstückhaft.* Die aus der Hebräischen Bibel bekannten Ismael-Geschichten tauchen überraschenderweise im Koran ebenso wenig auf wie seine Mutter Hagar. Erst in der nachkoranischen Tradition nimmt das islamische Bild von Ismael konkrete Konturen an und wird – zusammen mit seiner Mutter – immer weiter ausgestaltet (Kapitel 12).

Zum Schluss sei nach der Bedeutung der Kultlegende für Muhammad selbst gefragt. Bisher wurde deutlich: Abraham ist für Muhammad in seinen mekkanischen Jahren zu einem persönlichen Vorbild geworden, welches ihm immer deutlicher vor Augen trat und ihn seine Sendung besser zu begreifen lehrte – bis hin zur Notwendigkeit, aus der heidnischen und feindlichen Heimat auszuwandern. In Medina wird Muhammad vollends klar, worin Ziel und Gipfel seiner Sendung liegen: nach dem Vorbild Abrahams und Ismaels gleichfalls die *Ka'ba* zu reinigen und als einen Ort der monotheistischen Gottesverehrung durch eine dort praktizierende Glau-

---

[158] Die Genesistexte selbst sind fast gleichgewichtig und recht parallel gestaltet, auch wenn die Bevorzugung Isaaks nicht zu leugnen ist. Doch kann von einem echten Bruderkonflikt zwischen Ismael und Isaak – wie zwischen Kain und Abel oder zwischen Jakob und Esau – in der Jüdischen Bibel keine Rede sein. Vgl. dazu die Beiträge von Thomas Naumann im Literaturverzeichnis.

bensgemeinde (von neuem) zu etablieren. Erst dann wäre der Islam als der wieder-hergestellte Glaube Abrahams vollendet und sein Auftrag als Gesandter Gottes er-füllt. Tatsächlich sollte es aufgrund der kriegerischen Auseinandersetzungen mit den Mekkanern noch einige Jahre dauern, bis Muhammad im Jahre 629 eine kleine Pilgerfahrt zur *Ka'ba* machen konnte (vgl. Sure 48,25–27). Etliche der künftigen ri-tuellen Bestandteile der Pilgerfahrt und des Ramadans führen die drei Versionen der Kultlegende bereits auf Abraham zurück, z. B. das Umlaufen der *Ka'ba* (arab. *tawāf*), das Niederwerfen im Gebet (arab. *sudjūd*) sowie der Rückzug (im Fastenmonat) in das Gotteshaus zur Andacht, zum Gebet, zur Koranlektüre (arab. *i'tikāf,* vgl. Sure 2,187). *So werden die Muslime im Vollzug der Gebets- und Pilgerfahrtsriten allesamt zu „Abrahamiten": zu Nachahmern Abrahams.* Im Jahr 630 schließlich nimmt Mu-hammad Mekka ein und erlässt – bis auf wenige Ausnahmen – eine Generalamnes-tie. Nun kann er, zwei Jahre vor seinem Tod, in Nachahmung Abrahams endlich die *Ka'ba* von allen Götzenbildern reinigen und ihrer ursprünglichen Bestimmung der ausschließlichen Verehrung des einen Gottes wieder zuführen.

Exkurs 8: Zur Tradition prophetischer Tempelreinigungen

Die *Reinigung des Hauses Gottes,* das durch Götzenbilder, durch Handel und Geldge-schäfte entweiht bzw. zweckentfremdet wurde, gehört in den monotheistischen Religio-nen zu den Kernaufgaben charismatischer Führer. Dies berichtet die Hebräische Bibel schon von *König Joschija,* der von 640 bis zu seinem Tod 609 v. u. Z. das Südreich Juda regierte und im Judentum neben David als der ideale, Gott wohlgefällige König schlechthin zählt. Als bei der Renovierung des Tempels ein Gesetzbuch gefunden wurde und ihm dieses vorgelesen wird, wendet er sich konsequent dem Monotheismus zu. Er lässt den Tempel von sämtlichen heidnischen Kultgegenständen und Götzenbildern rei-nigen und feiert die Wiedereinweihung mit einem großen Pessachfest (2. Könige 22–23). 450 Jahre später fand unter viel dramatischeren Umständen erneut eine be-rühmte Tempelreinigung statt. Nach den erfolgreichen Aufständen und Unabhängig-keitskriegen der jüdischen Makkabäer im 2. Jahrhundert v. u. Z. reinigte und weihte *Ju-das Makkabäus* (gest. 160 v. u. Z.) im Jahre 164 den Jerusalemer Tempel von neuem, wie in 1. Makkabäer 4,36ff. ausführlich berichtet wird. In Erinnerung an diese Tempelreini-gung und Neueinweihung feiern die Juden alljährlich im Monat Kislew (November/De-zember) das Chanukka-Lichterfest (von hebr. *chanukka* = Weihe). Viel näher stand Mu-hammad aber sicherlich das Vorbild des *Jesus von Nazaret.* Eine der bekanntesten Geschichten – die in allen neutestamentlichen Evangelien erzählt (z. B. Markus 11,15–19), im Koran selbst aber nicht erwähnt wird – ist die von der Tempelreinigung. Jesus verjagte die Händler und ihre Kunden, er stieß die Tische der Geldwechsler und sogar die Stände der für den Opferkult wichtigen Taubenhändler um. Er erinnerte dabei an Worte aus der Tora: „Mein (sc. Gottes) Haus soll ein Haus des Gebetes für alle Völker sein. Ihr aber habt daraus eine Räuberhöhle gemacht." Möglicherweise war diese für die Jerusalemer Tempelaristokratie provokante Zeichenhandlung der Auslöser dafür gewesen, ihn zu beseitigen oder jedenfalls an die Römer auszuliefern. In diese prophetische Tradition der Tempelreinigung hat sich nun auch Muhammad eingereiht. Die *Ka'ba* ist nicht länger ein heidnisches Heiligtum, sondern das, was sie seit den Tagen Abrahams und Ismaels gewesen war (Sure 3,96): „das erste (sc. Gottes) Haus, das für die Menschen errichtet wurde (…) als Segen und als Leitpunkt für die Weltbewohner!" Am Horizont der 46 medinensischen Abrahamverse zeichnet sich nicht nur die religiöse *Eigenständigkeit* des Islams gegenüber Judentum und Christentum, sondern auch der *globale Anspruch* der Sendung Muhammads immer deutlicher ab.

Die *Ka'ba* wieder ihrer ursprünglichen Bestimmung zugeführt zu haben, markiert also den Höhe- und Zielpunkt der Sendung Muhammads. Als Araber ist er nicht allein – über Ismael – *genealogisch* ein direkter Nachkomme Abrahams, sondern er ist auch *theologisch* ein Nachahmer Abrahams. Abraham antizipiert Muhammad, und Muhammad imitiert Abraham. Abraham ist der Stifter des Monotheismus, Muhammad ist der Erneurer und Vollender des Monotheismus. In seinem Wirken erweist Muhammad sich als eine direkte Gebetserhörung Abrahams, hatte dieser doch bei der Reinigung des Heiligtums in Mekka gebetet (Sure 2,129): „Unser Herr! Lass[e] unter ihnen (sc. meinen Nachkommen) einen Gesandten erstehen, aus ihrer Mitte, der ihnen deine Verse vorträgt, sie das Buch und die Weisheit lehrt und sie läutert!" Wie Muhammad der von Abraham *erbetene* Gesandte ist, so ist er zugleich, nach muslimischer Auslegung, der von Jesus *verheißene* Gesandte (Sure 61,6): „Als Jesus, der Sohn Marias, sprach: ‚Ihr Kinder Israel, siehe, ich bin von Gott zu euch gesandt, um zu bestätigen, was vom Gesetz schon vor mir war, und einen Gesandten anzukündigen, der nach mir kommt und dessen Name Ahmad ist!'"[159] Dem Koran zufolge haben letztlich alle drei großen Propheten der jüdischen Geschichte bis zur Zeitenwende – Abraham, Mose und Jesus – Muhammad den Weg bereitet und seine Sendung legitimiert. Was Gott mit Abraham begann und mit Mose (Judentum) und Jesus (Christentum) weiterführte, das hat er mit Muhammad vollendet: den reinen Gottesdienst (arab. *ibāda*) und die unverfälschte Gotteshingabe (arab. *islām*) als den Sinn des menschlichen und allen kreatürlichen Daseins wiederherzustellen.[160]

[159] Einzelheiten zur Übersetzung und Auslegung dieses Verses vgl. bei Bauschke, Der Sohn Marias. Jesus im Koran, a.a.O. S. 55–60. Nach muslimischer Auffassung ist Muhammad nicht nur von Jesus, sondern *auch schon von Mose* angekündigt worden, wie Sure 7,157 in Verbindung mit Deuteronomium (= 5. Mose) 18,15.18 bezeugt.
[160] Vgl. Bauschke, Jesus als Beispiel der Gott-Mensch-Beziehung im Koran, in: Schmid/Renz/Sperber (Hg.), Heil in Christentum und Islam. Erlösung oder Rechtleitung?, Stuttgart 2004, S. 101–119.

8. Abraham und seine Erben – oder: Die vielen Wege zu Gott

Bei seiner Abschiedspilgerfahrt nach Mekka im Jahre 632, gut 80 Tage vor seinem Tod, wurden Muhammad die folgenden Worte übermittelt, die wohl zur letzten offenbarten Sure des Korans überhaupt zählen (Sure 5,3): „Heute habe ich euch eure Religion vollständig gemacht und meine Gnade an euch vollendet und habe daran Gefallen, dass der Islam [arab. *islām*, man könnte auch übersetzen: dass die Gotteshingabe] eure Religion ist." Der theologische Schlüsselbegriff des Korans für den Islam als der von Muhammad erneuerten, gleichsam ur-monotheistischen Religion lautet *millat Ibrāhīm*. Der Koran interpretiert den Islam als die wiederhergestellte „Glaubensweise Abrahams" (Bobzin).[161] Aus diesem Grunde sagen Muslime gern von sich, der Islam sei die älteste und zugleich die jüngste (monotheistische) Religion. An acht Stellen begegnet der Ausdruck *millat Ibrāhīm* im Koran (Tabelle 2). Zunächst finden wir ihn dreimal in der letzten Phase der Wirksamkeit Muhammads in Mekka. Der früheste Beleg ist wohl Sure 16,123: „Folge der Glaubensweise Abrahams als eines wahren Gläubigen. Er war keiner der Beigeseller." Sodann beruft sich der eingesperrte Joseph, der Urenkel des Patriarchen, auf die Religion seiner Vorväter gegenüber den Mitgefangenen im Kerker (Sure 12,38): „Ich folgte der Glaubensweise meiner Väter – Abraham, Isaak und Jakob. Es ist uns nicht erlaubt, Gott etwas beizugesellen. Das gehört zur Gnade Gottes an uns und an den Menschen. Doch dankbar sind die meisten Menschen nicht." Der dritte mekkanische Beleg findet sich in Sure 6,161, unmittelbar vor der Emigration nach Medina: „Siehe, mein Herr hat mich auf einen geraden Weg geleitet, zu einer Religion, die Bestand hat, zur Glaubensweise Abrahams als eines wahren Gläubigen. Der war kein Beigeseller." Die erwähnten bedrohlichen Umstände, die Muhammad und seine Anhängerschaft zur Emigration gezwungen haben, klingen im Folgevers 162 an: „Siehe, mein Gebet und mein Opfer, mein Leben und mein Sterben sind für Gott, den Herrn der Weltbewohner." Dieser gerade Weg, den Muhammad und die Seinen zu gehen hatten, war ein Weg voller Gefahren, ein Weg auf Messers Schneide. Es ging um Leben und Tod. Sich unter diesen Umständen an Abraham zu orientieren, sich auf ihn zu berufen, ihn nachzuahmen, war mit einem großen Risiko verbunden. Diesen riskanten, aber „geraden Weg" (vgl. Sure 1,6) tatsächlich zu gehen, erkannte Muhammad als den Willen Gottes. Und er ging ihn.

Noch fünf weitere Male greift der Koran in der Zeit der Wirksamkeit Muhammads in Medina auf diesen Ausdruck zurück, um damit das Wesen des Islams deutlich zu machen. Zunächst in Sure 2:

---

[161] Paret gibt *milla* wieder mit „Religion" und Asad mit „Glaubensbekenntnis".

130 Nur der verschmäht die Glaubensweise Abrahams, der gegen sich selber töricht ist. Wir erwählten ihn schon in dieser Welt, und im Jenseits wird er, fürwahr, einer von den Frommen sein. (...) 135 Sie (sc. die Schriftbesitzer) sprechen: „Juden oder Christen müsst ihr sein, dann seid ihr rechtgeleitet!" Sprich: „Nein! Wie die Glaubensweise Abrahams (sc. sind wir), eines wahren Gläubigen. Er gehörte nicht zu den Beigesellern."

Ein weiterer Beleg findet sich in Sure 3,95: „Sprich: ‚Gott sagt die Wahrheit. So folgt der Glaubensweise Abrahams, eines wahren Gläubigen – und er war keiner von den Beigesellern.'" Sodann in Sure 4,125: „Wer hat eine bessere Religion als wer sich Gott ergibt und dabei Gutes tut und der Glaubensweise Abrahams als eines wahren Gläubigen folgt." Und schließlich in den beiden Schlussversen, die den Höhepunkt der Pilgerfahrtssure 22 bilden:

77 O ihr, die ihr glaubt! Beugt eure Knie, und werft euch nieder, und dienet eurem Herrn, und tut das Gute! Vielleicht wird's euch dann wohlergehen. 78 Und setzt euch für Gottes Sache mit aller Kraft ein[162]; denn er hat euch erwählt und hat euch in der Religion nichts auferlegt, was euch beschwert: Die Glaubensweise eures Vaters Abraham; er (sc. Gott) hat euch Gottergebene genannt, schon vorher und nun hier, dass der Gesandte Zeuge sei für euch und ihr die Zeugen für die Menschen. So haltet das Gebet, und gebt die Armensteuer. Und haltet fest an Gott: Er ist euer Herr. Welch guter Herr, welch guter Helfer!

In diesen Versen wird deutlich: Ohne „Vater Abraham", der natürlich auch als Vaterfigur für den vaterlos aufgewachsenen Propheten identitätsstiftend war, hätte es nie seinen „Sohn" Muhammad gegeben! Ohne das Vorbild von *Imām Ibrāhīm* (Sure 2,124) wäre der Islam als Abbild abrahamischer Spiritualität nicht möglich gewesen. Abraham hat, wie bereits erwähnt, als paradigmatischer Muslim nicht nur die Fundamente des Heiligtums in Mekka gelegt, sondern auch die Fundamente der verbindlichen rituellen Vorschriften vorgegeben. Er hat schon einige der späteren sog. Säulen des Islams vorgelebt: das monotheistische Glaubensbekenntnis, das Gebet, die Armensteuer sowie die Pilgerfahrt nach Mekka. Mehr noch ist dem Koran zufolge der Patriarch gleichsam der theologische Vater aller Gottesgläubigen quer durch die – letztlich sekundären weil nachträglichen – religiösen Zugehörigkeiten. Die Monotheisten allesamt sind sozusagen „Abrahamiten". Abraham ist also nicht allein für die Muslime da. *Abraham hat über den Islam hinaus universale Bedeutung als Vorbild aller derjenigen Menschen, die mit bestem Wissen und Gewissen an den einen Gott glauben.* Auch das bringt der Begriff *millat Ibrāhīm* zum Ausdruck. Dies hat Auswirkungen im Wettstreit der drei Religionen, die sich auf Abraham je als Vater ihres Glaubens an Gott berufen. Die Abgrenzung der um Eigenständigkeit rin-

---

[162] Arab. *wa-djāhidū fī llāhi haqqa djihādihī*. Der Anfang von Vers 78 folgt der prägnanteren Übersetzung von Moustafa Maher. Bobzin übersetzt: „Und müht euch um Gott, wie es ihm zukommt".

genden ersten muslimischen Gemeinde gegenüber den Vorgängerreligionen Judentum und Christentum bedeutet keine Leugnung der fundamentalen Zusammengehörigkeit der drei monotheistischen Religionen. Jedenfalls bricht der Koran – im
Unterschied zu manchen späteren streng konservativen bis fanatischen muslimischen Strömungen (z. B. Wahhabiten, Salafisten) – das aufrichtige Gespräch mit
den älteren „Buchreligionen" (arab. *ahl al-kitāb*) nicht ab, sondern setzt es vielmehr
fort. Bei diesem schon im Koran geführten trilateralen Dialog – im Deutschen und
Englischen hat sich dafür abgekürzt der Begriff „Trialog" bzw. „trialogue" eingebür-
gert – spielt Abraham ebenfalls eine Rolle. Abraham als der Vater des Monotheismus
schlechthin, d. h. *als „Muslim" im existentiellen, religionsübergreifenden Sinne,* wird
zum Kriterium dessen, was in allen drei Religionen authentischer Gottesglaube genannt zu werden verdient.[163] Dies soll anhand von zwei Texten aus der Zeit der
Wirksamkeit Muhammads in Medina erläutert werden.

Mit Abraham verbindet sich in diesem Zusammenhang ein letzter wichtiger Begriff, auf den wir im Rahmen des zweiten Erzählkreises (Auseinandersetzung mit
den Göttern des Vaters) bereits gestoßen waren: *hanīf.* Hierbei handelt es sich, wie
schon Theodor Nöldeke, der bedeutendste deutsche Arabist (gest. 1930), erkannt
hatte, um ein Lehnwort aus dem Wortschatz des Syro-Aramäischen. In dieser von
Christen gesprochenen Sprache bedeutete das Wort *hanpā* abschätzig „Heide". Im
Koran hingegen ist damit etwas völlig Anderes, geradezu Gegenteiliges gemeint:
nämlich der religiös-institutionell ungebundene Gottsucher, gleichsam ein Urmono-
theist, der die Einheit und Einzigkeit Gottes erkennt und bekennt, noch ehe es
Judentum, Christentum und Islam als institutionell organisierte Religionen gab. Allerdings scheint die heidnische Grundbedeutung von *hanīf* im koranischen Sprachgebrauch noch immer durch, da regelmäßig hinzugefügt wird: Abraham sei *hanīf,*
doch kein Götzendiener gewesen! Abraham war zwar ein „Heide" in dem formellen
Sinne, dass er keiner monotheistischen Religionsgemeinschaft angehörte, dennoch
war er religiös kein Götzenverehrer, sondern ein wahrhaft Gläubiger. Historisch wissen wir wenig über diese heiligen Heiden. Waraqa ibn Naufal, ein Cousin oder Onkel von Muhammads erster Frau Khadidja, soll zu ihnen gehört haben, ehe er Christ
wurde. Doch die Existenz dieses Waraqa ist innerislamisch umstritten. Immerhin ist
es sehr wahrscheinlich, dass der Begriff *hanīf* eine Zeit lang gleichbedeutend mit
Muslim (Anhänger Muhammads) und der Ausdruck *hanifīya* synonym für die Religion des Islams war. „Diese Bezeichnungen gab man wahrscheinlich deswegen (sc.
später wieder) auf, weil die Christen sie mit ‚Heide' und ‚Heidentum' identifizierten,

---

[163] Zur Verdeutlichung des Gemeinten verweise ich auf die berühmten Zeilen *Goethes* in
seinem „West-Östlichen Divan" (1819): „Wenn Islam Gott ergeben heißt,/Im Islam leben
und sterben wir alle." Annemarie Schimmel (gest. 2003) hat ihre Vorträge häufig mit diesem
Goethezitat beendet.

und so den Christen ein starkes Argument gegen die Muslime geliefert wurde."[164] Insgesamt achtmal wird Abraham im Koran *ḥanīf* – also „wahrer Gläubiger" (Bobzin) – genannt (Tabelle 2). Da dies meist in Verbindung mit dem beschriebenen Ausdruck *millat Ibrāhīm* geschieht, müssen hier nicht alle Stellen nochmals zitiert werden. Ich beschränke mich auf zwei ausführliche Passagen, in denen der Verweis auf *ḥanīf Ibrāhīm* eine kriteriologische Funktion im Gespräch mit den älteren Buchreligionen hat. Der erste Text findet sich in Sure 2:

> 135 Sie (sc. die Schriftbesitzer) sprechen: „Juden oder Christen müsst ihr sein, dann seid ihr rechtgeleitet!" Sprich: „Nein! Wie die Glaubensweise Abrahams, eines wahren Gläubigen. Er gehörte nicht zu den Beigesellern." 136 Sprecht: „Wir glauben an Gott und was auf uns herabgesandt ward, und was auf Abraham und Ismael, auf Isaak und Jakob und auf die Stämme herabgesandt ward. Und an das, was Mose und was Jesus überbracht ward und was überbracht ward den Propheten von ihrem Herrn. Wir machen zwischen keinem von ihnen einen Unterschied. Wir sind ihm (sc. Gott) ergeben!" 137 Wenn sie an dasselbe glauben, woran auch ihr glaubt, dann sind sie rechtgeleitet. Doch wenden sie sich ab, sind sie in einer Zwistigkeit. Doch wird dich Gott vor ihnen schützen. Er ist der Hörende, der Wissende. 138 (Sc. Sie berufen sich auf) das Kennzeichen Gottes. Und wer hat ein besseres Kennzeichen als Gott?[165] Wir verehren ihn. 139 Sprich: „Wollt ihr etwa mit uns streiten über Gott? Wo er doch unser Herr ist und der eure, wo wir doch unsere Werke haben und ihr (sc. habt) eure! Wir aber sind ihm treu ergeben. 140 Oder wollt ihr etwa sagen, dass Abraham und Ismael und Isaak und Jakob und die Stämme Juden oder Christen waren?" Sprich: „Seid ihr allwissend oder (sc. ist es) Gott? Wer ist wohl frevelhafter als jemand, der ein Zeugnis, das er von Gott erhalten hat, verhehlt? Gott lässt, was ihr tut, nicht unbeachtet."

Die zweite trilaterale Passage mit Verweis auf *ḥanīf Ibrāhīm* findet sich in der dritten Sure. Dieser Abschnitt enthält inhaltlich nichts Neues, bietet aber eine pointiertere Argumentation:

> 65 Ihr Buchbesitzer! Weshalb streitet ihr über Abraham? Wo doch Tora und Evangelium erst *nach* ihm herabgesandt wurden? Begreift ihr denn nicht? 66 Ihr da! Ihr habt gestritten über etwas, wovon ihr Wissen habt. Doch warum streitet ihr nun über etwas, wovon ihr kein Wissen habt? Gott hat Wissen, ihr aber habt kein Wissen. 67 Abraham war weder Jude noch Christ; sondern er war ein wahrer Gläubiger, ein Gottergebener. Und er war keiner von den Beigesellern. 68 Siehe, die Menschen, die Abraham am nächsten stehen,

---

[164] William Montgomery Watt, in: Ders./A. T. Welch (Hg.), Der Islam, Bd. I, a. a. O. S. 123.

[165] Eigene Übersetzung des Versanfangs. Bobzin übersetzt: „Die Taufe Gottes! Wer hat eine schönere Taufe wohl als Gott?" Die Bedeutung der Worte *ṣibgata llāhi wa-man llāhi aḥsanu mina llāhi ṣibgatan* ist umstritten. Nach Ansicht Maulana Azads, der ich folge, wird hier ein Einwand der Christen (und der Juden?) abgekürzt wiedergegeben, die sich auf ihre Zeichen, die Taufe (bzw. die Beschneidung der Juden), als Kriterium der Zugehörigkeit berufen. Der Koran jedoch macht deutlich: Die wahren Kriterien sind das monotheistische Credo und die daraus resultierenden Werke.

das sind diejenigen, die ihm nachfolgten, und dieser Prophet hier (sc. Muhammad) und diejenigen (sc. seiner Anhänger), die gläubig sind. Und Gott ist der Freund der Gläubigen.[166]

Für den Koran steht fest: Die Berufung der Juden und der Christen auf Abraham nützt ihnen nichts, wenn ihr Glaube und ihre Taten nicht rein sind. Diese Argumentation ist im Prinzip nicht neu. Bereits im Neuen Testament weist *Paulus*, der Apostelmissionar und Begründer des nichtjüdischen sog. Heidenchristentums, die jüdische Auffassung vom Heil zurück, die sich allein auf die *genealogische* Zugehörigkeit zur Nachkommenschaft Abrahams über Isaak zum Volk des Bundes sowie auf die Verdienste der Väter beruft (Galater 3,6–10):

> Von Abraham wird gesagt: Er glaubte Gott, und das wurde ihm als Gerechtigkeit angerechnet. Daran erkennt ihr, *daß nur die, die glauben, Abrahams Söhne sind*. Und da die Schrift vorhersah, daß Gott die Heiden aufgrund des Glaubens gerecht macht, hat sie dem Abraham im Voraus verkündet: Durch dich sollen alle Völker Segen erlangen. Also gehören alle, die glauben, zu dem glaubenden Abraham und werden wie er gesegnet. Alle aber, die nach dem Gesetz leben, stehen unter dem Fluch.

Damit hatte Paulus das Christentum als die wahre Religion Abrahams im Sinne einer *spirituellen Kindschaft* definiert: Die wirkliche Nachkommenschaft Abrahams bilden diejenigen, die so bedingungslos wie Abraham glauben. In vergleichbarer Weise lehnt nun auch der Koran einseitige Wahrheits- und Heilsansprüche mit Berufung auf Abraham ab, und zwar sowohl gegenüber den Juden als auch gegenüber den Christen. Sich auf den Erzvater zu berufen, sei es genealogisch, sei es spirituell, impliziert keine exklusive und keine automatische Freundschaft mit Gott! Dies macht der Koran speziell mit Blick auf das Judentum auch in Sure 62,6–7 (vgl. 2,133–134) deutlich:

> Sprich: „Ihr, die ihr Juden seid! Wenn ihr behauptet, daß nur ihr allein, nicht andere Menschen, Freunde seid von Gott, dann wünscht euch doch den Tod herbei, wenn ihr wahrhaftig seid!" Und niemals werden sie ihn [herbei]wünschen ob dessen, was ihre Hände zuvor getan [haben]. Gott kennt genau die Frevler!

Zu Beginn der ersten Abraham-Mekka-Passage sagt Gott zu Abraham (Sure 2,124): „Siehe, ich mache dich zu einem Leitbild für die Menschen." Abraham fragt, ob das auch für seine Nachkommen gelte? Gottes Antwort: „Mein Bund erstreckt sich nicht auf jene, welche freveln." Ähnlich heißt es in Sure 57,26: „Wir sandten Noah und Abraham und stifteten in ihrer Nachkommenschaft die Prophetie und das Buch. Unter ihnen gab es manche, die sich leiten ließen, doch viele unter ihnen waren

---

[166] Arab. *wa-llāhu walīyu l-mu'minīn*. Ich folge hier der Übersetzung Parets und Khourys. Bobzin übersetzt: „Gott ist der Vertraute der Gläubigen."

ruchlos." An allen diesen Stellen wird stets dasselbe Argument wie in den trilateralen Passagen erkennbar. Die Berufung allein auf eine genealogische Abstammung von Abraham (Juden) oder allein auf eine theologische Nachahmung Abrahams (Christen) – also die physische oder die spirituelle Abrahamkindschaft – genügt in den Augen Gottes nicht, wenn die Taten eine andere Sprache sprechen. Das Prophetentum ist kein Automatismus, nur weil Abrahams Blut in den Adern seiner Nachkommen fließt. Unter ihnen gibt es Frevler und Ungerechte. Dies ist eine deutliche, kritisch an das Judentum gerichtete Spitze, die wieder an Paulus erinnert, der auch im Brief an die Römer sagen kann (9,6–8):

> Denn nicht alle, die aus Israel stammen, sind Israel; auch sind nicht alle, weil sie Nachkommen Abrahams sind, deshalb schon seine Kinder, sondern es heißt: Nur die Nachkommen Isaaks werden deine Nachkommen heißen. Das bedeutet: Nicht die Kinder des Fleisches sind Kinder Gottes, sondern die Kinder der Verheißung werden als Nachkommen anerkannt.

Auch der Koran ordnet die Gläubigen – allen voran Muhammad – dem Erzvater zu (Sure 3,68): „Siehe, die Menschen, die Abraham am nächsten stehen, das sind diejenigen, die ihm nachfolgten, und dieser Prophet hier und diejenigen (sc. seiner Anhänger), die gläubig sind." Nach Paulus ist es nun der Koran, der den Anspruch erhebt, die wahre Religion Abrahams theologisch neu zu definieren und dabei dem Glauben und nicht der Genealogie den entscheidenden Wert beizumessen. Hat dieser Anspruch bei Paulus oder beim johanneischen Christus (vgl. Johannes 8,30–59) die Tendenz, das Christentum als einzig wahre Religion schlechthin zu etablieren, so ist die Argumentation des Korans doch etwas offener und selbstkritischer. Die Berufung auf Abraham ist hier auch für den Islam kein Monopol, sie begründet für die Anhänger Muhammads keinen Absolutheitsanspruch.[167] Vielmehr steht dem Koran zufolge der Erzvater als Leitbild im Prinzip *allen* monotheistischen Richtungen offen, gerade weil er selbst *keiner* von ihnen angehört hat. Doch muss die Berufung auf Abraham legitim sein. Was aber ist das Kriterium einer rechtmäßigen Berufung auf Abraham? Der Koran meint: *Freunde Gottes können alle werden, die sich in Theorie* und *Praxis, also mit ihrer Glaubensweise* und *mit dementsprechenden Taten an dem exemplarischen Gottesfreund orientieren.* Diese Auffassung erinnert nun gerade nicht an Paulus, sondern an dessen Widerpart im Neuen Testament: an den Verfasser des

---

[167] Unbeschadet der umstrittenen Frage, was Paulus oder die diversen Verfasser bzw. Redaktoren des Johannesevangeliums wirklich wollten, ist die kirchliche und theologische Wirkungsgeschichte ihrer Äußerungen *de facto* überwiegend exklusivistisch (sprich: intolerant gegenüber anderen Religionen) gewesen. Das gilt mit Einschränkungen auch für den real existierenden Islam. „Mit Einschränkungen" deshalb, weil der Koran im Ganzen religionstheologisch offener (sprich: toleranter) ist als das Neue Testament. Vgl. Kapitel 14.

Jakobusbriefes. Dieser war ein Judenchrist und hat an gebildete, griechisch sprechende Judenchristen geschrieben (ca. 50–55). In diesem Brief heißt es:

> Es gibt ein gutes Beispiel dafür, daß Glaube ohne Taten sinnlos ist. Schon unseren Vater Abraham hat Gott aufgrund seines Tuns als Gerechten eingestuft, weil er bereit war, seinen Sohn Isaak auf dem Altar zu opfern. Daraus kann man sehen, daß Glaube mit Handeln zusammengehört, daß der Glaube erst im Handeln seine vollständige Gestalt erlangt. So war es bei Abraham. Denn mit der Opferung Isaaks ging in Erfüllung, was schon vorher in der Schrift berichtet wurde: „Abraham glaubte Gott, und Gott erkannte ihn als Gerechten an", und er wurde fortan „Freund Gottes" genannt.[168]

Für diese Position einer legitimen, also von Gott gewollten Mehrzahl der – freilich monotheistischen (!) – Heilswege zu Gott steht die Gestalt des *hanīf Ibrāhīm*, des aufrichtigen Gottsuchers und religiös unabhängigen Glaubenden. Aus der institutionellen Ungebundenheit der Hanīfen in vorislamischer Zeit macht der Koran eine *Unabhängigkeit* der Muslime von Judentum und Christentum – freilich bei gleichzeitiger *Selbstbindung* der Muslime an das auch für sie normative Vorbild Abrahams. Wie der *Richtungswechsel* beim rituellen Gebet von Jerusalem nach Mekka die Abkehr der Muslime vom Judentum demonstriert, das sich selbst als erwähltes Bundesvolk Gottes und exklusive Nachkommenschaft Abrahams bezeichnete, so demonstriert der *Bedeutungswechsel* eines Schimpfwortes in sein Gegenteil die Abkehr der Muslime vom Christentum, das den Bund des Gottesvolkes als „alten Bund" entwertet und alle anderen Religionen als Heidentum betrachtet hatte. Durch die Übernahme des im syrischen Christentum abfällig gebrauchten Ausdrucks *hanpā* wird auch dessen Bedeutung im Koran programmatisch neu definiert: Aus der Negation, die im Begriff „Heide" steckt, macht der Koran eine Position, eine positive Norm. Aus dem theologischen Schimpfwort „Götzendiener" (syr. *hanpā*) wird der theologische Ehrentitel „wahrer Gläubiger" (arab. *hanīf*). Nochmals sei betont: Die Pointe dieser Argumentation liegt darin, dass Abraham im Prinzip allen monotheistischen Richtungen als Leitbild offensteht. Auch dafür steht im Koran – neben dem Begriff *millat Ibrāhīm* – der Ausdruck *hanīf Ibrāhīm*. Die Ausrichtung auf „Abraham als den wahren Gläubigen" ist die Richtschnur nicht allein für die von Muhammad neu gestiftete Religion des Islams, sondern das Kriterium für alle drei Religionen gleichermaßen: ob sie in den Augen Gottes, d. h. ob sie in Wort *und* Tat, wahrhaftige und rechtschaffene Juden, Christen und Muslime sind. Abraham als interreligiöses Kriterium der Rechtgläubigkeit bedeutet: Juden, Christen und Muslime sollen nicht nur *mit* Abraham glauben,

---

[168] Jakobus 2,21–23, zit. nach der Übersetzung von Klaus Berger und Christiane Nord. Die Ähnlichkeit zwischen dem Abrahambild des Jakobusbriefes und des Korans ist ein weiterer Beleg für die Affinität zwischen Koran und speziell judenchristlichen Auffassungen, wie sie sonst vor allen Dingen bei den Äußerungen des Korans über Jesus sichtbar wird. Vgl. Bauschke, Der Sohn Marias. Jesus im Koran, a. a. O. S. 4, S. 41 ff. und S. 160 ff.

sondern auch *wie* Abraham glauben. Denn für sie alle miteinander ist sein Vorbild der Maßstab. Dies wird besonders klar in Sure 4,125 formuliert, dem wichtigsten Abrahamvers des Korans, in dem sich alle zentralen Begriffe wiederfinden, die Muhammads Glaubensgemeinde als wiederhergestellte Glaubensweise des Erzvaters beschreiben: „Wer hat eine bessere Religion als wer sich Gott hingibt und dabei Gutes tut und der Glaubensweise Abrahams als eines wahren Gläubigen folgt. Und Gott nahm sich Abraham zum Freund."

B. Abraham im Islam

Der koranische Abraham ist, ähnlich wie der koranische Jesus, ein Torso. Was die Heilige Schrift der Muslime über Abraham mitteilt, beschränkt sich im Vergleich zur Hebräischen Bibel als Ausgangspunkt aller Abrahamtradition auf wenige Geschichten, die teils mehrfach in unterschiedlichen Varianten, zum Teil aber auch nur ein einziges Mal erzählt werden. So manche bekannte Episode – wie etwa über Abraham in Ägypten – fehlt im Koran völlig, vermutlich weil darin Abraham in keinem rühmlichen Licht erscheint, also kein Vorbild abgibt. Dasselbe gilt ja auch für die anstößige Erzählung von der Schwängerung der beiden Töchter durch ihren Vater Lot (Genesis 19,30–38). Andere Abrahamgeschichten des Korans – z. B. der Erzählkreis über die Zerstörung der Götzen und die Betrachtung der Gestirne – kommen weder in der Jüdischen noch in der Christlichen Bibel vor. Sie lassen gute Kenntnisse Muhammads über außerbiblische Zeugnisse vermuten, seien sie aus antiker Zeit (hellenistisches Judentum) oder aus spätantiker Zeit (Talmud, Midrasch). Wieder andere biblische Abrahamgeschichten kommen nicht im Koran vor, obwohl Abraham in ihnen keine schlechte Figur abgibt. Unerwähnt bleiben beispielsweise die Erzählungen über Hagar und Ismael, die wohl deshalb nicht im Koran auftauchen, weil Hagar dort als Saras Sklavin beschrieben wird und vor allem Abraham als einer, der die Anweisungen seiner Frau Sara befolgt, was in der arabischen patriarchalen Gesellschaft nicht gerade ein ideales männliches Vorbild abgab. Was auch immer die Gründe für die stark fragmentarische Wiedergabe der reichen vorislamischen Abrahamtradition im Koran letztlich gewesen sein mögen: Für die entsprechenden Ergänzungen und Ausschmückungen des im Koran Unerwähnten oder Verschwiegenen ist später natürlicherweise die islamische Tradition da gewesen. Das bedeutet also: „Abraham im Koran", das ist nur ein Ausschnitt, oder besser noch: Das ist der Kern dessen, was später der umfassendere „Abraham im Islam" sein wird. Aufbauend auf dem Zeugnis des Korans haben später Korankommentatoren, Hadithsammler, die Tradenten volkstümlicher Legenden über die Propheten sowie jüdische Konvertiten neue Geschichten oder Varianten alter Geschichten über Abraham überliefert und somit das im Koran Bezeugte mit zahllosen weiteren Details, Nuancen und Erläuterungen gleichsam „vervollständigt" – ein Vorgang, der auch bei den anderen, im Koran erwähnten biblischen Propheten stattgefunden hat. Diese Vervollständigung bedeutete zugleich eine Art *Historisierung Abrahams*, dessen Gestalt im Koran nicht nur vage bleibt, sondern auch stark typisierende Züge trägt.

Die späteren Autoren und Tradenten haben die Hebräische Bibel, den Talmud sowie
sonstige jüdische Zeugnisse über Abraham erheblich besser gekannt als Muhammad
und seine Gefährten. Im Zuge dieser Historisierung Abrahams wird der bereits im
Koran spürbare Trend fortgesetzt, den Erzvater und seine Familie, besonders Hagar
und Ismael, immer stärker an Mekka und die Ka'ba anzubinden und so immer tiefer
im Islam zu verorten und zu verwurzeln.

Das bevorzugte Mittel der Historisierung Abrahams ist seine *Lokalisierung*. Im
folgenden Überblick über das traditionell islamische Abrahambild konzentriere ich
mich auf einige exemplarische Erzählungen in Verbindung mit konkreten Orten der
Abrahamverehrung. Die Topographie des Korans bleibt in erzählenden Passagen
generell sehr vage. Vielfach werden Orte einfach als aus der jüdisch-christlichen Tradition bekannt vorausgesetzt; andererseits bildet die Offenheit des Raumes – das
„Nirgendwo" – nur die Kehrseite des „Überall". Wie beispielsweise in koranischen
Jesusgeschichten nirgendwo Bethlehem, Nazareth oder der See Genezareth erwähnt
werden, so werden auch bei den Abrahamerzählungen die bekannten Orte wie Ur,
Harran oder Morija nicht benannt – bis auf den überraschend neuen Ort: das Heiligtum in Mekka. Es gehörte daher zur Aufgabe der islamischen Tradition, im Zuge
der weiteren Ausarbeitung des Erzvaterbildes relevante Traditionen über Abraham
auch konkret zu verorten, mithin überkommene Stätten der Erinnerung an und der
Verehrung für den Gottesfreund zu kultivieren und für die Bedürfnisse der Volks-
massen zu adaptieren. Manche dieser Abrahamstätten haben stärker regionale Bedeutung, andere sind relevant für die gesamte islamische Welt. Präsentiert die Abraham-Topographie des Korans nur einen einzigen konkreten Ort – das Heiligtum in
Mekka –, so hat die Abraham-Topographie der islamischen Tradition etliche weitere
Stätten des Gottesfreundes aufzubieten, von denen wir einige im Folgenden kennenlernen werden. Diese traditionellen Gedenkstätten Abrahams „erden" das Abrahambild des Korans. Sie sind für die Spiritualität und Frömmigkeit vor allem der zahllosen einfachen Muslime unabdingbar, um den Gottesfreund (an)fassen und als eine
quasi historische Gestalt verehren zu können.

Abraham, dem bereits vom Koran eine ganze Reihe von Ehrennamen zugespro-
chen werden, hat von der späteren Tradition noch zahlreiche weitere Auszeichnun-
gen verliehen bekommen, die allesamt seinen hohen Rang und die außerordentliche
Wertschätzung, die er innerhalb der islamischen Welt bis auf den heutigen Tag ge-
nießt, zum Ausdruck bringen. Viele Seiten umfassende Listen von Hoheitstiteln
und wertvollen Eigen- und Errungenschaften haben die islamischen Gelehrten zu-
sammengetragen und ihm zugeschrieben. Der bereits erwähnte persische Gelehrte
Ahmad Ibn Muhammad al-Tha'labī nennt Abraham den „Vater der Gäste" schlechthin: „Seine Gastfreundschaft bleibt bestehen bis zum Tag der Auferstehung." Abraham sei „das Oberhaupt der Einheitsbekenner". Er gelte als Kulturbringer und als

Erfinder einer guten Küche, denn er war „der erste, der Brühe mit Fleisch und ein-
geweichtem Brot machte, der erste, der Sandalen trug". Auch sei Abraham „der erste,
der Beinkleider trug", gewesen, seinen Bart gestutzt und Körperpflege betrieben
habe – einschließlich der Rasur der Schamhaare.[169] Noch lange könnte man diese
Laudatio auf Abraham fortsetzen und es problemlos auf die gleichsam *neunund-
neunzig schönsten Namen Abrahams* bringen.

In der Tat ist der Abraham der islamischen Tradition ein weites Feld. Aus der
Fülle populärer Geschichten greife ich folgende fünf Themenbereiche heraus. Zunächst wenden wir uns den im Koran nicht berührten Fragen zu, wo und wie denn
Abraham geboren ist. Direkt mit seinem legendären Geburtsort in Urfa ist vor allem
der Sagenkreis um Nimrod verknüpft, dem tyrannischen Widerpart Abrahams. Dass
dieser in Hebron gestorben und begraben liegt, ist für Muslime wie für Juden und
Christen selbstverständlich. Bis heute sorgt jedoch das Grab des Patriarchen für
Zündstoff zwischen den drei Religionen. Einen kurzen Blick werfen wir sodann auf
das Thema Beschneidung. Auffälligerweise erwähnt der Koran die Beschneidung generell mit keinem einzigen Wort, also auch nicht die Beschneidung Abrahams und
seiner Söhne. Ein vierter Themenkomplex umfasst Berichte über Hagar und Ismael,
Abrahams verstoßene Familienhälfte. Abschließend gehen wir auf zwei jenseitige Begegnungen Abrahams ein, die unterschiedlicher nicht sein könnten: nämlich mit
Āzar, seinem Vater, und mit Muhammad, der im Erzvater sich selbst erkannt hat.

---

[169] Alles zit. nach: Islamische Erzählungen von Propheten und Gottesmännern, a. a. O.
S. 131–134.

9. Abrahams Geburt – oder: Der Konflikt mit Nimrod

Wo ist Abraham überhaupt geboren? Woher stammt er? Wo begann er seine Wanderungen? Diese Fragen beantwortet der Koran nicht. Der Hebräischen Bibel zufolge stammten Abraham, Sara und ihre Sippe aus „Ur in Chaldäa" in Mesopotamien; später soll er in der Region um Harran in Nordmesopotamien gelebt haben (Genesis 11,28–31), was auch zur ursprünglichen Bedeutung ihrer Namen passen würde, die wohl auf babylonische Astralgötter verweisen. Der Koran macht diesbezüglich keinerlei Angaben. Es wird nur gesagt, dass Abraham irgendwann im Laufe seines Lebens beschloss zu emigrieren (Sure 37,99): „Siehe, ich gehe hin zu meinem Herrn; er wird mich leiten!" Dasselbe gilt für Lot (Sure 29,26; vgl. Sure 21,71): „Siehe, auswandern werde ich zu meinem Herrn" (arab. *innī muhādjirun ilā rabbī*). Klar ist für den Koran nur, dass Abraham nicht aus Arabien stammte, sondern ein (Aus)Wanderer und Nomade aus dem Nordosten war. Daher heißt es in den späteren Prophetenlegenden: „Die Gelehrten sind unterschiedlicher Meinung über den Ort, an dem Abraham geboren wurde." Mehrheitlich einig ist man sich nur darüber: „Abraham wurde in der Zeit des Nimrod, des Sohnes Kanaans, geboren."[170] Nun gibt es seit undenklichen Zeiten in der Nähe des antiken Harran in der nordmesopotamischen Tiefebene, 80 Kilometer östlich des Euphrat und 200 Kilometer östlich des Mittelmeers, eine Pilgerstadt. Sie rühmt sich als „älteste Stadt der Welt" und zugleich als „die Geburtsstadt des Propheten Abraham": Şanlıurfa (syroaramäisch: *Urhoy*; arab. *ar-Ruhā*), meist abgekürzt schlicht *Urfa* genannt. Der Name lässt das biblische „Ur" anklingen. Der islamischen Legende zufolge soll Urfa vor annähernd 4.000 Jahren von dem Tyrannen Nimrod gegründet worden sein. Am Knotenpunkt alter Handelsrouten gelegen, hat diese Stadt nicht nur eine sehr lange, sondern auch eine äußerst wechselvolle Geschichte hinter sich, die sich in ihren vielen Namen widerspiegelt. Rund 2.000 Jahre lang lautete ihr Name *Edessa*. Als solche war die Stadt eine Hochburg der syrisch-christlichen Theologie gewesen. 1637 wurde Edessa in Urfa umbenannt, als es dem Osmanischen Reich einverleibt wurde. 1983 wurden Urfa sowie der gleichnamigen Provinz im Südosten der Türkei nahe der Grenze zu Syrien der türkische Ehrentitel *şanlı* („ruhmreich") vorangestellt, um an entsprechende Taten der Jungtürken der 1920er Jahre in der Region zu erinnern. Gleichwohl ist bis heute im alltäglichen Sprachgebrauch der kurze alte Name *Urfa* üblicher. Heute ist Urfa eine Metropole mit 500 000 Einwohnern. Wer in die historische Altstadt Urfas

---

[170] Zit. nach: Islamische Erzählungen von Propheten und Gottesmännern, a. a. O. S. 98 und S. 99. Einen Überblick über die mutmaßlichen Ausgangsorte und Routen der Wanderungen Abrahams, die in der islamischen Überlieferung diskutiert werden, bietet Firestone, Journeys in Holy Lands, a. a. O. S. 25 ff.

mit ihrem türkisch-kurdisch-arabischen Sprachenmix und dem engen Gewirr der Gassen im orientalischen Stil eintaucht, bekommt so manchen legendären Gedenkort Abrahams zu sehen. Im grünen, gepflegten Moscheenviertel, direkt bei der neuen Abrahammoschee, die 1987 fertiggestellt wurde, findet sich die Grotte, die als der Geburtsort des Erzvaters verehrt wird. Auf einem Schild ist gleich in vier Sprachen zu lesen: „Dies ist die Höhle, in welcher der Prophet Abraham geboren wurde." Zwei Eingänge, getrennt nach Geschlechtern, führen in die Höhle hinein, die ein Ort des Gebets ist.

Urfa ist nun der Ort, an dem die zahlreichen Legenden von Abrahams Konflikt mit Nimrod, der im Koran nicht explizit erwähnt wird, ihre konkrete Beheimatung innerhalb der islamischen Welt gefunden haben. Diesen islamischen Legenden zufolge wurde Nimrod (arab. *Namrūd*) vorhergesagt, dass einer geboren werde, der mit einer neuen Religion sein Reich stürzen würde, wie z. B. *Ahmad Ibn Muhammad al-Thaʿlabī* nach einer Überlieferung des Ismāʿīl ibn ʿAbd ar-Rahmān as-Suddī (gest. 745) berichtet:

> Nimrod sah im Traum, als ob ein Stern aufging, der das Licht der Sonne und des Mondes wegnahm, bis kein Licht mehr übrig war. Da wurde er von großer Furcht ergriffen. Er rief die Zauberer, Priester und Spurensucher – sie sind es, die auf der Erde Verwirrung anrichten – und befragte sie. Sie sagten: „Er ist ein normaler Mensch, er wird in deinem Land in diesem Jahr geboren. Dein Untergang und der Untergang deiner Familie wird durch ihn bewirkt werden."[171]

Diese Ankündigung wie auch die Reaktion Nimrods erinnern an dasselbe Drama in der neutestamentlichen Geburtslegende Jesu: an den durch König Herodes befohlenen Kindermord in Bethlehem (Matthäus 2,1 ff.). Denn auch Nimrod befiehlt, alle schwangeren Frauen gefangen zu nehmen und die in diesem Jahr geborenen Knaben zu töten. *Nuna* – so heißt vielen Legenden zufolge die Mutter Abrahams und Ehefrau Āzars – flüchtet sich in die Höhle und bringt dort Abraham zur Welt, und zwar so heimlich, dass es nicht einmal Āzar erfahren hat:

> Ein Tag war für Abraham in seiner Jugend wie ein Monat, ein Monat wie ein Jahr. Er blieb nur fünfzehn Tage in der Höhle, dann kam er zu seinem Vater Āzar und erzählte ihm, daß er sein Sohn sei. Seine Mutter aber erzählte Āzar, was sie seinetwegen getan hatte; Āzar freute sich darüber und war sehr glücklich.[172]

In einer späteren Legende aus dem Mittelalter mit noch stärker volkstümlichem Charakter, wie sie *Muhammad ibn Abdallāh al-Kisāʾī* (12. Jahrhundert) in seinen „Prophetenerzählungen" (arab. *Qisas al-anbiyāʾ*) aufgezeichnet hat, wird die Geburt Abrahams folgendermaßen ausgemalt:

---

[171] Zit. nach: Islamische Erzählungen von Propheten und Gottesmännern, a. a. O. S. 99.
[172] Zit. nach: ebd. S. 100.

Als die Mutter Abrahams von den Wehen ergriffen wurde, kam ein Engel zu ihr und sprach: „Gehe mit mir in die Höhle des Lichts, in der Idrīs [= Henoch] und Noah geboren wurden!" Darin waren Matten, Kissen und die für die Geburt notwendigen Hilfsmittel vorhanden. Gott machte ihr die Wehen leicht, und sie gebar Abraham an einem Freitag (...). Kaum auf der Welt, stellte er sich auf und sprach das Glaubensbekenntnis. Seine Stimme drang in den Osten und Westen der Welt. Gabriel durchtrennte seinen Nabelstrang, tauchte ihn in die Gewässer des Paradieses, bekleidete ihn mit einem weissen (sic!) Gewand und salbte die Brust seiner Mutter mit Milch und Honig. Abraham saugte sich seine Nahrung (sc. jedoch) aus den fünf Fingern. Aus dem Daumen floß ihm Honig, aus dem Zeigefinger Wein, aus dem Mittelfinger Milch, aus dem Ringfinger Rahm und aus dem kleinen Finger Wasser. Seine Mutter ging freudig heim.[173]

Später kam es, angesichts der göttlichen Verehrung, die Nimrod von seinen Untertanen forderte, zum Konflikt mit Abraham. Damit kommen wir auf einen Koranvers zurück, der im sechsten Kapitel bereits angesprochen wurde. Ich zitiere nochmals Sure 2,258 (ohne die obigen Anmerkungen zur Übersetzung):

Hast du nicht jenen (sc. Herrscher der Vorzeit) gesehen, der mit Abraham über seinen Herrn stritt, (indem er die Tatsache leugnete) daß *Gott* ihm die Königsherrschaft gegeben hatte? Damals, als Abraham sprach: „Mein Herr ist's, der lebendig macht und tötet", sprach er (sc. der Herrscher): „*Ich* bin es, der lebendig macht und tötet!" Abraham sprach: „Siehe, Gott lässt die Sonne im Osten aufgehen, so lasse du sie im Westen aufgehen!" Da war der, der nicht glaubte, verblüfft. Gott leitet kein frevlerisches Volk.

Der „gewaltige Held" Nimrod (Genesis 10,9) galt im Judentum und später auch im Christentum als Inbegriff des hochmütigen Herrschers, der sich in seinem Frevel zum gottgleichen Herrn über die Menschheit aufschwang. Sure 2,258 thematisiert der islamischen Auslegungstradition zufolge Abrahams Auseinandersetzung mit Nimrod. Der Koran selbst gibt keinen Aufschluss über Abrahams Diskussionspartner. Doch bereits dem Talmud zufolge soll sich Abraham mit Nimrod gestritten haben und der Konflikt derart eskaliert sein, dass der Tyrann den Erzvater in einen Feuerofen warf:

Als nämlich der ruchlose Nimrod unseren Vater Abraham in den Schmelzofen warf, sprach Gabriél (sic!) vor dem Heiligen [= Gott], gepriesen sei er: „Herr der Welt, ich will hinabsteigen, (den Schmelzofen) kühlen und diesen Frommen aus dem Schmelzofen retten." Da sprach der Heilige, gepriesen sei er, zu ihm: „Ich bin einzig auf meiner Welt, und er ist einzig auf seiner Welt, es geziemt sich, daß der Einzige selber den Einzigen rette."[174]

---

[173] Zit. nach Heinrich Schützinger, Ursprung und Entwicklung der arabischen Abraham-Nimrod-Legende, Bonn 1961, S. 80 f.

[174] Traktat Pesachim 118 a, zit. nach: Der Babylonische Talmud, a. a. O. Bd. II, S. 673. Die Anführungszeichen wurden zur Verdeutlichung von mir hinzugefügt.

Das Judentum hatte sich seit der Eroberung Jerusalems und der Zerstörung des Tempels (70 u. Z.) durch Titus über den gesamten Vorderen Orient verstreut. Auch auf der Arabischen Halbinsel, insbesondere in Südarabien, gab es jüdische Stämme, Gemeinden und Geschichten. Offenkundig sind insbesondere die jüdischen Abraham-Nimrod-Legenden zu Muhammads Zeiten häufig erzählt worden und darum allgemein bekannt gewesen. Daher überrascht es nicht, dass auch der Koran von der Eskalation des Streitgespräches berichtet, die dazu führt, dass Abraham zum Feuertod verurteilt wird (z. B. Sure 37,97): „Baut ihm einen Bau! Dann werft ihn in das Feuer!"[175] Bis heute sind diese Legenden in der islamischen Welt populär. Fungiert im Koran Abrahams Vater Āzar als der „Feind Gottes", so geht in den späteren Legenden der islamischen Tradition diese Rolle auf Nimrod über, der nunmehr als der „Feind Gottes" schlechthin gilt. Im Süden Urfas, auf der Zitadelle, werden der Thron Nimrods und der Felsen gezeigt, von dem Abraham in das riesige Feuer hinabkatapultiert worden sein soll. Die islamischen Prophetenlegenden haben dieses dramatische Motiv „Abraham im Feuer", das der Koran lediglich konstatiert, natürlich breit und genüsslich ausgemalt, bis hin zu Abrahams siebentägigem Aufenthalt im unerträglich heißen Feuer. Im Folgenden seien Auszüge aus zwei verschiedenen Varianten dieser Legende über „Abraham im Feuerofen" präsentiert. Zunächst zitiere ich eine Passage, wie sie *al-Thaʿlabī* u. a. nach Ibn Isḥāq (gest. 768) überliefert:

> Gott schickte den Engel des Schattens in der Gestalt Abrahams; dieser setzte sich ins Feuer neben Abraham und leistete ihm Gesellschaft. Und Gabriel reichte ihm ein Hemd aus Seide und sagte zu ihm: „Abraham! Dein Herr sagt: ‚Hast du nicht gewußt, daß das Feuer meinen Freunden nicht schadet?'" und zog ihm das Hemd an. Nimrod aber schaute von einer seiner hohen Burgen hinunter, erblickte Abraham und zweifelte nicht daran, daß er tot war. Er sah ihn aber in einem Garten sitzen, den Engel zu seiner Seite, und um ihn herum das Feuer, das das Brennholz verbrannte, das sie gesammelt hatten. Nimrod rief ihm zu: „Abraham! Groß ist dein Gott, dessen Allmacht es vermocht hat, daß er zwischen dich und das Feuer getreten ist, so daß es dir nicht schadet. Abraham! Kannst du aus dem Feuer herauskommen?" Er sagte: „Ja." Nimrod sagte: „Hast du Angst, daß das Feuer, wenn du dich darin aufhältst, dir schadet?" Er sagte: „Nein." Nimrod sagte: „Dann steh auf und komm aus dem Feuer heraus!" Da stand Abraham auf und ging durch das Feuer, bis er draußen war. Als er zu Nimrod kam, sagte dieser: „Abraham! Wer war der Mann, den ich mit dir zusammen in einer Gestalt, die der deinen ähnlich war, neben dir sitzen gesehen habe?" Er sagte: „Der Engel des Schattens. Mein Herr hat ihn zu mir geschickt, um mir im Feuer Gesellschaft zu leisten." Da sagte Nimrod: „Abraham! Ich werde deinem Gott ein Opfer darbringen, da ich seine Allmacht und Stärke in dem, was er an dir getan hat, gesehen habe, als du dich weigertest, einen anderen als ihn zu verehren und ihn als

---

[175] Neben Sure 37,97 und Sure 2,258 soll gemäß der islamischen Koranauslegung auch Sure 16,26 von Nimrod handeln. Der letztgenannte Vers erwähnt angeblich den von Nimrod erbauten Turm zu Babel, den Gott zum Einsturz bringt.

den einzigen bekannt hast. Ich werde viertausend Rinder für ihn schlachten." Da sagte Abraham: „Gott nimmt von dir nichts an, solange du bei deiner Religion verharrst und dich nicht von ihr zugunsten meiner Religion abwendest." Da sagte er: „Abraham! Ich kann mein Königtum nicht aufgeben, doch werde ich ihm die Opfer darbringen." Er brachte das Opfer dar und beschützte Abraham vor der (angedrohten) Strafe. Dann sagte er zu ihm: „Welch vortrefflicher Herr ist dein Herr, Abraham!"[176]

Das jüdisch-islamische Motiv von Abrahams Aufenthalt im Feuer erinnert sehr an dasselbe Motiv, das sich im Buch *Daniel* in der Hebräischen Bibel findet.[177] Bereits der Talmud vermerkt an der zuletzt zitierten Stelle die Analogie der Motive. Denn auch in diesem Buch wird geschildert, wie die drei Freunde Daniels, die sich geweigert hatten, Nebukadnezar, „dem schlimmsten König der ganzen Welt" (Daniel 3,32), göttliche Verehrung zuteil werden zu lassen, „in den glühenden Feuerofen geworfen wurden" (3,21). Mitten im Feuer betet Asarja – und beruft sich sogar direkt auf den Erzvater: „Versag uns nicht dein Erbarmen, deinem Freund Abraham zuliebe" (3,35)! Später heißt es weiter im Text (Daniel 3,49–50):

> Aber der Engel des Herrn war zusammen mit Asarja und seinen Gefährten in den Ofen hinabgestiegen. Er trieb die Flammen des Feuers aus dem Ofen hinaus und machte das Innere des Ofens so, als wehte ein taufrischer Wind. Das Feuer berührte sie gar nicht; es tat ihnen nichts zuleide und belästigte sie nicht.

Im Grunde wird in dieser islamischen Abrahamlegende fast genau dieselbe Geschichte wie im Danielbuch erzählt, nur mit anderen Protagonisten. Aus dem babylonischen Tyrannen Nebukadnezar wird Nimrod. Aus dem obersten Präfekten Daniel wird Abrahams Vater Āzar, welcher der islamischen Tradition zufolge vom Handwerker zum obersten Wesir Nimrods aufsteigt. Aus den standhaften Freunden Daniels wird der eine standhafte Abraham. Ein Engel erscheint. Dasselbe Wunder geschieht. Das Feuer kann ihnen allen kein Haar, nicht die Haut, nicht die Kleidung versengen. Die Verurteilten werden rehabilitiert. Und wie schon Nebukadnezar am Ende bekennen muss (Daniel 3,97): „es gibt keinen anderen Gott, der auf diese Weise retten kann", so ruft auch Nimrod aus: „Welch vortrefflicher Herr ist dein Herr, Abraham!"

Die zweite Variante dieser Legende über „Abraham im Feuerofen" stammt aus den „Prophetenerzählungen" von *al-Kisāʾī*. Sie sind noch anschaulicher und dramatischer gestaltet und zeichnen Nimrod weniger einsichtig. Erst diese späte Überliefe-

---

[176] Zit. nach: Islamische Erzählungen von Propheten und Gottesmännern, a. a. O. S. 105 f. Einen detaillierten Vergleich der verschiedenen Nimrod-Legenden bietet Schützinger, Ursprung und Entwicklung der arabischen Abraham-Nimrod-Legende, a. a. O.

[177] Entstanden im 2. Jhdt. v. u. Z. ist dieses Buch teils auf Aramäisch, Hebräisch und Griechisch verfasst. Im Folgenden wird es nach der Einheitsübersetzung zitiert.

rung enthält auch den Hinweis auf das erwähnte Katapult, mit dem Abraham ins Feuer hineingeschossen wurde:

Das Volk rief: „O König, lasse ihn brennen, so wie er unsere Herzen verbrannt hat!" Nimrod hatte einen eisernen Ofen, in den er die, die ihn erzürnt hatten, lebendig hineinwerfen ließ. Er befahl, den Ofen in Brand zu setzen und Abraham hineinzustecken. Doch das Feuer tat ihm keinen Schaden. Darauf ließ Nimrod eine große Grube ausheben und auf Tragtieren eine Menge Brennholz heranschaffen (...). Vier Jahre lang brachten die Menschen Brennholz herbei. Dann legten sie Feuer daran. Der Rauch des Brandes stieg vierhundert Ellen hoch, und die Vögel, die vorbeiflogen, verbrannten. Die Menschen wussten nicht, wie sie (sc. aufgrund der großen Hitze) Abraham ins Feuer befördern sollten. Da erschien ihnen Iblīs [= der Teufel] in Gestalt eines alten Mannes. Er erkundigte sich nach der Ursache ihrer Verwirrung, gab ihnen den Rat, ein Katapult zu nehmen, und erklärte ihnen dessen Bau. Als Abraham in der Schale des Katapultes saß, schrien Himmel, Erden und Engel zu Gott auf und sprachen: „Dein Diener und Gesandter soll ins Feuer geworfen werden!" Gott offenbarte ihnen: „Wenn er euch um Hilfe angeht, so gewährt sie ihm, und wenn er mich bittet, so werde ich sein Helfer sein!" Abraham betete zu seinem Herrn, ihm Beistand zu leisten. Darauf stiegen Engel herab, umgaben die Schale des Katapultes und verhinderten, daß Abraham emporgeschnellt wurde. In dieser Lage gab Iblīs den Rat, zehn Weiber ihrer Kleider zu entblößen (sic!), worauf sich die Engel zurückzogen.[178] Abraham flog vierzig Ellen hoch in die Luft. Gabriel fragte ihn unterwegs, ob er etwas wünsche. Abraham: „Von dir nicht; mein Genüge ist Gott, der ein guter Anwalt ist!" Gott sprach: „O Feuer, werde kühl und gefahrlos für Abraham!" (Qur'ān 21,69). (...) Gabriel brachte ihm einen goldenen Thron und bekleidete ihn mit einem Gewand aus dem Paradies. Nimrod sah einen Mann inmitten des Feuers in grünen Kleidern auf einem Thron sitzen, zu dessen Rechten und Linken sich zwei schöngestaltete Männer befanden und der von einer großen Menge umgeben war. „Wieviel[e] habt ihr ins Feuer geworfen, einen oder hunderttausend?" fragte er seine Begleiter. „Abraham allein!" erwiderten sie. „Wer sind dann die vielen Menschen um ihn?" fragte er, und sie wunderten sich. „Geht zu ihm und beschwört ihn herauszukommen!" befahl Nimrod. Sie gehorchten, und Abraham kam durch das Feuer zu ihnen herausgeschritten. „Deine Zauberkunst ist wunderbar!" sprach Nimrod. Abraham erwiderte: „Das war keine Zauberei, sondern ein Zeichen der Macht Gottes." Nimrod aber meinte: „So werde ich zum Himmel aufsteigen und deinen Gott töten!"[179]

Am bekanntesten ist Urfa als Pilgerstadt und Gedenkort Abrahams für den *Balıklıgöl* geworden: den „segensreichen Fischteich", der auch der „Teich Abrahams" (türk. *birket İbrahim*) oder der „Teich des Freundes des Barmherzigen" (*Halılürrahman Gölü*) genannt wird. Er befindet sich nur 800 Meter von der Geburtsgrotte entfernt.

---

[178] Engel gelten in der jüdisch-christlich-islamischen Tradition als männlich („Göttersöhne") und daher als durch menschliche Frauen verführbar. Vgl. Genesis (= 1. Mose) 6,4; Daniel 3,92 f.

[179] Zit. nach Heinrich Schützingers Übersetzung in: Ders., Ursprung und Entwicklung der arabischen Abraham-Nimrod-Legende, a. a. O. S. 106–108.

Einer anderen Legende zufolge soll Gott bei der wundersamen Kühlung des Feuers zur Rettung Abrahams die Flammen in Wasser, die noch nicht verbrannten Holzscheite in Fische (Karpfen) und die darunterliegende Erde in einen See verwandelt haben.[180] Heutzutage ist der „Teich Abrahams" die Hauptattraktion der Stadt, die Jahr für Jahr mehr als eine Million muslimische Pilger vor allem aus der Türkei und zunehmend auch (christliche) Touristen verzeichnet, die auf den Spuren Abrahams nach Urfa kommen. Zu dem Komplex mit dem 150 Meter langen und 25 Meter breiten Wasserbecken mit den heiligen Fischen darin – die man natürlich nicht fangen darf – gehören zwei flankierende Moscheen, die wahrscheinlich auf den Fundamenten ehemaliger Kirchen und Synagogen errichtet wurden. Eine von ihnen ist die nach Abraham benannte „Moschee des Freundes des Barmherzigen" (türk. *Halılürrahman Camii*) aus dem Jahre 1211. In der Umgebung von Urfa gibt es einen weiteren Gedenkort: eine natürliche Thermalquelle, die sog. Heiratsquelle (türk. *Aynel Arus*), die in Akçakale entspringt. Der Legende zufolge sollen Abraham und Sara hier geheiratet haben, während sie auf der Reise nach *Aleppo* waren, wo wiederum einer Lokaltradition zufolge der Erzvater seine Kuh gemolken und die Milch an die Armen verteilt haben soll. Seit langem gilt Urfa – nach Mekka, Medina, Jerusalem und Kairouan in Tunesien – als die fünftheiligste Stadt des Islams. Hier sollen außer Abraham auch etliche andere biblisch-koranische Gestalten gelebt haben, von Adam und Eva über Hiob bis hin zu Elia. Dass Urfa und die gesamte Harran-Region wegen Abraham für alle drei monotheistischen Religionen bis heute bedeutsam ist, kommt auch darin zum Ausdruck, dass in neuerer Zeit abrahamische Konferenzen bewusst in dieser Region abgehalten wurden.[181]

---

[180] Vgl. zu dieser Legende Beyza Bilgin, Beyza Teyzeden Hikāyeler [Tante Beyzas Geschichten] 1, Ankara 2001, S. 46–50: Ibrāhīm Peygamber ve Urfa ilimīz [Der Prophet Abraham und die Stadt Urfa]. Nach wieder einer anderen Überlieferung wurden die Feuerflammen um Abraham in rote Nelkenblüten verwandelt. Für diese Hinweise danke ich Canan Kalac.

[181] 2000 fand in Urfa die erste Harran-Konferenz statt zum Thema „Abraham. Ein Symbol der Hoffnung und ein Band der Einheit im Dialog für Juden, Christen und Muslime" (vgl. Bauschke, Internationale Recherche von Institutionen zum trilateralen Dialog von Juden, Christen und Muslimen, Berlin 2001, S. 126–128). Eine weitere Harran-Konferenz fand 2004 statt zum Thema „Religionen und Frieden im Licht des gemeinsamen Vaters Abraham". Vgl. den Bericht von Christian Troll SJ im Internet: http://www.sankt-georgen.de/leseraum/troll22.pdf (April 2014).

10. Abrahams Tod – oder: Die ruhelose letzte Ruhestätte

Auch über das Sterben und den Tod Abrahams und seiner Familie schweigt der Koran. Die Hebräische Bibel hingegen berichtet ausführlich darüber. Ein ganzes Kapitel ist dem Tod Saras sowie der Schilderung gewidmet, wie Abraham, der Migrant und Ausländer, der über keinen Landbesitz verfügt, anlässlich des Todes seiner Frau ein Stückchen Land erwirbt, um sie dort zu begraben. Diese Schilderung in Genesis 23 endet mit den Worten (Einheitsübersetzung): „Danach begrub Abraham seine Frau Sara in der Höhle des Grundstücks von Machpela, bei Mamre, das jetzt Hebron heißt, in Kanaan. Das Grundstück samt der Höhle darauf war also von den Hetitern als Grabstätte in den Besitz Abrahams übergegangen." Zwei Kapitel später wird der Tod Abrahams folgendermaßen geschildert (Genesis 25,7–10, Einheitsübersetzung):

> Das ist die Zahl der Lebensjahre Abrahams: Hundertfünfundsiebzig Jahre wurde er alt, dann verschied er. Er starb in hohem Alter, betagt und lebenssatt, und wurde mit seinen Vorfahren vereint. Seine Söhne Isaak und Ismael begruben ihn in der Höhle von Machpela bei Mamre, auf dem Grundstück des Hetiters Efron, des Sohnes Zohars, auf dem Grundstück, das Abraham von den Hetitern gekauft hatte. Dort sind Abraham und seine Frau Sara begraben.

Auch wenn es im Koran keine Angaben über Abrahams Tod und seine Bestattung in Hebron gibt, haben die Muslime von den Juden selbstverständlich Hebron (hebr. *Chewron*) als eine heilige Stätte zur Verehrung Abrahams übernommen. Das fiel ihnen umso leichter, als der Bericht der Bibel den Tod Abrahams in einer Weise schildert, die gut zum koranischen Abrahambild passt. Denn zum einen eroberte Abraham das Stück Land für sein Familiengrab nicht mit Gewalt – was seiner Vorbildfunktion sicher abträglich gewesen wäre. Vielmehr erwarb Abraham die Höhle regulär, indem er sie ihrem Besitzer abkaufte. Zum anderen schildert der Genesistext, dass seine beiden Söhne ihren Vater gemeinsam begruben. Von einer Rivalität der Brüder ist in dieser Szene nicht das Geringste zu spüren. Neben Mekka, auf das wir später nochmals ausführlich zurückkommen werden, bilden Urfa und Hebron zwei weitere zentrale Markierungen in der Abraham-Topographie der islamischen Tradition. Die beiden Städte sind den Überlieferungen zufolge durch Abraham miteinander verbunden. Zwischen Urfa und Hebron spannt sich der Bogen vom Anfang zum Ende des Lebens Abrahams, so wie sich zwischen Mekka und Medina der Bogen vom Anfang zum Ende des Lebens Muhammads spannt.

Hebron im Westjordanland – 30 Kilometer südlich von Jerusalem in über 900 Meter Höhe gelegen – ist womöglich noch einmal tausend Jahre älter als Urfa. Hebrons arabischer Name lautet, vergleichbar dem Beinamen Urfas, die sich als „Stadt Abrahams" rühmt, schlicht *al-khalīl* im Sinne von: „die Stadt des Freundes Gottes". Im vierten Kapitel kamen wir auf diesen wichtigsten Ehrentitel des Erzvaters (Sure 4,125) zu sprechen: „Gott nahm sich Abraham zum Freund." Aus diesem Ehrentitel des Korans ist in der späteren islamischen Tradition der Beiname Abrahams geworden, der in unterschiedlichen Varianten gebräuchlich ist: „Gottesfreund" (arab. *khalīlullāh*) oder „Abraham, der Freund" (*Ibrāhīm al-khalīl*) oder einfach nur „der Freund" (*al-khalīl*). Dieser Beiname ist in der islamischen Welt derart bekannt – vergleichbar dem koranischen Titel *Ibn Maryam* („Sohn Marias") für Jesus –, dass jeder Muslim und jede Muslimin bei seiner Erwähnung sogleich weiß, wer damit gemeint ist. Die islamische Tradition hat also den koranischen Ehrentitel für Abraham direkt auf Hebron übertragen. Die (bis 1968) praktisch nur von Muslimen bewohnte Stadt versteht sich als *al-madīnat al-khalīl*: als die Stadt des Gottesfreundes Abraham. Bis auf den heutigen Tag pilgern Juden und Muslime sowie bisweilen auch Christen nach Hebron alias Al-Khalil zum Grab Abrahams, das Juden die „Höhle von Machpela" (hebr. *me'arat ha-Machpela*), Muslime „das Heiligtum des Gottesfreundes" (arab. *al-haram al-khalīl* oder *al-haram al-Ibrāhīmī*) nennen. Der jüdischen Überlieferung zufolge sollen sich hier außer Saras Grab auch die Gräber ihrer Nachkommen befinden: die Gräber Isaaks, Rebekkas, Leas und Josephs.

Im Gegensatz zu Urfa und der Harran-Region, die zunehmend von friedlichen Begegnungen zwischen den monotheistischen Religionen geprägt wird, ist Hebron in neuerer Zeit jedoch – bedingt durch den Israel-Palästina-Konflikt – nicht allein ein heiliger Ort der Erinnerung an Abraham, sondern auch ein unheiliger Ort blutiger Auseinandersetzungen zwischen militanten Fanatikern auf beiden Seiten geworden. Wiederholt flammte dort der Streit der rivalisierenden Erben Abrahams auf, der in den vergangenen 100 Jahren immer häufiger und brutaler eskalierte. So etwa 1929, als auf Betreiben des Großmuftis von Jerusalem, Muhammad Amin al-Husseini (gest. 1974), eines Kollaborateurs der deutschen Nationalsozialisten und Mitglieds der SS, bei einem Massaker siebenundsechzig Juden von Arabern umgebracht wurden. Oder 1974, als acht Juden bei einem Bombenattentat ums Leben kamen. Oder 1994, als der zionistische Siedler Baruch Goldstein unter Berufung auf die Tora und den Willen Gottes mit einem Sturmgewehr neunundzwanzig Muslime während des rituellen Gebets ermordete und zahlreiche verletzte, bis er selber niedergemacht wurde. Oder 2008, als es zu pogromartigen Ausschreitungen radikaler israelischer Siedler unter der Führung des ultraorthodoxen Juden Baruch Meir Marzel gegen palästinensische Bewohner Hebrons kam. Heutzutage bietet Hebron bzw. Al-Khalil ein Bild absoluter Trostlosigkeit, wie sie Geisterstädten anhaftet. 60 % der Fläche des Westjordanlandes werden derzeit durch das israelische Militär kontrolliert. Wie das Land, so ist auch die Stadt durch eine riesige Mauer zweigeteilt. Mit zahllosen Kontrollposten hat das Militär seit 1994 zudem das gesamte öffentliche Leben in der arabischen Altstadt faktisch lahmgelegt, weil sich einige Hundert Siedler dort mitten unter 30 000 Palästinensern eingenistet haben. Nur Siedler und Soldaten können sich überhaupt noch frei bewegen. Auch das sog. Grab der Patriarchen in der vom israelischen Militär kontrollierten Altstadt ist regelrecht zerschnitten. Juden und Muslime können nur – zu verschiedenen Zeiten und durch getrennte Eingänge kommend – in jeweils eigenen Bereichen, die als Synagoge bzw. Moschee eingerichtet sind, an den Kenotaphen Abrahams und Saras beten. Sicherheitsschleusen, Kontrollposten, Gitter trennen die Betenden voneinander. Diese absurden Verhältnisse stehen im krassen Widerspruch zur zitierten Notiz der Bibel, dass nämlich Ismael und Isaak gemeinsam am Grab Abrahams beteten und auf diese Weise Schulter an Schulter ihrem Vater die letzte Ehre erwiesen haben. Heutzutage scheint ein gemeinsames Totengebet von Juden und Muslimen in Erinnerung an Abraham, Ismael und Isaak ein Ding der Unmöglichkeit geworden zu sein. Israelische Juden beanspruchen das Grab Abrahams als genuin jüdischen Gedenk- und Gebetsort. Arabische Muslime widersprechen ihnen: Sie beanspruchen ihrerseits „das Heiligtum des Gottesfreundes" als genuin muslimischen Gedenk- und Gebetsort.[182] Welchen Wert, mag man sich fragen, hat es dann noch, dass sich beide Völker und Religionen auf den Erzvater berufen? Sehr nachdenkenswert sind die Worte aus einem Gedicht des polnisch-israelischen Dichters Shalom Joseph Shapira (gest. 1990). Unter dem Namen *Shin Shalom* hat er zahlreiche, teils pazifistische Gedichte geschrieben. Er gilt als ein wichtiger Vertreter der zeitgenössischen hebräischen Literatur. Das folgende Gedicht appelliert an die Bereitschaft zur Versöhnung und hofft auf eine Rückkehr der beiden Brudervölker zur Eintracht. Es ist dank der Vermittlung progressiver Rabbiner zum Bestandteil des Jüdischen Gebetbuchs für die hohen Festtage der Reformsynagogen von Großbritannien geworden:

Ismael, mein Bruder,
wie lange sollen wir einander bekämpfen?
Mein Bruder aus vergangenen Zeiten,
mein Bruder – Hagars Sohn,
mein Bruder, der Wanderer.
Ein Engel war uns beiden gesandt.
Ein Engel wachte über unserem Heranwachsen.
Da ist die Wüste, toddrohend durch Durst,
ich, ein Opfer auf dem Altar, Sarahs Erster.
Ismael, mein Bruder, höre mein Bitten:
es war ein Engel, der dich an mich band.
Die Zeit wird knapp, leg den Haß schlafen.
Schulter an Schulter, laß uns unsere Schafe tränken.[183]

---

[182] Vgl. im Internet den Bericht der *New York Times* vom 25. Februar 2010: http://www.ny times.com/2010/02/26/world/middleeast/26hebron.html?scp=1&sq=israeli%20shrine&st=cse &_r=0 (Januar 2014).

[183] Zit. nach: Jonathan Magonet, Die subversive Kraft der Bibel, Gütersloh 1998, S. 54f. Das Gedicht findet sich auch in: Kuschel, Streit um Abraham. Was Juden, Christen und Muslime

So selbstverständlich die islamische Welt die jüdische Hebrontradition übernommen hat, so unbefriedigend blieb es für die Muslime der Frühzeit natürlich, im Koran keine eigenständigen Angaben zum Tod Abrahams vorliegen zu haben. So bildeten sich nach dem Vorbild der jüdischen und der judenchristlichen Tradition auch im Islam volkstümliche Legenden über das Sterben Abrahams aus. Zum Vergleich sei zunächst auf eine Schrift aus vorislamischer Zeit verwiesen. Im schon erwähnten *Testament Abrahams*, einer im 2. bis 3. Jahrhundert u. Z. entstandenen, ursprünglich wohl jüdischen Schrift, werden anschaulich und humorvoll die Umstände von Abrahams ängstlichem, durchaus *widerwilligem Sterben* erzählt. Abraham ist mittlerweile sehr in die Jahre gekommen. Er soll – je nach handschriftlicher Überlieferung – 175, 195 oder sogar 995 Jahre zählen![184] Der Erzengel Michael wird von Gott damit beauftragt, Abraham die Botschaft seines bevorstehenden Todes zu überbringen. Ein letztes Mal agiert der Erzvater gemeinsam mit Isaak als Gastgeber, wie er seinen Sohn wissen lässt (3,6): „mein Herz sagt mir, daß dies das letzte Wasser ist, das ich in einem Gefäß herbeibringe und damit die Füße eines fremden Mannes wasche. Siehe, ich sage dir, oh mein geliebter Isaak, mein Sohn, dies ist das letzte Mal, daß du deinen guten, alten Vater sehen wirst." Zwischen Abraham und Isaak wird ein inniges Verhältnis beschrieben, von dem in der Tora nichts zu spüren ist. Geschildert werden die Schwierigkeiten des Erzengels, dem Erzvater die Todesbotschaft tatsächlich zu übermitteln. Erst nach einer längeren Himmelsreise, welche Abraham Einblick in das Jenseits und Gottes Gericht über die Seelen verleiht (Kap. 8–11), wird ein neuer Anlauf unternommen. Gott entsendet Michael und dieser seinerseits den Tod, welcher Abraham im Innersten erschaudern lässt (13,1–2): „Darauf weinte Abraham und schrie in großer Furcht und mit lauter Stimme nach seinem Sohn Isaak, indem er sprach: ‚Komm zu mir, oh mein Sohn, vielleicht erkennst du diesen, der um meine Schlafstätte umhergeht, diesen, der mich in Furcht und Schrecken versetzt hat!'" Als Abraham sich dann doch dem Tod zu stellen wagt, ist er von dessen schönem Äußeren überrascht und fragt nach dem Grund dafür. Die Antwort des Todes lautet (14,9): „Diese Schönheit ist für dich allein, und mit der Schönheit der Werke eines jeden einzelnen kleide ich mich und komme zu ihm." Mit anderen Worten: Wer ein nach religiösen Maßstäben schönes, Gott wohlgefälliges Leben gelebt hat, der darf auch einen schönen Tod sterben. Ein solcher ist Abraham am Ende

---

trennt – und was sie eint, a. a. O. S. 289 f.; Thalmayer, Abraham und das Vermächtnis seiner Frauen. Eine Vision für Frieden zwischen Juden und Arabern im Sinne der Abrahamischen Ökumene, Oberursel 2001, S. 221.

[184] Das Alter von 175 Jahren gibt die arabische Version (15,10), das Alter von 195 Jahren geben die äthiopischen Versionen (15,10), und das extrem hohe Alter von 995 Jahren findet sich in der längeren griechischen Version (Rezension A 1,1). Alle Zitate im Haupttext folgen der Übersetzung von Martin Heide, Das Testament Abrahams, a. a. O. S. 133 ff.

beschieden (15,8–9): „Darauf nahm Michael die Seele Abrahams, und er hüllte sie mit Gewändern ein, weiß wie Schnee. Er hob sie auf einen leuchtenden Wagen, nachdem ihr die Engelheere vorausgegangen waren, bis sie sie den Ruhestätten übergaben." Ähnliche Geschichten finden sich auch unter den islamischen Abrahamlegenden. Diese sind gleichfalls humorvoll bis grotesk gestaltet. Selbstverständlich erscheint auch hier der Tod bzw. der Engel des Todes als der letzte Gast, den Abraham, der „Vater der Gäste", zu bewirten hat. Typisch islamisch ist, dass das jüdische Erzählelement von Abrahams ängstlichem, widerwilligem Sterben abgeschwächt und schließlich ins Gegenteil gewendet wird. Der Tod darf auf Gottes Befehl hin die Seele Abrahams, seines Freundes, nur mit dessen ausdrücklichem vorherigem Einverständnis hinwegnehmen: als die letzte Hingabe des Freundes an den Freund. Das Motiv von Ibrāhīms Tod wird in diversen Legenden mit vielen Varianten überliefert, von denen im Folgenden zwei zitiert werden. In der ersten Fassung, überliefert von al-Thaʿlabī nach Ismāʿīl ibn ʿAbd ar-Rahmān as-Suddī (gest. 745), wird besonders drastisch geschildert, dass und wie Gott Abraham vor den hässlichen Seiten des Alters gerade noch bewahrt:

> Die Chronisten und Biographen sagen: Als Gott die Seele Abrahams zu sich nehmen wollte, schickte er den Todesengel in der Gestalt eines sehr alten Mannes zu ihm. (...) Abraham war freigebig im Bewirten. Er speiste und bewirtete Leute, und als er dies tat, war da plötzlich ein alter Mann, der auf der Straße vorbeiging. Abraham schickte ihm einen Esel, der Mann stieg auf, und als er zu Abraham kam, brachte dieser ihm Speise. Der Mann schickte sich an, einen Bissen zu nehmen und wollte ihn in den Mund stecken, steckte ihn aber einmal ins Auge, dann ins Ohr. Als er ihn dann in den Mund gesteckt hatte, wanderte er zum Magen und kam hinten wieder heraus. Abraham aber hatte seinen Herrn (sc. Gott) gebeten, seine Seele nicht eher zu sich zu nehmen, als bis er ihn darum bäte. Er fragte den Greis, als er dessen Zustand sah: „Wie kommt es, Alter, daß du das machst?" Er sagte: „Weil ich alt bin, Abraham!" Abraham fragte ihn: „Wie alt bist du?" Er nannte ihm sein Alter. Da rechnete Abraham nach und fand, daß der Mann zwei Jahre älter war als er. Er sagte zu ihm: „Zwischen mir und dir sind nur zwei Jahre. Wenn ich so alt bin wie du, werde ich wie du." Der alte Mann sagte: „So ist es." Abraham aber sagte: „Gott! Nimm mich vorher zu dir!" Da stand der alte Mann auf und ergriff Abrahams Seele. Er war der Todesengel. Abraham war zweihundert Jahre alt. Andere sagen hundertfünfzig Jahre. Er wurde neben Sara auf dem Acker von Hebron begraben.[185]

Die zweite Fassung derselben Legende, die sich bei dem großen mittelalterlichen Theologen *Abū Hāmid Muhammad al-Ghazālī* (gest. 1111) findet, ist wesentlich kürzer und eher mystisch eingefärbt. In dieser Fassung scheint in abgeschwächter Form noch das Erzählelement von Abrahams widerwilligem Sterben auf, das dann in Hingabe an den Tod, an den Todesengel und damit letztlich an Gott mündet. Abrahams

---

[185] Zit. nach: Islamische Erzählungen von Propheten und Gottesmännern, a. a. O. S. 131.

Einwilligung ist ultimativer Islam. Und dieser ist ultimative Hingabe an das Absolute, an den göttlichen Geliebten:

> Es heißt in der Überlieferung, dass Abraham, der Freund Gottes, als der Todesengel kam, um seine Seele hinwegzunehmen, zu ihm sprach: „Hast du je einen Freund gesehen, der seinen Freund tötet?" Da offenbarte ihm Gott: „Hast du je einen Liebenden gesehen, der sich sträubte, zu seinem Geliebten zu kommen?" Da sagte er: „O Todesengel, jetzt nimm meine Seele, denn nun willige ich darein."[186]

Hier wird der Tod Abrahams als Heimkehr des menschlichen Freundes zum göttlichen Freund, als Rückkehr des Geliebten zum Geliebten verstanden. Es ist nicht der Abraham, in dessen „Schoß" gepeinigte Menschen im Jenseits sprichwörtlich Ruhe und Trost finden, wie es sich die christliche Tradition ausgemalt hat. Sondern es ist der Abraham, der seinerseits in Gottes Schoß seine letzte Zuflucht und ewige Ruhe gefunden hat.[187]

---

[186] Zit. nach: Al Ghasāli (sic!), Das Elixier der Glückseligkeit. Aus dem Persischen und Arabischen übertragen von Hellmut Ritter, Neuausgabe Kreuzlingen/München 2008, S. 174f.

[187] Im Neuen Testament, im Gleichnis Jesu vom reichen Mann und armen Lazarus heißt es (Lukas 16,22): „Als nun der Arme starb, wurde er von den Engeln in Abrahams Schoß getragen." Der Reiche jedoch muss Qualen in der Unterwelt erleiden. „Abrahams Schoß" ist die Gegenwelt dazu: ein entrückter, paradiesischer Ort der Geborgenheit jenseits aller Qualen.

11. Abrahams Beschneidung – oder: Ein Passageritus im Wandel

In der Erzählung „Monsieur Ibrahim und die Blumen des Koran" (1999) von *Éric-Emmanuel Schmitt* entdeckt ein jüdischer Junge namens Moses, dass auch sein Freund Ibrahim, der alte muslimische Händler, beschnitten ist. Darauf erwidert dieser:

> „Die Moslems, Momo, genau wie die Juden. Das ist das Opfer von Abraham: Er streckt sein Kind Gott entgegen und sagt ihm, daß er es haben kann. Dies Stückchen Haut, das uns fehlt, ist das Mal Abrahams. Bei der Beschneidung muß der Vater seinen Sohn halten, der Vater bringt seinen eigenen Schmerz dar zur Erinnerung an das Opfer Abrahams."[188]

Dass die Beschneidung (hebr. *mīla*) unter Juden üblich war, hat Muhammad sicher gewusst. Und dass Abraham an ein und demselben Tag sich, seinen Erstgeborenen Ismael, alle Männer seines Hausstandes sowie später auch Isaak beschnitten hat, wie die Hebräische Bibel erzählt (Genesis 17,23–27; 21,4), ist sicher auch allgemein bekannt gewesen. Dennoch taucht dieses Motiv im Koran nirgends auf. Wir erfahren weder dass Abraham sich selbst noch dass er seine Söhne beschnitten habe. Überhaupt wird nirgendwo im Koran die Beschneidung (arab. *khitān*) erwähnt. Das hat seinen guten Grund. In der Hebräischen Bibel gilt die Beschneidung nämlich als ein Symbol des Bundes Gottes mit seinem auserwählten Volk, wie Genesis 17,10–12 deutlich macht, wo Gott zu Abraham sagt:

> „Dieses ist der Bund zwischen mir und dir und deinem Samen nach dir, den ihr halten sollt: Ihr müsst alles beschneiden, was männlich ist. Beschneidet eure Vorhaut! Dieses soll das Bundeszeichen sein zwischen mir und euch. Alles Männliche bei euren Nachkommen soll, wenn es acht Tage alt ist, beschnitten werden (…)."

Dass der Koran die Beschneidung generell nicht erwähnt, mag man damit erklären, dass sie zu Muhammads Zeiten auch auf der Arabischen Halbinsel bereits so weit verbreitet war, dass es schlicht nicht notwendig war, sie zu erwähnen. Dass der Koran jedoch speziell die Beschneidung Abrahams und seiner Söhne mit keinem einzigen Wort erwähnt, erklärt sich daraus, dass der Koran – wie bereits Paulus und das Johannesevangelium im Neuen Testament – die exklusive Erwählung Israels zum Bundesvolk Gottes bestreitet, wofür gerade das Ritual der Beschneidung seit jeher galt. Die Beschneidung Abrahams wird erst in der islamischen Tradition thematisiert, doch anders als in der Bibel ohne jeden Bezug zur Idee einer Erwählung. In den Hadithsammlungen wie auch in den Prophetenerzählungen wird ein Wort Muhammads von *Abū Huraira*, dem Gefährten des Propheten, überliefert: „Abraham war der erste, der beschnitten wurde. (…) Abraham beschnitt sich selbst mit der Axt, als er hundertzwanzig Jahre alt war. Danach lebte er noch achtzig

---

[188] Monsieur Ibrahim und die Blumen des Koran, Frankfurt/M. 2004, S. 58 f.

Jahre."[189] Dass Abraham historisch mitnichten der „Erfinder der Beschneidung"
war, sollte hinzugefügt werden. Diesen Brauch übernahmen die halbnomadischen
Sippen und ihre Repräsentanten – die Erzväter – von den Ägyptern (vgl. Genesis
12,10–20: Abraham in Ägypten!), bei denen die Beschneidung mindestens seit der
Zeit um 4000 v. u. Z. belegt ist und bereits damals allgemein gebräuchlich war.[190]
Wie Abraham seine Söhne Ismael und Isaak selbst beschnitt, so soll der islamischen
Tradition zufolge auch Muhammad seine beiden Enkelsöhne Hasan und Husain –
die Söhne seiner Tochter Fātima – eigenhändig beschnitten haben.[191]

Heutzutage gilt die Beschneidung, neben dem Verbot von Alkohol und Schwei-
nefleisch, als ein typisches und wesentliches Merkmal islamischer Lebenspraxis.
Von den Rechtsschulen wird sie teilweise als gebotene religiöse Pflicht (arab. *fardh*),
die Voraussetzung sei für das gültige Umschreiten der *Kaʿba* bei der Pilgerfahrt, teilweise auch nur als empfehlenswerte Nachahmung Muhammads betrachtet, die zudem viele medizinisch-hygienische Vorteile mit sich bringe. In jedem Fall ist die
Beschneidung ein zentraler Ritus und in traditionellen islamischen Milieus ein Höhepunkt in der Erziehung und Sozialisation von heranwachsenden Jungen. Während
im Judentum die Entfernung der Vorhaut nach dem *Vorbild Isaaks* (Genesis 21,4)
geburtsnah – bereits am achten Tag – vollzogen wird, ist die Beschneidung in der
islamischen Welt traditionell überwiegend am *Vorbild Ismaels* ausgerichtet gewesen,
welcher Genesis 17,25 zufolge als 13-Jähriger beschnitten wurde. Hier wird die Beschneidung einerseits als religiöses Fest der Aufnahme in den Islam als mündiger
Muslim gefeiert, andererseits aber auch als mit Schmerzen und Tapferkeit verbun-
denes Übergangsritual, d. h. als Initiation der meist neun- bis dreizehnjährigen Ju-
gendlichen in den Kreis der Männer, ihrer (Vor)Rechte und ihrer Sexualität. Aufgrund von empirischen Untersuchungen kann man sagen, „dass die Beschneidung
in islamisch geprägten Gesellschaften als kollektives Erlebnis einen bedeutenden
Einfluss auf die geschlechtsspezifische Identität (sc. des Beschnittenen) als Mann

---

[189] Zit. nach: Islamische Erzählungen von Propheten und Gottesmännern, a. a. O. S. 132.
Dieses Hadith findet sich auch bei vielen anderen Sammlern. Genesis 17,24 zufolge war Abraham bei seiner Beschneidung 99 Jahre alt.

[190] Joachim Friedrich Quack: Die traditionelle Beschneidung, ihr Verbot und ihre Sondergenehmigung im Alten Ägypten, in: Heil/Kramer (Hg.), Beschneidung – Das Zeichen des
Bundes in der Kritik. Zur Debatte um das Kölner Urteil, Berlin 2012, S. 17–22. *Quack* zufolge
(S. 17) ist das Alte Ägypten „wohl diejenige Kultur, in der man die Beschneidung am weites-
ten zurückverfolgen kann."

[191] Vgl. Halit Ünal, Art. Beschneidung islamisch, in: Lexikon des Dialogs. Grundbegriffe
aus Christentum und Islam, hg. von R. Heinzmann, Bd. 1, Freiburg 2013, S. 101. Ünal verweist als Quelle auf das „Buch der großen Traditionen" (arab. *Kitāb as-Sunan al-kubrā*) von
Abū Bakr Ahmad ibn Husain al-Baihaqī (gest. 1066), Bd. 8, S. 56, Nr. 17563.

ausübte."[192] Die rituellen Zeremonien sind in jedem Fall mit großen Familienfeiern verbunden, in denen „die kleinen Prinzen" im Mittelpunkt stehen.

Allerdings lassen sich hierzulande, in der Türkei, in Nordafrika, aber auch im Nahen Osten seit einigen Jahren Veränderungen beobachten. Es gibt eine wachsende Zahl von muslimischen Eltern, die ihre Söhne doch schon im Kleinkindalter beschneiden lassen, um Traumatisierungen vorzubeugen, Kosten zu sparen und auch, um ein überkommenes, auf Dominanz und Sexualität fokussiertes Männlichkeitsideal allmählich zu verabschieden, wie *Baar Alabay* beschreibt:

> Die aktuelle Entwicklung in der Türkei und auch in der türkischen Gesellschaft in der Bundesrepublik lassen die Vermutung zu, daß der Aspekt der „Mann-Werdung" im Zusammenhang mit der Beschneidung zurückgehen könnte. Auf der einen Seite scheint ein neues Bewusstsein in Sachen Kindeswohl zu entstehen – jüngere, nicht mehr so stark an Traditionen gebundene, türkische Eltern nehmen das Kind vermehrt im Sinne der Entwicklungspsychologie wahr und behandeln es kindgemäß – im Gegensatz zu älteren, traditionsgebundenen Generationen. Sie wollen es weder psychisch noch physisch belastet sehen, präferieren daher die Beschneidung in der Klinik und tendieren auch womöglich verstärkt zum Eingriff im Säuglingsalter. Auf der anderen Seite scheint die ökonomische Situation eine Rolle zu spielen – die aufwendigen und kostspieligen Feste kann und will sich nicht mehr jeder leisten. Gegenwärtig wird in der Türkei propagiert, daß man im Säuglingsalter beschneidet und die Feier im Kindes- oder Jugendalter nachholt. Deswegen ist annehmbar, dass sich die Beschneidung nicht als Übergangsritus vom Kind zum Mann halten wird. Als islamische Quasi-Pflicht wird sie erhalten bleiben, womöglich aber von der „Mann-Machung" und Männlichkeitssymbolik abgekoppelt.[193]

Von Männern, die als Erwachsene zum Islam konvertieren, wird allgemein erwartet, dass sie die Beschneidung nachholen. Gerade sie als Erwachsene ahmen damit das Vorbild Abrahams am deutlichsten nach: Nun sind auch sie Träger von „Abrahams Mal". Ausdruck typisch volksislamischer Vorstellungen ist die Auffassung, dass die ganz großen Gottesboten wie Mose, Jesus und Muhammad nicht nur sündlos waren, sondern auch bereits beschnitten – also ohne Vorhaut – geboren wurden. Hier gilt das Beschnittensein als ein (über)natürliches Zeichen des Prophetentums überhaupt. Davon wissen die biblischen Schriften allerdings nichts, die ganz selbstverständlich Abrahams, Moses oder Jesu Beschneidung erwähnen bzw. voraussetzen.

---

[192] Kaja S. Haeger, Die Beschneidung als Initiationsritus und ihre Bedeutung für die Herausbildung männlicher Geschlechtsidentität. Marokkanische Jungen in der Pubertät, Stuttgart 2005, S. 15. Einen Überblick über die Geschichte der islamischen Beschneidungspraxis gibt Chebel, Histoire de la circoncision, Paris 2005.

[193] Kulturelle Aspekte der Sozialisation: Junge türkische Männer in der Bundesrepublik Deutschland, Wiesbaden 2012, S. 15. Vgl. die detaillierte Beschreibung ebd. S. 158ff.

12. Abrahams andere Ehefrau – oder: Hagars Rehabilitierung

Hagar, die Sklavin aus Ägypten (Genesis 16,1), steht bereits in der Hebräischen Bibel und später sowohl im Judentum als auch im Christentum völlig im Schatten Saras. Nicht anders ist es im Koran, der sie im Unterschied zu Sara nicht einmal explizit erwähnt. Erst die islamische Tradition hat Hagar (arab. *Hādjar*), die andere Frau Abrahams und Konkurrentin Saras, aus ihrem Schattendasein hervorgeholt und ins helle Licht gerückt, sie rehabilitiert und sogar zur Urmutter der (arabischen) Muslime gemacht. Wer ist Hagar überhaupt gewesen und was für ein Leben mag sie gelebt haben? Im historischen Sinne sind diese Fragen natürlich ebenso spekulativ wie die nach Abraham und Sara. Es gibt keine wirklich fassbare Gestalt, sondern auch hier nur verschiedene Hagardarstellungen verschiedener Gruppen. Zunächst jedoch seien die Hagargeschichten aus der Tora zitiert. Wer diese nicht kennt, versteht auch das islamische Hagarbild nicht, dessen Ausgangspunkt sie sind. Das Buch Genesis berichtet über Hagar und ihren Sohn Ismael in zwei ausführlichen, einander ähnelnden Erzählungen, die von unterschiedlichen Autoren stammen. Die erste findet sich in Kapitel 16:

> 1 Sarai [= Sara], Awrams [= Abrahams] Frau, gebar keine Kinder. Sie hatte eine mizrische [= ägyptische] Magd, die Hagar hieß. 2 Da sprach Sarai zu Awram: „Siehe, der Ewige hat mich verschlossen, dass ich nicht gebäre. Komm lieber zu meiner Magd. Vielleicht werde ich durch sie gebaut [d. h. bekomme ich durch sie einen Sohn]." Awram gehorchte der Stimme Sarais. 3 Da nahm Sarai, Awrams Frau, ihre mizrische Magd Hagar (nachdem Awram zehn Jahre im Lande Kenaan [sic!] gewohnt hatte) und gab sie ihrem Mann Awram zur Frau. 4 Er kam zu Hagar und sie ward schwanger. Als sie sah, dass sie schwanger geworden war, ward ihre Herrin gering in ihren Augen. 5 Da sprach Sarai zu Awram: „Ich muss Unrecht leiden durch dich. Ich habe meine Magd in deinen Schoß gelegt. Als sie sah, dass sie schwanger geworden war, ward ich gering in ihren Augen. Der Ewige richte zwischen mir und dir!" 6 Awram sprach zu Sarai: „Deine Magd ist in deiner Gewalt. Tue ihr, was dich gut dünkt." Sarai demütigte sie hierauf, so dass sie von ihr fortlief. 7 Es fand sie ein Engel des Ewigen in der Wüste an einem Wasserquell, nämlich am Quell auf dem Wege [nach] Schur. 8 Und er sprach: „Hagar, Magd der Sarai! Wo kommst du her? Und wohin gehst du?" Sie sprach: „Ich fliehe vor meiner Herrin Sarai." 9 Der Engel des Ewigen sprach wieder: „Kehre zu deiner Herrin zurück und demütige dich unter ihre Hände." 10 Der Engel des Ewigen sprach ferner zu ihr: „Ich will deinen Samen [= deine Nachkommen] mehren, dass er vor Menge nicht soll gezählt werden können." 11 Auch sprach der Engel des Ewigen zu ihr: „Du bist nun schwanger und wirst einen Sohn gebären. Diesen sollst du ‚Jischmael' [= Gott hört] nennen, denn der Ewige hat dein Elend erhört. 12 Er aber wird ein wilder Mensch sein[194], seine Hand wider jedermann, und jedermann wider ihn. Und er wird vor allen seinen Brüdern wohnen." (...) 15 Hagar gebar dem Awram einen Sohn, und Awram nannte seinen Sohn, welchen Hagar geboren hatte, „Jischmael". 16 Awram war sechsundachtzig Jahre alt, als Hagar Jischmael gebar.

---

[194] Wörtlich: „Er wird ein Wildeselmensch sein."

Die zweite Hagar-Ismael-Geschichte steht in Genesis 21:

> 9 Eines Tages beobachtete Sara, wie der Sohn, den die Ägypterin Hagar Awraham geboren hatte, umhertollte.[195] 10 Da sprach sie zu Awraham: „Jage diese Magd und ihren Sohn fort, denn der Sohn dieser Magd soll nicht mit meinem Sohn, nämlich mit Jizchak, erben." 11 Dieses missfiel den Augen Awrahams um seines Sohnes [= Jischmaels] willen. 12 Aber Gott sprach zu Awraham: „Lass dir nicht bange sein um den Knaben und um deine Magd! Was dir Sara sagen wird – gehorche! Denn nach Jizchak sollen deine Nachkommen benannt werden. 13 Aber auch den Sohn der Magd will ich zu einem großen Volk machen, weil auch er dein Nachkomme ist."[196] 14 Da stand Awraham des Morgens früh auf, nahm Speise und einen Schlauch mit Wasser, gab es der Hagar, legte es auf ihre Schulter, wie auch das Kind, und schickte sie hinweg. Sie ging und verirrte sich in der Wüste Beer Schewa. 15 Als das Wasser in dem Schlauch zu Ende war, warf sie das Kind unter einen von den Bäumen. 16 Sie aber ging, setzte sich von ferne so weit wie ein Bogenschuss, denn sie sagte: „Ich will nicht zusehen, wenn das Kind stirbt." Sie saß also von ferne, erhob ihre Stimme und weinte. 17 Gott erhörte die Stimme des Knaben, und ein Engel Gottes rief der Hagar vom Himmel zu und sprach zu ihr: „Was ist dir, Hagar? Fürchte dich nicht, denn Gott hat die Stimme des Knaben erhört, da wo er jetzt ist. 18 Auf! Nimm den Knaben und schließe ihn in deine Arme, denn ich will ihn noch zu einem großen Volk machen." 19 Da öffnete Gott ihre Augen, dass sie einen Brunnen sah. Sie ging also [hin], füllte den Schlauch mit Wasser und ließ den Knaben trinken. 20 Gott war mit dem Knaben. Er wuchs heran, wohnte in der Wüste und ward ein Bogenschütze. 21 Er wohnte nämlich in der Wüste Paran [= in Richtung des heutigen Negev], und seine Mutter nahm ihm eine Frau aus dem Land Mizrajim [= Ägypten].

Es gibt hier nichts zu beschönigen. In diesen beiden Episoden wird ein regelrechtes Familiendrama erkennbar. Ihre Wirkungsgeschichte hat kollektive, völkerumspannende Ausmaße angenommen, die bis auf den heutigen Tag fortdauern. Als ob Abraham nicht schon genug durchmachen musste. Wir haben von seinem Konflikt mit dem Vater erfahren, der in der versuchten Verbrennung Abrahams, dem Abbruch der Beziehungen zum Vater sowie im Verlassen der Heimat gipfelte. Darauf folgte das Drama der versuchten Opferung seines Sohnes Isaak, das zwar für diesen glimpflich endete, möglicherweise aber zum Tod Saras und zum Bruch zwischen Vater und Sohn führte. Und nun ein drittes – chronologisch natürlich früheres – Drama, das aus dem Dilemma der Kinderlosigkeit Abrahams und Saras resultiert. Ein Dilemma, welches das alte Paar in die Wirren einer Dreiecksgeschichte führt, an deren Ende alle Beteiligten als Verlierer dastehen. Wie konnte es nur zu dieser weiteren Tragödie

---

[195] Dieser Vers ist in der verständlicheren Einheitsübersetzung wiedergegeben (Namen angepasst).

[196] Die letzten beiden Sätze sind in der korrekteren Einheitsübersetzung wiedergegeben. *Moses Mendelssohn* fügt vor Jizchak ein exklusives „nur" ein, das im hebräischen Text nicht steht. Die meisten hebräischen Handschriften lesen zudem „großes Volk" und nicht nur „Volk" wie Mendelssohn.

im Leben des Erzvaters kommen? Dazu muss man wissen: Gemäß altorientalischem (Gewohnheits)Recht war es möglich, dass eine Frau, die kinderlos blieb, dem Ehemann ihre Sklavin *offiziell* überließ – sofern der Mann als Familienoberhaupt und Eigentümer aller Sklaven nicht bereits „Hand an sie gelegt hatte"… Sollte die Sklavin dem Herrn des Hauses unter dieser Voraussetzung ein Kind schenken, so galt es als legitimes gemeinsames Kind des Paares (und nicht als Bastard des Familienoberhauptes). Die Genesistexte beschreiben eine klassische Eifersuchtsgeschichte. Deren Verlauf lässt schnell erkennen, dass es hier primär um die Rivalität der beiden Frauen Sara und Hagar geht und nicht um eine Rivalität ihrer Söhne Isaak und Ismael. Hagar, die Sklavin, die Ausländerin, die „Fremde", wie ihr Name anklingen lässt (von hebr. *ger* = „Fremder"), hat keine Rechte. Sie ist Sara, der „Fürstin", vom sozialen Status her unendlich weit unterlegen. Was konkret bedeutet, dass Hagar von Sara und Abraham nach Belieben für deren Interessen gebraucht – oder aus heutiger Sicht: missbraucht – werden kann. Hagar wird nie um ihre Meinung gefragt. Über ihr Schicksal wird von ihrem Herrn und ihrer Herrin über ihren Kopf hinweg entschieden. Als Sklavin, als – in der Sprache feministischer Kritik – „kolonisierte" Person bleibt ihr wenig anderes übrig, als sich zu fügen. Und doch wird sie nicht völlig passiv, als bloßes Opfer des Kalküls ihrer Herrin geschildert.

Das Blatt wendet sich zugunsten Hagars, als sie offenbar problemlos schwanger wird. Auch ist ausdrücklich zu beachten, dass Sara ihrem Mann Hagar „zur Frau" gegeben hat (Genesis 16,3). Hagar ist also nicht, wie man vielleicht meinen könnte, nur die Nebenfrau oder eine vorübergehende Konkubine („Kebsweib" in alten Übersetzungen) des Erzvaters. Vielmehr ist sie die offizielle *zweite Ehefrau Abrahams*, wie bereits der Midrasch betont.[197] Die Versuchung, sich jetzt in ihrer enorm verbesserten Stellung innerhalb der Sippe bei „der Fürstin" zu revanchieren, ist für „die Fremde" übermächtig und vielleicht sogar verständlich. Hagar wird arrogant und überheblich. Die werdende Mutter lässt die kinderlose Rivalin ihre Überlegenheit fühlen. Hagar, die andere Ehefrau Abrahams, fühlt sich als die wahre Fürstin. Sie fühlt sich als die eigentliche, weil fruchtbare Frau Abrahams. Kein Wunder, dass sich die kinderlose Fürstin, deren Ansehen in der Sippe nun ernsthaft bedroht ist, das nicht gefallen lässt. Der Neid und die Eifersucht der nun ihrerseits gedemütigten Sara werden so groß, dass ihr jedes Mittel recht ist, um ihre Überlegenheit über Hagar zurückzugewinnen. Dabei fällt auf, dass Sara sich als Opfer sieht. Immerzu sucht sie die Schuld bei den Anderen. *Gott* ist schuld an der Misere, da er sie unfruchtbar gemacht habe (Genesis 16,2). Durch *Abrahams* Zuwendung zu einer Anderen muss

---

[197] Bereschit Rabba, Parascha 45: „Und sie gab sie Abram, ihrem Manne, zum Weibe d. i. nur ihrem Manne, nicht einem andern, und zum Weibe, nicht zum Kebsweibe." Zit. nach der Übersetzung von August Wünsche in: Der Midrasch Bereschit Rabba, a. a. O. S. 211.

sie Unrecht – sprich: unter ihrer Eifersucht – leiden (16,5). *Hagars* Stolz ist dafür verantwortlich, dass ihr Selbstwertgefühl schwindet (16,5). Hagars und Abrahams Sohn *Ismael* ist durch die schiere Tatsache seiner Existenz ein Stachel in ihrer Seele, weil er sie an ihre eigene Unfruchtbarkeit erinnert (21,9).

Und was ist mit Abraham? Es braucht kein eigenes Nacherleben in einem Bibliodrama, um auch seine offenkundige Schwäche wahrzunehmen, welche die Genesistexte ebenso unbefangen aufdecken wie diejenige Saras. Abraham erscheint als ein willenloser Spielball im „Zickenkrieg" der rivalisierenden Ehefrauen. Davon zu berichten, wäre dem Vorbildcharakter Abrahams, an dem Muhammad alles gelegen war, abträglich gewesen. Dies dürfte – neben der Tatsache, dass Hagar als Sklavin in der Hand Saras geschildert wird – ein wesentlicher Grund dafür gewesen sein, dass der Koran dieses Dreiecksdrama überhaupt nicht erwähnt. Abraham sieht sich vor die Wahl zwischen seinen beiden Ehefrauen gestellt – und entscheidet sich für die Fürstin, für die Unfruchtbare. Genesis 16,6 deutet an, ohne es explizit auszusprechen, dass er auf Hagar fortan verzichtet und sie als Ehefrau verstößt, indem er sie an Sara zurückgibt: „Deine Magd ist in deiner Gewalt. Tue ihr, was dich gut dünkt." Hagars Wohlergehen, auch das seines Kindes in ihrem Bauch, sind ihm anscheinend nicht mehr wichtig, so dass die Fürstin nun freie Hand hat, sich zu rächen, also Hagar zurück in den Staub der Sklaverei zu drücken. Saras Demütigungen sind so gründlich – der Erzvater scheint diese nicht zu sehen oder nicht sehen zu wollen –, dass Hagar eines Tages davonläuft, weil sie diese – und die Ignoranz ihres Ex-Mannes? – nicht länger erträgt. Es ist das erste Mal, dass Hagar die Initiative ergreift, etwas aus eigenem Antrieb tut. Nach menschlichem Ermessen läuft sie in den sicheren Tod. Doch ein Engel holt sie zurück. Weil sie einige Zeit später dem Mann des Hauses, dem Oberhaupt der Großfamilie, einen männlichen Erben schenkt, steigt ihr Sozialprestige in der Sippe von neuem. Denn eine Mutter zählt mehr als eine Sklavin. Eine Mutter, die dem Herrn des Hauses einen – nicht einen, sondern *den ersten* – Sohn schenkt, ist noch viel mehr wert. So setzt sich die Rivalität der beiden Frauen fort. Die Mutter Ismaels, des ersten und bislang einzigen Sohnes Abrahams, ist jedenfalls die heimliche Fürstin des Hauses. Auf Dauer ein für Sara unerträglicher Zustand! Obwohl das eigentlich Sinn und Zweck ihres Vorschlags gewesen war (Genesis 16,2), funktioniert er emotional nicht: Sara kann Ismael nicht *als ihren Sohn* anerkennen und lieben. Ihrem Herzen ist der Sohn „der Fremden" ein Fremder. Ismael bleibt der „Sohn der Magd" (21,10), obwohl er wie ein eigener Sohn sie „(auf)bauen" und zur Mutter machen sollte (16,2). Das „Hagar-Projekt" der Fürstin ist gescheitert. Dann aber erweist es sich als überflüssig, da sie selbst durch Gottes Gnade schwanger wird.

So spielt Sara erneut Schicksal für Hagar – sehr zum Missfallen Abrahams „um seines Sohnes willen" (Genesis 21,11). Er muss Hagar aus der Sippe verstoßen und buchstäblich „in die Wüste schicken" – ein soziales, ein klimatisches, ein gnadenlo-

ses Todesurteil für eine alleinstehende Mutter mit Kind. Daran ist Abraham nicht
unschuldig. Offenbar tut er stets, was Sara ihm sagt, ohne Einwände zu erheben,
ohne zu feilschen, wie man das sonst von ihm kennt. *Todesurteile über seine Söhne*
ausgenommen, die er frag- und klaglos akzeptiert. Hagar und Ismael, die Fremden
und Unbequemen, werden ausgegrenzt. Sie werden ins Abseits gedrängt, ins Nichts
verstoßen. Doch dort im Niemandsland von Beer Schewa, wo nur Durst und Tod
drohen, *in der Hölle der Wüste wartet und wacht der gnädige Gott.* Es ist bemerkenswert, dass die Tora diese Szene gleich doppelt überliefert hat. Zweimal ist es Gott,
der die Tränen Hagars sieht, Gott, der das Schreien des Kindes hört, Gott, der die
Verzweifelte findet, der sie tröstet und mit Wasser aus einem Brunnen versorgt.
Gott hat ein Auge auf Hagar und Ismael, wohingegen der Erzvater beide Augen zu-
drückt, wenn seine Fürstin mit ihnen Schicksal spielt. Die *Parallele zwischen Ismael
und Isaak* ist offenkundig. Der Bibel zufolge errettet Gott beide Söhne, beide Erben
Abrahams vor dem Tod. Gott errettet Isaak, ehe dieser – vermutlich gegen den Willen Saras – als Opfer dargebracht wird. Ebenso errettet Gott Ismael, ehe dieser –
gegen den Willen Abrahams – in der Wüste verdurstet. Das Beziehungsgeviert, in
dem Abraham zwischen zwei Frauen und mit zwei Söhnen lebt, ist voller Gefahr
und Gewalt, voller Neid und Eifersucht – *und Gott rettet, was zu retten ist.* Kein Wunder, dass sich die aus dieser Konstellation hervorgegangenen Völker und Religionen
als Rivalen verstehen, die bis auf den heutigen Tag um Land und Rechte, um Respekt
und Anerkennung, um den Erzvater und sein Erbe streiten. Die letzten Verse der Genesis über Hagar (21,19–21) sind hoffnungsfroh gestimmt, wie *Jessica Grimes* mit
Recht bemerkt hat. Der Engel verweist sie auf einen Brunnen, auf das Wasser, das
ihr einen neuen Anfang, ein neues Leben in Freiheit ermöglicht:

> (…) dieses Wasser ist vor ihr, jenseits der Vergangenheit. Es ist ein Hinweis darauf, dass
> sie jetzt frei ist, das Vergangene hinter sich zu lassen und ihren eigenen Lebensweg zu su-
> chen. Es ist ein Zeichen der Hoffnung, dass ihr Leben nicht in der Vergangenheit ver-
> strickt bleiben muss, und dass der einzige Weg, dem Vergangenen zu entrinnen, darin be-
> steht, Verantwortung für ihr Leben zu übernehmen und ihr eigener Herr (sic!) zu werden.
> Was sie tut, indem sie ihrem Sohn eine Frau aussucht. Dies ist Hagars erste Wahl als freie
> Frau.[198]

Zwei der drei Dramen in der Großfamilie Abrahams erzählt auch der Koran, wie wir
gesehen haben. Doch das dritte Drama, diese Dreiecksgeschichte, wird nicht erwähnt. Sara kommt im Koran mehrfach vor, wie wir im ersten Kapitel gesehen
haben, doch Hagar wird nirgends genannt. *Weshalb der Koran Hagar überhaupt nicht
erwähnt, nicht einmal in den medinensischen Suren, ist ein Rätsel.* Hätte man nicht er-

---

[198] Reinterpreting Hagar's Story, in: lectio difficilior Nr. 1/2004, S. 1–12, Zitat S. 11 f. Vgl.
online unter: http://www.lectio.unibe.ch/04_1/Grimes.Hagar.pdf (März 2014).

warten können, dass spätestens mit der Erkenntnis Muhammads, dass Ismael ebenfalls ein Sohn Abrahams ist, auch dessen Mutter Hagar erwähnt wird? Allenfalls findet sich ein einziger, doch anonymer Hinweis auf sie in Sure 14. In einem Gebet Abrahams, das wir bereits im siebten Kapitel zitiert haben, wird womöglich auf Hagar und Ismael angespielt (Vers 37):

> Unser Herr, siehe, ich habe von meinen Nachkommen einige angesiedelt in einem unfruchtbaren Tal bei deinem Heiligtum, unser Herr, auf dass sie das Gebet (sc. dort) verrichten. Mach du, dass Menschenherzen sich hin zu ihnen neigen, und schenke ihnen Früchte für den Lebensunterhalt, vielleicht sind sie ja dankbar.

Nach einhelliger Auffassung der muslimischen Koranauslegung aller Zeiten spielt dieser Vers auf Hagar und Ismael an. Repräsentativ dafür sei der schon genannte *Muhammad al-Ghazālī al-Saqqā* zitiert. Seine Worte zu Sure 14,37 lassen zugleich erkennen, dass muslimische Koranauslegung über Abrahamverse in heutiger Zeit ohne politisch-theologische Seitenhiebe kaum denkbar ist:

> Dieser Zweig von Abrahams Nachkommenschaft kann auf Ismael zurückgeführt werden, seinen Sohn von seiner zweiten Ehefrau Hagar, wohingegen der andere Zweig zurückgeführt werden kann auf Isaak, den Vater Israels [= Jakobs], welcher Abrahams Sohn von dessen erster Ehefrau Sara war. (…) Es ist eine Ironie, dass die Juden sich selbst betrachten als Nachkommen der dominanten Ehefrau und die Araber als Abkömmlinge der sklavischen Ehefrau, womit sie der letzteren einen Minderwertigkeitskomplex verabreichen. Das Ganze ist absurd. Die Menschen sind alle gleich und werden lediglich in der Hinsicht unterschieden, ob sie Nähe zu Gott oder Angst vor Gott empfinden. Abrahams Erbe gehört allen seinen Nachkommen, und es ist schlicht der Allmacht Gottes unwürdig, ein besonderes Stück Land auf Dauer als das alleinige Eigentum der Kinder Jakobs zu bestimmen.[199]

Erst in der islamischen Tradition wird das im Koran unbekannte bzw. unerwähnt gebliebene Leben Hagars und ihres Sohnes Ismael ausführlich nacherzählt. Es gibt insgesamt Dutzende Varianten, allein 17 unterschiedliche Versionen, die von Abrahams Besuchen in Mekka erzählen und alle auf den Vetter Muhammads Abd Allāh ibn Abbās zurückgehen.[200] Im Folgenden sollen einige Hagar-Ismael-Legenden zusammenhängend, aber leicht gekürzt gemäß der Zusammenstellung bei *Ahmad Ibn Muhammad al-Tha'labī* wiedergegeben werden:

---

[199] A Thematic Commentary on the Qur'an, a. a. O. S. 264. Der Sheikh verweist in der Folge auf Sure 7,128, wo es heißt: „das Land gehört ja Gott".

[200] Vgl. die Auflistung der verschiedenen Versionen bei Firestone, Journeys in Holy Lands: The Evolution of the Abraham-Ishmael Legends in Islamic Exegesis, a. a. O. S. 63 ff. und S. 76 ff.

Sara wurde mit Isaak schwanger. Hagar aber war mit Ismael schwanger geworden und beide gebaren zusammen. Die beiden Jungen wuchsen auf, und als beide eines Tages miteinander um die Wette liefen, wobei Abraham mitmachte, holte er Ismael ein, ergriff ihn und setzte ihn sich auf den Schoß, Isaak daneben. Als Sara das sah, wurde sie zornig und sagte: „Du hast den Sohn der Sklavin eingeholt und dir auf den Schoß gesetzt, und meinen Sohn hast du eingeholt und ihn daneben gesetzt, wo du doch versprochen hast, keine zweite Frau zu nehmen und mir keinen Schmerz anzutun!" Sie wurde eifersüchtig, wie das bei den Frauen so üblich ist, und schwor: „Wahrlich, ein Stück Fleisch soll von ihr (sc. Hagar) abgeschnitten werden, ihre Kinder sollen verderben!" Dann kam sie wieder zur Vernunft, blieb in dieser Sache aber schwankend. Und Abraham sagte zu ihr: „Sei freundlich zu ihr (sc. Hagar) und durchbohre ihr die Ohrläppchen!" Das tat sie, und das wurde eine Sitte bei den Frauen.

Eines Tages aber balgten Ismael und Isaak sich, wie Kinder das tun. Da wurde Sara zornig gegen Hagar und sagte: „Du sollst nicht in einer Stadt mit mir zusammenwohnen!" und befahl Abraham, sie wegzuschicken. Da offenbarte Gott Abraham: „Bring Hagar und ihren Sohn nach Mekka!" Er ging mit ihnen los, bis er nach Mekka kam. Dort wuchsen damals Dornsträucher, Akazien und Samur-Bäume. In der Umgebung, außerhalb von Mekka, wohnten Leute, die Amalekiter hießen. Der Platz des Hauses war damals ein roter Hügel. Da fragte Abraham Gabriel: „Ist mir befohlen worden, sie hier abzusetzen?" Er sagte: „Ja." Da brachte er sie zum Platz des Hidjr (sc. nordwestlich der Kaʿba) und bereitete ihnen dort ein Quartier. Hagar, Ismaels Mutter, befahl er, eine Hütte zu bauen. (...) Dann ging er (sc. Abraham) weg. Hagar folgte ihm und sagte: „Wem vertraust du uns an?" Er antwortete darauf nicht. Da sagte sie: „Hat Gott dir das befohlen?" Er sagte: „Ja." Sie sagte: „Dann wird er uns nicht im Stich lassen." Und Abraham reiste ab und kehrte nach Syrien zurück.

Hagar hatte einen Schlauch mit Wasser bei sich. Als das Wasser verbraucht war, hatte sie Durst, und auch das Kind war durstig. Da schaute sie nach einem Berg aus, der dem Platz am nächsten war, und stieg auf den Felsen Safā hinauf. Sie lauschte, ob eine Stimme zu hören wäre und schaute aus, ob sie ein menschliches Wesen sähe, aber sie hörte nichts und sah niemanden. Dann hörte sie den Laut von wilden Tieren des Tales in der Nähe Ismaels und ging eilends zu ihm, um bei ihm zu sein. Dann hörte sie eine Stimme aus der Richtung von Marwa. Da lief sie hin, wollte aber nicht den Lauf machen wie ein Mensch, der dies mit aller Kraft tut. Sie war die erste, die den Lauf zwischen Safā und Marwa machte. Dann stieg sie auf den Felsen Marwa und hörte eine Stimme wie jemand, der vermeint, etwas zu hören, bis sie sicher war, und begann zu beten: „Höre, El!" Sie meinte Gott. „Du hast mich deine Stimme hören lassen, hilf mir! Ich gehe zugrunde, und auch der, den ich bei mir habe." Da stand plötzlich Gabriel vor ihr. Er sagte zu ihr: „Wer bist du?" Sie sagte: „Abrahams Konkubine. Er hat mich und meinen Sohn hier zurückgelassen." Gabriel sagte: „Und wem hat er euch anvertraut?" Sie sagte: „Er hat uns Gott anvertraut." Er sagte: „Wahrlich, er hat euch einem Großmütigen und reichlich Gebendem anvertraut!" Dann ging Gabriel mit ihnen los – sie hatten nichts mehr zu essen und zu trinken – bis er zum Platz des Zemzembrunnens kam. Dort stampfte er mit dem Fuß auf den Boden und es sprudelte eine Quelle. Deshalb heißt der Zemzembrunnen „Stoß Gabriels". Als das Wasser hervorquoll, nahm Hagar einen Schlauch, den sie bei sich hatte, füllte ihn und bewahrte das Wasser auf. Und Gabriel sagte zu ihr: „(...) Fürchte nicht, daß über die Bewohner dieser Stadt Durst kommt, denn es ist eine Quelle, aus der die Gäste Gottes trinken." Und weiter sagte er zu ihr: „Wahrlich, der Vater dieses Kindes wird kommen, und beide werden Gott ein Haus an dieser Stelle bauen." (...) Beide (sc. Ismael und Hagar) blieben dort, bis Ismael herangewachsen und Hagar gestorben war. Ismael heiratete eine Frau von den Djurhum, nahm deren Sprache an und wurde durch sie zum Araber; seine Kinder sind Araber, die das Arabertum angenommen haben.[201]

Dann bat Abraham Sara um die Erlaubnis, Hagar und ihren Sohn zu besuchen. Sie erlaubte es und machte zur Bedingung, daß er sich nicht dort niederließ. Da reiste Abraham nach Mekka. Hagar war aber schon tot. Es wird gesagt, Abraham sei auf dem Hengst Burāq nach dort geritten. Als er dort ankam, begab er sich zu Ismaels Haus und sagte zu dessen Frau: „Wo ist dein Herr?" Sie sagte: „Er ist nicht hier, er ist auf die Jagd gegangen." Ismael pflegte den Heiligen Bezirk zu verlassen, wenn er auf die Jagd ging, und dann zurückzukehren. Er war ganz versessen auf das Jagen und widmete sich der Beute, dem Reiten, Pfeilschießen und Ringkampf. Abraham sagte zu ihr: „Hast du etwas, um Gäste zu bewirten, Speise oder Trank?" Sie sagte: „Ich habe nichts, und niemand ist bei mir." Da sagte Abraham zu ihr: „Grüße deinen Mann von mir, wenn er kommt und sag ihm, er solle die Schwelle seiner Tür auswechseln!" Dann ging er weg, und als Ismael nach Hause kam, roch er den Duft seines Vaters. Er fragte seine Frau: „Ist jemand bei dir gewesen?" Sie sagte: „Ein alter Mann ist gekommen, er sah so und so aus", als ob sie ihn für gering achtete. Er sagte: „Und was hat er gesagt?" Sie sagte: „Grüß deinen Gemahl und sag ihm, er solle die Schwelle seiner Tür auswechseln!" Da entließ er sie und heiratete eine andere. Abraham ließ eine gewisse Zeit verstreichen, dann bat er Sara wieder um die Erlaubnis, Ismael zu besuchen. Sie erlaubte es ihm unter der Bedingung, daß er sich dort nicht niederließ. Abraham ging los, bis er an Ismaels Tür ankam. Er sagte zu dessen Frau: „Wo ist dein Herr?" Sie sagte: „Er ist auf die Jagd gegangen, wird aber gleich kommen, wenn Gott will. Setz dich, Gott erbarmt sich deiner!" Er sagte zu ihr: „Hast du etwas, um Gäste zu bewirten?" Sie sagte: „Ja", und brachte Milch und Fleisch. Da flehte Abraham Segen auf sie herab. Wenn sie damals Brot, Weizen, Gerste oder Datteln gebracht hätte, wäre Mekka das reichste Land Gottes an Weizen, Gerste oder Datteln. Dann sagte sie zu ihm: „Setz dich, damit ich dir den Kopf und die verfilzten Haare wasche!" Kaum hatte er sich gesetzt, da brachte sie ihm den Maqām und stellte ihn zu seiner Rechten hin. Er setzte seinen Fuß darauf, und der Abdruck des Fußes blieb darauf zurück. Dann wusch sie ihm die rechte Seite seines Kopfes, stellte den Maqām auf die linke Seite und wusch die linke Seite. Da sagte er zu ihr: „Wenn dein Gemahl kommt, grüß ihn von mir und sage ihm, die Schwelle seiner Tür sei in Ordnung!" Als Ismael kam, spürte er den Duft seines Vaters und fragte seine Frau: „Ist jemand bei dir gewesen?" Sie sagte: „Ja, ein alter Mann mit dem schönsten Antlitz und angenehmstem Duft. Er hat das und das zu mir gesagt, ich habe das und das zu ihm gesagt und ihm die Haare gewaschen. Das ist der Platz, wo seine Füße auf dem Maqām gestanden haben." Da sagte Ismael: „Das war Abraham." Anas b. Mālik (sc. ein Gefährte Mu-

---

[201] Zur Funktion der Djurhum, eines altarabischen Stammes, der aus dem Jemen nach Mekka eingewandert war, Ismael zu arabisieren, vgl. Firestone, Journeys in Holy Lands: The Evolution of the Abraham-Ishmael Legends in Islamic Exegesis, a. a. O. S. 72 ff.

hammads) sagt: Ich habe auf dem Maqām den Abdruck von Abrahams Fingern gesehen, sowie den seiner Fersen und der Höhlung seiner Fußsohlen, sie sind noch vorhanden, obwohl die Menschen (sc. bei der Pilgerfahrt) mit den Händen darüber streichen.[202]

Der Kontrast zwischen den jüdischen und den muslimischen Varianten der anderen Familie Abrahams ist deutlich. Während die Genesistexte die Rivalität der beiden Mütter bzw. Brüder zugunsten Saras und Isaaks schildern, wird in der islamischen Tradition diese Rivalität zugunsten Hagars und Ismaels gewendet. Doch bleiben sie die von Abraham auf Saras Betreiben hin Verdrängten und Verstoßenen. Sowohl in der biblischen als auch in den islamischen Fassungen wird die Verstoßung abgemildert oder „abgesegnet" durch eine Aufforderung Gottes an Abraham, der eigentlich mit den Absichten Saras nicht einverstanden ist. Schließlich jedoch entsteht aus der Demütigung und Verstoßung Hagars etwas Neues. Gott bedient sich in seiner Weisheit und Voraussicht der Eifersucht Saras, um es Abraham zu ermöglichen, Hagar und Ismael in Mekka anzusiedeln, was wiederum die Voraussetzung dafür bildet, dass später, wie der Koran berichtet, Abraham mit Ismael die *Kaʿba* erbauen bzw. renovieren kann. Stärker noch als in den Episoden der Genesis wird in den islamischen Abrahamlegenden die Zerrissenheit der beiden Familienzweige deutlich. Abraham reist – stets nur mit Saras Erlaubnis! – hin und her zwischen den beiden Teilen seiner Familie. Wahrhaftig, *Abraham ist ein Hin- und Herreisender. Abraham ist ein Hin- und Hergerissener, dessen Herz an der Trennung seiner Familien zu zerreißen droht.*

Was seinen erstgeborenen Sohn angeht, so wird dieser in den Legenden folgendermaßen charakterisiert:

> Das Bild Ismaels, das in dieser Geschichte gezeichnet wird, ist das des pflichtbewussten Ehemanns und Sohnes. Er ist der Ernährer, der sich fleißig darum kümmert, Essen für seine Familie zu beschaffen. Und er demonstriert seine Ergebenheit gegenüber seinem Vater, indem er unverzüglich befolgt, was immer sein Vater wünscht.[203]

Hagar hat – wie auch ihr Sohn, der wilde, tierische Mann aus der Wüste (Genesis 16,12) – einen mehr als schlechten Ruf in Teilen der jüdischen Tradition. Sie, die Jüngere, soll noch vor Sara gestorben sein (Jubiläenbuch 19,11). Es gab aber auch andere Stimmen. Dem *Midrasch Bereschit Rabba* zufolge war Hagar von königlicher Herkunft. Sie war nämlich die Tochter des Pharao, der sie direkt Abraham (nicht Sara!) geschenkt haben soll mit den Worten: „Es ist besser, meine Tochter ist Magd in diesem Hause als Gebieterin in einem andern."[204] Wenn die Tora später, nach

---

[202] Zit. nach: Islamische Erzählungen von Propheten und Gottesmännern, a. a. O. S. 109–112 (unter Weglassung der diakritischen Zeichen und mit z. T. vereinfachter Umschrift).

[203] Reuven Firestone, Journeys in Holy Lands, a. a. O. S. 77.

[204] Parascha 45, zit. nach der Übersetzung von August Wünsche in: Der Midrasch Bereschit Rabba, a. a. O. S. 210. Folgendes Zitat im Haupttext: ebd. S. 290 (Parascha 61).

dem Tod Saras, erzählt, dass Abraham sich *Ketura* als neue Frau genommen habe, die ihm noch etliche Söhne gebar (Genesis 25,1–6), so meint derselbe Midrasch, dass Ketura nur ein anderer Name für Hagar gewesen sei. Er „will sagen: Sie duftete von Pflichterfüllung und guten Werken." Auch der erwähnte iranische Universalhistoriker *Rašīd al-Dīn* steht in dieser Interpretationslinie, wenn er schreibt: „Und manche überliefern, daß diese Frau Ketura die Hagar war, denn Abraham hatte sie nach Sarahs Tod (sc. aus Mekka) zurückgeholt."[205]

Eindeutig negativ wird Hagars Bild in der christlichen Theologie gezeichnet. Der wirkungsgeschichtlich folgenreichste Text findet sich bereits im Neuen Testament bei Paulus. Dieser bedient sich Hagars und Ismaels als negatives Sinnbild für das Gesetz, für die Sklaverei, für den „alten Bund" des Judentums, um ihm den christlichen als den „neuen Bund" mit Gott entgegenzusetzen, der verkörpert sei in Sara und Isaak (Zitat aus Galater 4,21–31):

> Ihr, die ihr euch dem Gesetz unterstellen wollt, habt ihr denn nicht gehört, was im Gesetz steht? In der Schrift wird gesagt, daß Abraham zwei Söhne hatte, einen von der Sklavin, den andern von der Freien. Der Sohn der Sklavin wurde auf natürliche Weise gezeugt, der Sohn der Freien aufgrund der Verheißung. Darin liegt ein tieferer Sinn: Diese Frauen bedeuten die beiden Testamente. Das eine Testament stammt vom Berg Sinai und bringt Sklaven zur Welt; das ist Hagar – denn Hagar ist Bezeichnung für den Berg Sinai in Arabien – und ihr entspricht das gegenwärtige Jerusalem, das mit seinen Kindern in der Knechtschaft lebt. Das himmlische Jerusalem aber ist frei, und dieses Jerusalem ist unsere Mutter. (...) Ihr aber, Brüder, seid Kinder der Verheißung wie Isaak. Doch wie damals der Sohn, der auf natürliche Weise gezeugt war, den verfolgte, der kraft des Geistes gezeugt war, so geschieht es auch jetzt. In der Schrift aber heißt es: „Verstoß die Sklavin und ihren Sohn! Denn nicht der Sohn der Sklavin soll Erbe sein, sondern der Sohn der Freien." Daraus folgt also, meine Brüder, daß wir nicht Kinder der Sklavin sind, sondern Kinder der Freien.

Der christliche Alttestamentler *Thomas Naumann* urteilt: „Hagar und Ismael bilden für Paulus ein theologisches Abgrenzungssymbol. Sie verkörpern eine Gruppe, die bekämpft und theologisch enterbt wird."[206] Später galt Hagar im Judentum und mehr noch im Christentum meist als hässliche, lasterhafte und sexuell freizügige Frau. Noch in unseren Tagen nennt der katholische Theologe *Josef Imbach* Hagar, über deren Alter die Tora überhaupt keine Angaben macht, abfällig „die halbalte Magd aus Ägypten".[207] Die islamische Tradition hingegen betont, dass die Ägypterin

---

[205] Zit. nach: Jahn, Die Geschichte der Kinder Israels des Rašīd ad-Dīn, a. a. O. S. 39.

[206] Die biblische Verheißung für Ismael als Grundlage für eine christliche Anerkennung des Islam?, in: Renz/Leimgruber (Hg.), Lernprozess Christen – Muslime, Münster u. a. 2002, S. 152–170, Zitat S. 155.

[207] Mit Abraham unterwegs. Vom Abenteuer des Glaubens, a. a. O. S. 6. In der *Theologischen Realenzyklopädie* gibt es weder einen Artikel über Hagar noch über Ismael, wohl aber einen über Isaak.

Hagar von dunkler Hautfarbe und schöner Gestalt war und noch jungfräulich gewesen sei, als Sara sie Abraham schenkte. *Der jüdischen und mehr noch der christlichen Abwertung Hagars und Ismaels begegnet die islamische Tradition entschieden, indem sie die beiden positiv darstellt, programmatisch in die Religion des Islams integriert und sie damit auch theologisch rehabilitiert.* Aus der instrumentalisierten Sklavin, aus der verstoßenen Mutter, aus dem zum Tod in der Wüste verurteilten Knaben werden von Gott Errettete und Versorgte, werden von Gott Erwählte und Gewürdigte. Die Aufbruchsstimmung der letzten Verse der Genesis über Hagar (21,19–21), die etwas Neues andeuten, wird in der islamischen Tradition erfüllt. Hagar, die „entkolonisierte" freie Frau, wird zur Stamm-Mutter der (arabischen) Muslime. Es waren zuerst die syrischen Kirchenväter gewesen, welche die Muslime anfänglich „Hagariten" nannten. Im Zuge dieser demonstrativen Aufwertung kann auch das weitere Leben von Hagar und Ismael „jenseits von Sara und Isaak" neu erzählt werden.

Nun kann Hagars und Ismaels Schicksal sogar paradigmatisch verstanden werden als *Urbild der späteren Riten der Muslime bei der Pilgerfahrt.* Auf Schritt und Tritt sollten sich die Pilger in Mekka dessen bewusst sein, dass sie hier bei allem, was sie tun, buchstäblich in den Fußstapfen prophetischer Vorbilder gehen und deren Spuren folgen. Zum Ritual bei der Pilgerfahrt gehört beispielsweise die Laufzeremonie (arab. *sa'y*). Am siebten Tag laufen die Pilger siebenmal zwischen den beiden rund dreihundert Meter auseinanderliegenden Felshügeln *as-Safā* und *al-Marwa* unweit der *Ka'ba* hin und her (vgl. Sure 2,158). Heutzutage liegt die Strecke nicht mehr unter freiem Himmel, sondern ist Teil umfangreicher Neubauten, so dass die Pilger beim Lauf im überdachten, klimatisierten Säulengang nicht mehr denselben Strapazen wie ihre Urmutter Hagar unter der Wüstensonne ausgesetzt sind. Wenn es in den muslimischen Überlieferungen von Hagar heißt, sie sei die Erste gewesen, die diesen Lauf gemacht habe, so wird Hagar damit neben Abraham und Ismael zu einem weiteren direkten Vorbild – also zu einer Imamin – der pilgernden Muslime aller Zeiten. Auch das Quellwasser des berühmten *Zamzam-Brunnens* im Hof der großen Moschee hat der Überlieferung zufolge direkt mit Hagar zu tun. Seine Existenz verdankt sich dem Erbarmen Gottes, der auf die Not Hagars und Ismaels geantwortet hat. Durch Gabriel ließ er der verdurstenden Frau und dem Kind köstliches Wasser aus einer Quelle zukommen, die mit dem Zamzam-Brunnen identisch sein soll. Das schwach alkalische Wasser aus dem etwa dreißig Meter tiefen Brunnen, das früher mit an Seilen befestigten Eimern hochgezogen wurde und heute nach oben gepumpt wird, gilt als besonders heilsam für Leib und Seele, soll es doch dem Volksglauben gemäß vom Nebenfluss einer Wasserquelle gespeist werden, die direkt im Paradies entspringt. Dieses kostbare Wasser aus Hagars Brunnen in Flaschen oder besonderen Geschenkbehältnissen zum Rückkehrfest mitzubringen, stellt eines der kostbarsten Geschenke der Pilger für ihre Angehörigen und Freunde in der Heimat dar.

Zu Beginn des zehnten Tages des Pilgermonats, nach dem Morgengebet, gibt es eine weitere Zeremonie, die freilich erst allmählich in der Geschichte des Islams in Verbindung mit Ismael gebracht wurde: das Ritual der *Steinigung des Satans*, welches an den beiden Folgetagen wiederholt wird. Früher wurde der Satan durch drei Säulen, die jeweils einige hundert Meter voneinander entfernt standen, symbolisch dargestellt. 2004 wurden diese Säulen aus Sicherheitsgründen – damit die Pilger sich nicht versehentlich gegenseitig mit den Steinen treffen – durch eine fast 30 Meter lange Mauer ersetzt. Allgemein wird das Ritual der Steinigung (arab. *ramī*) als Verwünschung Satans verstanden, als ein demonstrativer und sehr emotionaler Akt der Absage an alles Böse und Unmoralische. Schon im Koran gilt der Satan (arab. *shaytān*) als ein „Gesteinigter" (arab. *radjīm*), das heißt als ein Verfluchter, vor dem Muslime regelmäßig mit entsprechenden Worten und Formeln aus dem Koran Zuflucht suchen (z. B. Sure 16,98). Sehr populär ist heute die Auffassung, dass Ismael das Vorbild für diese Steinigungszeremonie sei. Wie wir oben in Exkurs 5 gesehen haben, hat die islamische Tradition in manche ihrer Nach- und Neuerzählungen des Opferdramas von Sure 37,102 ff. den Satan als Versucher mit einbezogen. Dieser wollte den *relectures* zufolge die Prüfung Abrahams durch Gott vereiteln, indem er der Frau Abrahams und dann auch seinem Sohn verriet, was Abraham geträumt hatte. Nun soll der – heutzutage selbstverständlich mit Ismael identifizierte – Sohn Abrahams nicht nur den Satan zurückgewiesen, sondern auch vertrieben und verflucht haben, indem er ihn mit Steinen bewarf. So ist für viele Pilger der standhafte Ismael ein unmittelbares Vorbild, wenn sie ihrerseits am Morgen des ersten Tages des Opferfestes das Ritual der Steinigung vollziehen. *Abdellah Hammoudi* beschreibt in dem bereits zitierten Bericht über seine Pilgerfahrt das kollektive metaphorische Handeln der steinigenden Muslime (als es noch die Säulen gab) in Nachahmung Ismaels:

> Unser Handeln wies zweifellos Gemeinsamkeiten mit dem auf, was Ibrahim und Ismail getan hatten, wobei unser Tun nie an ihrem gemessen werden sollte. Ismail hatte schließlich Satan persönlich gesteinigt. Wir hingegen steinigten nur eine Säule. Er war mit seinem Vater allein. Wir waren Millionen, die auf dasselbe Ziel zugingen und es mit dem Ruf „Gott ist der Größte!" mit Steinen bewarfen. Es war der Ruf des höchsten Opfers und es war so, als würden wir uns einem unsichtbaren Feind entgegenwerfen. Der Ruf galt ihm, und zwar als Herausforderung: der Schrei des Märtyrers, der den Tod in Kauf nimmt, um den Feind in Schach zu halten. Wie Ismail verjagten wir Satan, um den Tod anzunehmen, den Gott gegeben und befohlen hatte. Satan wurde nicht vernichtet; er wurde besiegt und verjagt. Diesem Sieg folgte ein Jubel, der häufig in Freudentränen Ausdruck fand. Wir teilten dieses nach erfolgreicher Tat empfundene Gefühl tiefer Befriedigung. Keiner wollte sich diese Gelegenheit entgehen lassen. Alte Frauen, die am Ende ihrer Kräfte waren, bezahlten junge Leute dafür, dass sie Satan in ihrem Namen steinigten. Sie priesen Gott, der ihnen erlaubte, auf diese Weise ihre Pflicht zu erfüllen. Entsetzen, Anfälle von Raserei, Jubel, Frohlocken, ein Gefühl der Befreiung: Wir näherten uns dem Ende der Riten und waren wirklich erleichtert.[208]

---

[208] Saison in Mekka. Geschichte einer Pilgerfahrt, a. a. O. S. 243 f.

Der islamischen Tradition zufolge sollen Hagar und Ismael in ihrer neuen Heimat Mekka gestorben sein. Neben dem Zamzam-Brunnen befinden sich ihre Gräber in einer halbkreisförmigen Einfriedung (arab. *hidjr*) vor der nordwestlichen Seite der *Kaʿba*. Das Privileg Hagars und Ismaels, direkt am zentralen Heiligtum des Islams bestattet zu sein, bringt die programmatische Aufwertung dieser beiden Stiefgestalten der jüdisch-christlichen Tradition und ihre Einbindung in das Selbstverständnis des Islams als einer eigenständigen Ausformung des Monotheismus sinnfällig zum Ausdruck. Die beiden Ahnfrauen Sara und Hagar, ihre Söhne Isaak und Ismael wie auch ihre Gräber in Hebron und in Mekka markieren die Parallelität und zugleich die Rivalität zweier eigenständiger und zugleich verwandter Völker und Religionen: der Juden und der Araber, des Judentums und des Islams. Die katholische Theologin und Islamwissenschaftlerin *Ulrike Bechmann* beobachtet: „Wie bei den Texten, so erweisen sich die Frauen Abrahams auch an den heiligen Orten als diejenigen, die für die Differenz stehen. Saras Grab wird in Hebron, Hagars Grab wird in Mekka, an der Kaʿba verehrt. Abraham/Ibrāhīm aber verbindet die Orte und die Frauen."[209] Gott hat Hagar und Ismael, die ausgestoßen wurden und beinahe in der Wüste umgekommen wären, errettet. Er hat ihr Ansehen und ihre Würde wiederhergestellt und ihr Andenken für alle nachkommenden Generationen erhalten. Damit hat sich in Mekka eine Verheißung Gottes in der Tora an Abraham erfüllt, die im Judentum und Christentum fast durchweg ignoriert wurde (Genesis 17,20): „Wegen Jischmael habe ich dich auch erhört. Siehe, ich habe ihn gesegnet, werde ihn fruchtbar machen und sehr vermehren."

Der heilige Bezirk (arab. *harām*) der *Kaʿba* hat noch einen weiteren denkwürdigen Ort zu bieten, der bei den Pilgern hoch im Kurs steht: der sog. Platz Abrahams (arab. *maqām Ibrāhīm*). Es soll der Ort sein, an dem Abraham einstmals stand, betete und baute. Die Verehrung und der Name dieses Ortes beziehen sich auf eine Bemerkung in Sure 3,96–97: „Siehe, das erste (sc. Gottes-)Haus, das für die Menschen errichtet wurde, ist das in Bekka [= Mekka], als Segen und als Leitpunkt für die Weltbewohner. In ihm sind klare Zeichen: Abrahams Platz. Wer es betritt, ist sicher." Ursprünglich meinte der Platz Abrahams den gesamten heiligen Bezirk um die *Kaʿba*. Heutzutage ist damit ein kleiner, etwa vier Meter hoher goldener Kuppelbau neben dem Zamzam-Brunnen gemeint, gegenüber dem Eingang zur *Kaʿba*. Durch die Glasfenster hindurch ist ein schwarzer Stein zu sehen, der – gemäß einigen islamischen Überlieferungen wie etwa der von *al-Thaʿlabī* zitierten – Abraham zu Besuch bei seiner Schwiegertochter als Fußschemel gedient haben soll. Anderen Über-

---

[209] Zurück zu Abraham. Chancen und Risiken der Berufung auf Abraham in den „abrahamitischen Religionen", in: Blätter Abrahams. Beiträge zum interreligiösen Dialog, Heft 4/2005, S. 7–25, Zitat S. 17.

lieferungen zufolge hat Abraham den Felsen bei der Errichtung der *Ka'ba* benutzt. Früher strichen die Pilger mit der Hand über den Stein mit den beiden Fußabdrücken Abrahams, um des ihm innewohnenden Segens teilhaftig zu werden.[210] Seit der Neugestaltung durch den deutsch-muslimischen Architekten Mahmoud Bodo Rasch 1992 ist der Stein durch einen Glaskasten und ein goldenes Gitter vor einer direkten Berührung geschützt. Dieser Stein mit den mutmaßlichen Fußabdrücken Abrahams darf nicht verwechselt werden mit dem noch berühmteren sog. Schwarzen Stein (arab. *al-hadjar al-aswad*) direkt am würfelförmigen Bau der *Ka'ba*, der von den Pilgern aller Zeiten mit großer Inbrunst verehrt, berührt und geküsst wird.

Auch darüber, wie Abraham und Ismael beim Bau der *Ka'ba* diesen Schwarzen Stein erhalten und ihn in die Eckwand des Heiligtums eingefügt haben, gibt es zahlreiche Legenden.[211] Der Version von *Ismā'īl ibn 'Abd ar-Rahmān al-Suddī* zufolge, von der es wiederum mehrere Varianten gibt, soll der Engel Gabriel Abraham den Stein aus Indien überbracht haben. Er sei ursprünglich ein weißer Saphir gewesen, den Adam, der ursprüngliche Erbauer der *Ka'ba*, vom (himmlischen) Paradies mitgebracht habe. Doch wurde er im Laufe der Zeiten schwarz – sei es durch menstruierende Frauen, wie manche Varianten meinen, sei es durch die Sünden der Menschen, wie andere behaupten. In jedem Fall gilt dieser Stein als Zeichen der Verbundenheit zwischen Gott und der Menschheit. Viele Muslime glauben heute, er sei einst als Meteorit vom Himmel gefallen. Freilich könnte es sich dabei auch um einen Basalt, um Lavagestein oder um einen Tektit (undurchsichtiges, geschmolzenes Glas) handeln. Schon lange ist der Stein faktisch kein ganzer Stein mehr, sondern eine Ansammlung von heutzutage nur noch acht kleinen Stücken (1825 waren es noch fünfzehn!), die in eine silberne Fassung eingerahmt sind.[212] Für Muslime symbolisiert der Schwarze Stein den kosmischen, sprich: göttlichen Ursprung des Islams. Es ist kein Zufall, sondern passt sehr gut, dass der vom Himmel stammende Stein demjenigen gleichsam vor die Füße fiel, der paradigmatisch den wahren Gott anhand der Beobachtung der Gestirne suchte und fand. Der iranische Theologe, Religionsphilosoph und Mystiker *Seyyed Hossein Nasr* schreibt über den Stein:

> Abraham und Ismael sollen ihn von dem unweit Mekka gelegenen Hügel Abu Quhays herbeigebracht haben, wo er seit seiner Ankunft auf der Erde sicher verwahrt gewesen war. Nach Aussagen des Propheten (sc. Muhammad) war der Stein, als er vom Himmel fiel, weißer als Milch, hatte sich dann aber aufgrund der Sünden der Kinder Adams schwarz gefärbt: ein Teil seines ursprünglichen Glanzes ist jedoch erhalten geblieben.

---

[210] Steine bzw. die in ihnen wohnenden Gottheiten zu verehren, war in damaliger Zeit in vielen Kulturen der Welt üblich, auch im altarabischen vorislamischen „Heidentum".

[211] Vgl. Firestone, Journeys in Holy Lands, a. a. O. S. 80 ff.

[212] Vgl. Elsebeth Thomsen, New Light on the Origin of the Holy Black Stone of the Ka'ba, in: Meteoritics, Bd. 15/Nr. 1, 1980, S. 87–91.

(…) Indem er (sc. Muhammad) die Kaaba von allen Götzenbildern reinigte, weihte der Prophet nicht nur den Uranfänglichen Tempel neu als Haus des einen Gottes, sondern lehrte auch alle Muslime, daß man, um wahrhaft Muslim zu sein, sein Herz – das mikro-kosmische Gegenstück zur Kaaba – von allen „Götzen", allen Dingen, die nicht Gott sind, reinigen müsse, so daß es würdig wird, die Gegenwart Gottes zu empfangen.[213]

In einem Ausspruch (arab. *hadīth*) erwähnt Muhammad beide Steine zugleich und sagt von ihnen: „Der Schwarze Stein und der Maqām sind Hyazinthen des Paradie-ses, deren Licht Gott ausgelöscht hat. Wenn Gott ihr Licht nicht ausgelöscht hätte, würden sie die ganze Erde vom Osten bis zum Westen erleuchten."[214]

[213] In: Ali K. Nomachi, Mekka. Mit Texten von Seyyed Hossein Nasr, München 1997, S. 30.
[214] Zit. nach: Islamische Erzählungen von Propheten und Gottesmännern, a. a. O. S. 112.

13. Abraham im Jenseits – oder: Hölle und Himmel

Der islamischen Tradition zufolge hat Abraham nach seinem Tod im Jenseits zwei denkwürdige Begegnungen: die eine mit seinem (polytheistischen) Vater, der an die babylonischen Götter geglaubt hatte, die andere mit seinem wahrhaft gläubigen (monotheistischen) Nachfahren und Nachahmer Muhammad. Diese beiden Begegnungen stehen in einem auffälligen Kontrast zueinander, der schärfer nicht sein könnte. Er wurde m. W. bislang noch nirgendwo beobachtet und beschrieben. Wenden wir uns zunächst der Begegnung Abrahams mit Āzar zu. Wir nehmen damit den Faden wieder auf, den wir oben im zweiten und dritten Kapitel gesponnen haben. In fünf Akten wurde der sich immer weiter verschärfende Konflikt zwischen Abraham und seinem Vater entfaltet. Dieser konnte seinem Sohn die althergebrachten astralen Götter nicht mehr nahebringen. Abraham hingegen vermochte Āzar nicht von seinem neu gewonnenen Glauben an den einen Schöpfergott zu überzeugen. Schließlich war es zum Bruch gekommen, wie ihn der späteste und letzte Abrahamvers des Korans dokumentiert (Sure 9,114): „Dass Abraham für seinen Vater um Vergebung bat, geschah nur eines Versprechens wegen, das er ihm gegeben hatte. Als ihm aber klar geworden war, dass er ein Feind Gottes war, sagte er sich von ihm los." Was mag das Los dieses besonderen Feindes Gottes im Jenseits sein? Es sei nochmals ausdrücklich vermerkt: Auf diese Frage gibt der Koran selbst keine Antwort. Man könnte es auch so formulieren: Diese Frage wagt der Koran nicht zu beantworten. Dies übernimmt, wie so vieles, die islamische Tradition. Damit kommen wir zum finalen Akt in diesem Drama.

Sechster Akt: Kondemnation

Abraham kann sich der islamischen Tradition zufolge nach seinem Tod selbst ein Bild vom weiteren Geschick seines „ungläubigen" Vaters machen. Die anerkannte Sammlung von Aussprüchen und Taten Muhammads des zentralasiatischen Gelehrten *Muhammad ibn Ismāʿīl al-Buḫārī* (gest. 870) enthält die folgende Geschichte, die Muhammad gemäß der Überlieferung durch seinen Gefährten Abū Huraira (gest. 678) erzählt haben soll:

> Am Tag der Auferstehung wird Abraham seinen Vater Āzar treffen, dessen Gesicht düster und mit Staub bedeckt sein wird. (Der Prophet) Abraham wird (zu ihm) sagen: „Hatte ich dir nicht gesagt, mir nicht ungehorsam zu sein?" Sein Vater wird antworten: „Heute [am Tag des Gerichts] werde ich dir nicht ungehorsam sein." Abraham wird antworten: „O Herr, du hast mir versprochen, keine Schande über mich zu bringen am Tage der Auferstehung, und was wird schändlicher für mich sein als meinen Vater zu verfluchen und

zu entehren?" Dann wird Gott (zu Āzar) sagen: „Ich habe den Ungläubigen das Paradies
verboten." Dann wird er sich an ihn wenden: „O Abraham! Schau! Was befindet sich
unter deinen Füßen?" Er wird hinsehen, und dort wird er einen *Dhīkh* (oder eine Hyäne)
erblicken, blutbefleckt, die bei den Beinen gepackt und in das (Höllen) Feuer geworfen
werden wird.[215]

Die Frage muss erlaubt sein: Ist diese populäre Abrahamüberlieferung, die von vielen muslimischen Koranauslegern vor allem bei ihren Kommentaren zu Sure 6,74
gern zitiert wird, tatsächlich mit der Botschaft des Korans – von der *Barmherzigkeit*
Gottes im Allgemeinen und von der *Freundschaft* Gottes mit Abraham im Besonderen – in Übereinstimmung zu bringen? Wohl kaum. Āzar, der in den Augen Abrahams ein uneinsichtiger Götzendiener ist, dessen Reue zu spät kommt, dieser „Feind
Gottes" hat eine Zukunft fern von Gott zu erwarten. Soll heißen: Er hat überhaupt
keine Zukunft mehr zu erwarten, die diesen Namen verdient. Denn die Strafe für
seinen Unglauben Gott gegenüber und für seinen Ungehorsam dem Sohn gegenüber
ist das Höllenfeuer. Hinzu kommt die Verwandlung in ein stinkendes, unreines Tier,
das sich von Aas ernährt. Abraham, der seinerseits laut Koran vor dem diesseitigen
Feuertod durch Gott bewahrt wurde, muss gemäß der islamischen Tradition mit ansehen, wie sein Vater von demselben Gott ins jenseitige, ewige Feuer geworfen wird.
Und da ist keiner, der ruft (Sure 21,69): „Feuer, sei kühl und heilsam" – doch für
Āzar! Der Freund Gottes und der Feind Gottes, der gläubige Sohn und der ungläubige Vater: Ihre Wege, die schon im Diesseits auseinandergingen, trennen sich der
Tradition zufolge im Jenseits definitiv und auf ewig. Der Gottesfreund steigt ins Paradies auf, in die Schar der Gläubigen, zu den anderen Propheten und Gesandten.
Unter dem Gottesfeind aber tut sich ein Abgrund auf – er fährt zur Hölle. Hier der
Belohnte, dort der Verdammte. Schlimmer kann es nicht mehr für den leidgeprüf-
ten Abraham kommen! Der Anblick seines Vaters, verwandelt in ein unreines Tier,
welches die Hölle verschlingt, muss für Abraham eine noch furchtbarere Zumutung
sein, als es der Anblick seiner toten Söhne wäre, wenn sie denn doch geopfert worden bzw. verdurstet wären.

An das Abraham- und auch an das Gottesbild der islamischen Tradition müssen
also kritische Anfragen gestellt werden. Wie kann Gott so etwas seinem Freund Abraham, der in einer besonderen Beziehung zu ihm steht, zumuten? Und wie kann
sich ein Mensch generell und Abraham speziell noch an einem Paradies, an der
„Nähe Gottes" erfreuen, wenn er allezeit dieses schreckliche Bild der Verwandlung
und Verdammung des eigenen Vaters vor Augen haben muss? Man fragt sich auch:

---

215 Buch 55, Nr. 1407, zit. in eigener Übersetzung nach: Summarized Sahih Al-Bukhāri Ara-
bic – English, Riyadh 1417H (1996), S. 662 f. Die runden Klammern im Text entsprechen dem
Original. Dieses Hadith wird auch von anderen Tradenten erwähnt, z. B. von Ibn Kathīr. Vgl.
Ders., Stories Of The Prophets, Riyadh 2003, S. 135 f.

Wo bleibt der mit Gott um jede Menschenseele ringende Abraham, wie ihn die Hebräische Bibel im Zusammenhang des Gerichts über die sündigen Städte Sodom und Gomorrha geschildert hat? Soweit ich erkennen kann, hat sich dieses Motiv von Abraham als dem *feilschenden Fürsprecher*, der mit Gott um der Gerechtigkeit willen verhandelt oder einfach um Gnade für andere bittet, nicht wirklich über das Judentum hinaus fortgesetzt. Im Christentum erscheint Abraham in dieser Hinsicht nur mehr als der passive *Tröster im Jenseits*. „In Abrahams Schoß" finden die Armen und Gepeinigten dieser Erde Zuflucht und Geborgenheit, wie im Neuen Testament Jesu Gleichnis vom „reichen Mann und armen Lazarus" (Lukas 16,19–31) wirkmächtig erzählt. Solche Passivität setzt sich im Abrahambild des Korans fort. Bereits bei den Geschichten über Lot hat sich gezeigt, dass Abraham nicht mitzureden hat, weil Gott nicht mit sich verhandeln lässt. Das koranische Bild vom zwar fürsprechenden, aber dann doch sich fügenden Abraham verblasst in der islamischen Tradition noch weiter und führt in der hier zitierten Überlieferung dazu, dass Abraham seinen Vater Āzar ohne nennenswerte Intervention zur Hölle fahren lässt. Aus den Worten des Erzvaters an Gott sind Enttäuschung und Resignation herauszuhören: „O Herr, du hast mir versprochen, keine Schande über mich zu bringen am Tage der Auferstehung, und was wird schändlicher für mich sein als meinen Vater zu verfluchen und zu entehren?" Abraham appelliert nur noch zaghaft. Das Gottesbild des Korans verdunkelt sich in der islamischen Tradition. Der biblisch-koranische Abraham ist hier nur noch ein Schatten seiner selbst.

Ich möchte diese *koranisch motivierte Kritik an der islamischen Tradition* noch verdeutlichen. Dem Koran zufolge hatte Abraham mehrfach für seinen Vater gebetet, einmal auch implizit für seine Mutter (Sure 14,41): „Unser Herr, vergib mir wie auch meinen Eltern (…) an dem Tag, da die Abrechnung erfolgt!" Es sind dies die Schlussworte seines schönen Gebets, das wir oben im siebten Kapitel behandelt haben. In diesem Gebet, am Anfang, appelliert Abraham an Gottes Güte (Sure 14,36): „Mein Herr, sie (sc. die Götterbilder) haben viele Menschen (sc. auch meine Eltern) fehlgeleitet; doch wer mir nachfolgt, der gehört zu mir; und wer sich auflehnt gegen mich – siehe, Gott ist bereit zu vergeben, barmherzig." An anderer Stelle äußert Abraham gegenüber seinen himmlischen Gästen das Prinzip Hoffnung, von welchem abzulassen ein grundlegender theologischer Irrtum sei (Sure 15,56): „Wer sollte wohl die Hoffnung auf das Erbarmen seines Herrn aufgeben? Nur die Irrenden!" Diese im Koran wiederholt geäußerte *Hoffnung Abrahams auf Gottes Vergebung und Barmherzigkeit* für die Menschen generell und speziell für seinen Vater – wenn nicht aus Gnade für Āzar selbst, so doch wenigstens ihm, seinem Freund, zuliebe – wird der islamischen Tradition zufolge zunichte. Abraham selbst wird zunichte. Er sieht nur noch widerstandslos zu, wie dieser Gott, der dem vergebenden und barmherzigen Gott des Korans nicht mehr ähnlich sieht, seinen Vater verflucht, verwandelt und verdammt. Und Abraham verstummt. Ist ihm die Gnadenlosigkeit seines göttlichen Freundes unbegreiflich? Oder ist es einfach so: Zum Abrahambild der islamischen Tradition gehört die nicht weiter hinterfragbare, völlige Ergebung in den Willen Gottes, gleichgültig, ob es um die Opferung des Sohnes oder um die Verfluchung des Vaters geht? Was aber ist der Titel „Freund Gottes" noch wert, wenn dieser sog. Freund die Bitte Abrahams um Erbarmen ignoriert?

Im größtmöglichen Kontrast zu dieser letzten Begegnung Abrahams mit seinem Vater berichtet die islamische Tradition von einer weiteren Begegnung Abrahams im Jenseits, nämlich mit Muhammad. Den Ausgangspunkt dafür bildet die Sure mit dem Namen: „Die Nachtreise" (arab. *al-isrā'*). Hier wird am Anfang berichtet (17,1): „Gepriesen sei, der seinen Knecht nachts reisen ließ vom heiligen Anbetungsplatz zum fernsten, um den herum wir Segen spendeten, um ihm von unseren Zeichen einige zu zeigen!" In der muslimischen Koranauslegung besteht Konsens darüber, dass in diesem mehrdeutigen Vers Bezug auf die *Nachtreise Muhammads* genommen wird. Strittig ist die Frage, wie der Prophet diese Reise unternommen hat. Von Muhammad selbst gibt es dazu nämlich keine eindeutigen Angaben. Eine Mehrheit der Exegeten ist davon überzeugt, dass er die Reise physisch auf einem mythischen Wesen unternommen habe: auf einem *Burāq* genannten, geflügelten Reittier mit Menschenantlitz. Eine Minderheit, zu denen auch Āisha, die Lieblingsfrau Muhammads (gest. 678), und der frühe Korangelehrte Hasan al-Basrī (gest. 728) zählen, vertritt hingegen die Ansicht, dass Muhammad diese Nachtreise lediglich geistig bzw. im Traum unternahm, wohingegen sein Körper den Schlafplatz nicht verlassen habe. Dieser Ansicht zufolge war dies also eine spirituelle Reise bzw. eine nächtliche Vision, die Muhammad erlebte. Der Ausgangspunkt dieser Reise oder Vision, der „heilige Anbetungsplatz", wird von den Auslegern mit der *Ka'ba* identifiziert. Der Zielpunkt ist der „fernste Anbetungsplatz" (arab. *al-masdjid al-aqsā).* Dieser wurde anfänglich mit einem Ort im Himmel – z. B. dem himmlischen Jerusalem – identifiziert (so heute noch in der Shia), seit der Omayyadenzeit (661 bis 750) jedoch mit dem irdischen Jerusalem, genauer gesagt mit dem Tempelberg: entweder mit dem dortigen Felsendom, der eine goldene Kuppel trägt, oder mit der benachbarten al-Aqsā-Moschee am Südrand des Tempelplatzes, die eine kleinere silberne Kuppel hat. Hasan al-Basrī zufolge traf Muhammad in Jerusalem auf Abraham, Mose, Jesus und andere Propheten, betete gemeinsam mit ihnen und trat dann, wieder begleitet von Gabriel, die Rückreise nach Mekka an.

Von dieser im Koran lediglich in Sure 17,1 erwähnten Nachtreise ist die sog. *Himmelsreise* (arab. *mi'rādj*) zu unterscheiden, von welcher nicht der Koran, sondern erst die islamische Tradition berichtet. Muhammad soll zudem eine Reise durch die sieben Sphären des Himmels bis zu Gott unternommen haben. Diese Reise startete von dem Felsen aus, der unter der Kuppel des Felsendoms zu sehen ist mit den darin eingegrabenen Fingerabdrücken Gabriels, der den Felsen beim Aufstieg Muhammads festgehalten haben soll. Auch auf dieser Reise wird der Prophet von Gabriel geführt. In den einen Versionen steigt Muhammad auf einer Leiter oder Treppe hinauf; in anderen Versionen sitzt er auf Burāq. Beide Reisen kann man als eine sinnvolle Einheit verstehen. Die Nachtreise symbolisiert die Horizontale, den Raum; die Himmelsreise steht für die Vertikale, für die Zeit bzw. die Geschichte. Alle Reisen, alle Wege führen letztlich zu Gott, münden im Absoluten, in der Ewigkeit jenseits von Raum und Zeit. Nun hat die islamische Tradition die hier ausführlich beschriebene Urbild-Abbild-Relation zwischen Abraham und Muhammad im Koran noch durch weitere Parallelen ergänzt:

– Wie Abraham, so benutzt auch Muhammad *dasselbe Reittier*, um weite Entfernungen zurückzulegen. Bei seinen Reisen zu Hagar und Ismael nach Mekka saß schon Abraham auf Burāq, wie die Legenden erzählen: „Es wird gesagt, Abraham sei auf dem Hengst Burāq nach dort geritten."[216] Dasselbe mythische Reittier nennen auch die Geschichten von Muhammads Nacht- und Himmelsreise.[217]

– Wie schon Abraham *in der Nacht Einblick nehmen durfte in höhere Sphären*, um das universale Herrschen Gottes erahnen und begreifen zu können (Sure 6,75 ff.), so wird Muhammad gewürdigt, in der Nacht seine Reise bzw. Visionen bis in die Sphäre Gottes hinauf zu unternehmen. Abraham bildet nicht zufällig das Vorbild für Muhammads Himmelsreise. Denn bereits in der jüdisch-christlichen Tradition – vor allem im *Testament Abrahams* (Kap. 10 ff.) – wird von einer Welt- und Himmelsreise Abrahams erzählt. Unter der Führung des Erzengels Michael begegnet Abraham z. B. Adam und anderen früheren Gerechten. Abraham wird an die Tore des Himmels geführt und sogar an den Ort des Jüngsten Gerichts, wo der sündlose Erzvater mitleidlos die Sünder verdammt. Was bereits die nachbiblische Tradition über Abraham zu sagen weiß, das findet sich analog in der nachkoranischen Tradition des Islams über Muhammad wieder. Die zentrale Botschaft des Korans, dass Muhammad der Nachahmer und Aktualisierer Abrahams sei, wird also von der islamischen Tradition bewusst aufgegriffen und verstärkt.

Diese theologische Intention, *Muhammad als zweiten Abraham* zu charakterisieren, gipfelt in einem wichtigen Ausspruch des Propheten bei der Himmelsreise. *Ibn Isḥāq* zufolge führt Gabriel Muhammad zunächst durch den untersten Himmel, wo er ebenfalls Adam begegnet. Der Bericht Ibn Isḥāqs, abgefasst als Darstellung aus dem Munde des Propheten selbst, fährt fort:

---

[216] Islamische Erzählungen von Propheten und Gottesmännern, a. a. O. S. 111.
[217] So z. B. Ibn Isḥāq, Das Leben des Propheten, a. a. O. S. 80 ff.

Sodann brachte er (sc. Gabriel) mich hinauf in den zweiten Himmel, und siehe, da waren die beiden Vettern Jesus, der Sohn der Maria, und Johannes, der Sohn des Zacharias. Und er brachte mich hinauf in den dritten Himmel, und dort war ein Mann mit einem Gesicht so schön wie der Vollmond. Ich fragte Gabriel, wer dies sei, und er sprach: „Dies ist dein Bruder Joseph, der Sohn Jakobs!" Und er brachte mich hinauf in den vierten Himmel, wo ein Mann war, von dem Gabriel mir sagte, es sei Idrīs [= Henoch]. Und er brachte mich in den fünften Himmel; dort war ein Mann in reifem Alter mit weißem Haar und einem mächtigen weißen Bart. Nie habe ich einen schöneren Mann gesehen. „Wer ist dies?" fragte ich wieder Gabriel, und er gab mir zur Antwort: „Dies ist der Vielgeliebte in seinem Volk, Aaron, der Sohn des ʿImrān." Und er brachte mich in den sechsten Himmel; dort war ein Mann von dunkler Farbe, großem Wuchs und mit einer gekrümmten Nase, als gehöre er zum Stamm der Shanuʾa. Als ich Gabriel nach ihm fragte, erklärte er mir, daß dies Moses, der Sohn ʿImrāns, war. Und er brachte mich in den siebenten Himmel; dort sah ich einen Mann in reifem Alter auf einem Stuhl am Tore zum Paradiese sitzen, durch das an jedem Tag siebzigtausend Engel eintraten, die erst am Tage der Auferstehung wieder zurückkehren. *Nie habe ich einen Mann gesehen, der mir ähnlicher war*, und Gabriel sprach: „Dies ist dein Vater Abraham!"[218]

Hinter Abraham kommen gleich das Paradies und Gott, wie Muhammads Bericht in der Fortsetzung beschreibt. In dieser Begegnung zwischen Muhammad und Abraham, die in so lebhaftem Kontrast zur Begegnung zwischen Āzar und Abraham steht, wird das spiegelbildliche Verhältnis zwischen Abraham und Muhammad, das der Koran erkennen lässt, auf den Höhepunkt gebracht. Abraham ist genealogisch der Vater, der Urahn Muhammads, wie Ibn Ishāq zu Beginn seiner Biographie notiert. Abraham ist aber auch theologisch der Urahn Muhammads. Denn er – und gerade nicht Mose! – ist der Vater des Monotheismus und als solcher das entscheidende Vorbild Muhammads.[219] Schon vor bald 200 Jahren hatte bereits der jüdische Gelehrte *Abraham Geiger* erkannt:

> Wenn die früher genannten Frommen (sc. Noah usw.) einige Aehnlichkeit (sic!) mit Mohammed haben und ihre ähnliche Lage ihn sowohl ermuthigen als auch bewahrheiten sollte, so war Abraham, *Ibrāhīm*, geradezu sein Vorbild und der von ihm Geschätzteste, dem er sich gerne gleichstellen und seine Ansichten völlig übertragen möchte.[220]

---

[218] Ebd. S. 87 f. Kursive Hervorhebung von mir.

[219] Gegen *Ludwig Hagemann*, der behauptet (Propheten – Zeugen des Glaubens. Koranische und biblische Deutungen, Würzburg u. a. 2. Auflage 1993, S. 65): „Mose (Mūsā) war für Muhammad das Vorbild schlechthin." Mose ist für das Judentum zentral, nicht aber für den Islam bzw. Muhammad! Nicht zufällig nennt dieser bzw. der Koran den Islam *millat Ibrāhīm* und eben nicht *milla Mūsā*! Hätte Hagemann recht, dann wäre der Islam nicht mehr als eine ethnisch entgrenzte Variante des Judentums.

[220] Was hat Mohammed aus dem Judenthume aufgenommen?, Bonn 1833, S. 121.

Abraham und Muhammad ähneln einander wie niemand sonst. Dies macht der Ausspruch Muhammads über Abraham deutlich, keinen Mann je gesehen zu haben, der ihm ähnlicher wäre. Auch in einem Hadith, das *Muhammad ibn Ismā'īl al-Bukhārī* überliefert, heißt es, dass der Prophet gesagt haben soll: „Wenn ihr Abraham sehen wollt, dann blickt auf euren Gefährten", womit Muhammad sich selbst gemeint habe.[221] Abraham und Muhammad gleichen sich nicht nur in ihrem äußeren Aussehen, in ihrer physischen Gestalt, sondern auch, was den inneren Gehalt, das Wesen ihrer Sendung ausmacht. *Beide verkörpern in ihrer exemplarischen Person das, was Islam meint.* Der Erzvater wird zweimal im Koran das „schöne Vorbild" (arab. *uswa hasana*) für die Glaubenden genannt. Diese Bezeichnung kommt im Koran sonst nur noch ein einziges Mal vor – zur Beschreibung Muhammads (Sure 33,21): „Ihr habt ja im Gesandten Gottes ein schönes Vorbild für den, der Gott und den Jüngsten Tag erwartet und der Gottes oft gedenkt." Mit einem Wort: Abraham ist der Spiegel des Propheten Muhammad. Dieser ist der wiedergekehrte Abraham. Und beide veranschaulichen in vollkommener Weise, was es heißt, ein Muslim zu sein. Muhammad als das „Siegel der Propheten" (Sure 33,40) wiederholt, besiegelt und bestätigt also auch die Sendung Abrahams. Mit diesem Anspruch und Selbstverständnis ist Muhammad nun wahrhaftig „im siebten Himmel" – im Kreise der großen Religionsstifter – angekommen.

---

[221] Buch 55, Nr. 1410, zit. in eigener Übersetzung nach: Summarized Sahih Al-Bukhāri, a. a. O. S. 664.

C. Abrahams Erbe

Abrahams Erbe ist ambivalent, weil der Erzvater selbst eine durchaus schillernde Figur abgibt. Folgerichtig sind auch die drei monotheistischen Religionen, die sich allesamt auf den Erzvater als ihr Vorbild im Glauben berufen, durchaus schillernde Gemeinschaften. *Die Berufung auf den ambivalenten Abraham wird ihrerseits höchst ambivalent.* Auf der einen Seite sorgt Abraham theologisch wie politisch für Zündstoff, wie das Beispiel von Hebron/Al-Khalil im zehnten Kapitel gezeigt hat, wo durch die Geschichte hindurch bis auf den heutigen Tag Fanatiker aller Religionen „im Namen Abrahams" immer wieder aufeinander losgehen und morden. Gemeinsam an Abrahams Grab zu stehen und zu beten, wie es einst seine Söhne Ismael und Isaak der Tora zufolge taten (Genesis 25,7 ff.), ist heute nicht möglich. Auf der anderen Seite wird Abraham, der Gottesfreund, jedoch gleichsam als „Schirmherr" für trilaterale Dialog-Initiativen der drei Religionen beschworen. Dieser sog. Trialog ringt um Verständigung, Versöhnung und Kooperation von Juden, Christen und Muslimen – gleichfalls „im Namen Abrahams". „Den Abraham" gibt es folglich nicht. Er ist immer anders. *Der Erzvater ist immer das, was seine Erben jeweils aus ihm machen, was sie in seine Gestalt projizieren.* Er kann zum Fluch oder zum Segen für die Menschheit werden. Davon handeln die beiden kurzen Schlusskapitel dieses Buches, mit denen wir gewissermaßen beim heutigen Abraham angekommen sind.

14. Abrahams Fluch und Segen – oder: Von der Ambivalenz des Religiösen

Blicken wir auf Abraham gemäß dem Zeugnis der Heiligen Schriften und den zahllosen außerbiblischen und außerkoranischen Geschichten und Legenden über ihn, so erweist sich der Erzvater als eine zutiefst ambivalente Gestalt. Abraham hat gewiss sympathische Züge: etwa als freundlicher Gastgeber gegenüber Reisenden, als Fürsprecher für andere oder auch als mutiger Bekenner seines Glaubens gegenüber dem Tyrannen Nimrod. Auf der anderen Seite hat Abraham auch unsympathische Züge. Als ein Feigling und Lügner präsentiert er sich gegenüber einem anderen Tyrannen, dem ägyptischen Pharao, als es um seine Frau Sara geht. Als blind einem (mutmaßlichen) Gottesbefehl Gehorchender erweist er sich gegenüber seinem Sohn, den zu opfern er durchaus bereit gewesen wäre. Als intoleranter Sohn stellt er sich gegenüber seinem eigenen Vater dar, dessen astrale Religion er als Götzendienst und Heidentum brandmarkt. Als verantwortungsloser Mann und als ebenso verantwortungsloser Vater erweist er sich gegenüber Hagar und Ismael, die er in den Tod schickt, weil Sara es so will. Mit einem Wort: Es gibt nicht einfach nur den guten, netten, nachahmenswerten Abraham. Auch wenn der Koran ihn als ideales Vorbild stilisiert hat, ist der Erzvater eine schillernde Figur, wie die islamische Tradition – im Anschluss an die jüdische Überlieferung – eher erkennen lässt. Das macht ihn andererseits auch wieder zutiefst menschlich. Der ungeschönte, ungeschminkte Patriarch kommt etwas mehr auf Augenhöhe mit den Durchschnittsgläubigen aller Zeiten. Um nicht missverstanden zu werden: Es geht nicht darum, einen Ehrwürdigen zu entehren, sondern bei aller Verehrung wahrhaftig zu bleiben. Auch ein Gottesfreund hat seine Schattenseite. Daher darf die Berufung auf Abraham seitens seiner Verehrer nicht naiv werden. Wenn sich früher oder heute irgendeine Initiative oder Gruppierung „abrahami(ti)sch" nennt und sich auf den Erzvater beruft, bedeutet das noch lange nicht, dass sie allgemein oder mehrheitlich wünschenswerte Absichten und Ziele verfolgt. Abraham kann Fluch oder Segen für die Menschheit sein.

Machen wir es an ein paar Beispielen konkreter. 2011 wurde in Solingen eine radikale salafistische Organisation gegründet, die sich *Millatu Ibrahim* – also: „Religion Abrahams" – nennt. Ihr Gründer und Leiter ist der Österreicher Mohamed Mahmoud. 2012 und 2013 wurden diese Organisation und Untergruppen, die ihr zugehörten, vom damaligen deutschen Bundesinnenminister Hans-Peter Friedrich verboten. Der Grund: *Millatu Ibrahim*

> richtete sich gegen die verfassungsmäßige Ordnung und den Gedanken der Völkerverständigung. Die Verbotsverfügung legt dar, dass diese Vereinigung die Muslime in Deutschland zum aktiven Kampf gegen die verfassungsmäßige Ordnung aufrief und dabei nicht nur

gewalttätige Ausschreitungen nachdrücklich befürwortete, sondern zu weiterer Gewalt anstachelte.[222]

Viele Anhänger und auch Mohamed Mahmoud selbst hatten sich inzwischen bereits in Djihādgebiete des Nahen Ostens (Syrien und Ägypten) abgesetzt. Muslime sahen sich zu allen Zeiten als Nachahmer Abrahams und seines Sohnes zur aufopferungsvollen Hingabe an Gott aufgerufen. Dass damit gerade im militanten Islamismus und Salafismus ein schrecklicher Missbrauch getrieben werden kann und es zu unheilvollen Identifikationen kommt, zeigen etwa die Märtyrervideos islamistischer Selbstmordattentäter der HAMAS. Ein noch bekannteres Beispiel ist das Testament *Mohammed Attas*, eines der Attentäter vom 11. September 2001, in welchem er schreibt:

> Ich wünsche, dass meine Familie und jeder, der dies hier liest, den allmächtigen Gott fürchtet und sich nicht durch das Leben ablenken lässt; dass sie Gott fürchten und ihm und seinem Propheten nacheifern, wenn sie denn wahre Gläubige sind. Zu meinem Angedenken sollten sie sich verhalten nach dem Vorbild (des Propheten) Abraham, der seinem Sohn auftrug, als guter Muslim zu sterben.[223]

Wie gerade dieses letzte Beispiel zeigt, macht sich die Kehrseite von Abrahams Erbe nirgendwo so deutlich bemerkbar wie in der Wirkungsgeschichte des Opferdramas. In allen drei Religionen wird in Situationen äußerster Bedrängnis das von Gott gewollte und belohnte Märtyrertum mit dem Verweis auf Abraham motiviert und legitimiert. Väter und Mütter sollen – wie die Erzeltern – bereit sein, ihr Liebstes zu opfern. Söhne (und manchmal auch Töchter) sollen – wie Isaak bzw. Ismael – bereit sein, sich selbst für Gottes Sache aufzuopfern.[224] Die Selbstopferung nach dem Vorbild Isaaks war historisch eine jüdische Erfindung. Sie geht auf die militante Widerstandsbewegung der Makkabäer gegen die seleukidische Fremdherrschaft zurück (Exkurs 3). So werden in den Makkabäerbüchern ausführlich das Martyrium – häufig durch Verbrennen – sowie der damit verbundene Glaube an die Auferweckung durch Gott geschildert. Eine der berühmtesten Geschichten ist die im Judentum traditionell sog. Geschichte von *Hannah und ihren sieben Söhnen*. Der früheste Bericht findet sich in 2. Makkabäer 7,1–42. Dort ist die Mutter noch anonym. Der heidni-

---

[222] Verfassungsschutzbericht 2012, hg. vom Bundesministerium des Innern, Berlin 2013, S. 270.

[223] „Im Namen Gottes, des Allmächtigen": Das Testament des Terrorpiloten Mohammed Atta, in: DER SPIEGEL Nr. 40/2001, S. 32 (Klammer i. O.). Vgl. Kippenberg/Seidensticker (Hg.), Terror im Dienste Gottes. Die „Geistliche Anleitung" der Attentäter des 11. September 2001, Frankfurt/New York 2004.

[224] Vgl. zum Folgenden bes. Baudler, Die Befreiung von einem Gott der Gewalt. Erlösung in der Religionsgeschichte von Judentum, Christentum und Islam, Düsseldorf 1999; Chilton, Abraham's Curse: The Roots of Violence in Judaism, Christianity, and Islam, New York u. a. 2008; Kippenberg, Gewalt als Gottesdienst. Religionskriege im Zeitalter der Globalisierung, München 2008.

sche König Antiochus, der als „grausamer Tyrann" (V. 27) geschildert wird, lässt an einem einzigen Tag erst ihre sieben Söhne foltern und töten, zuletzt auch die Mutter. Jedem Sohn hatte sie vor seinem Tod Mut gemacht, standhaft im Glauben zu bleiben. Auch der Talmud verweist auf diese Märtyrergeschichte. Der dortigen Version zufolge sagt die – ebenfalls noch anonym bleibende – Mutter: „Kinder, geht und sagt eurem Vater Abraham: du hast einen Altar (sc. für Isaak) errichtet, ich aber habe sieben Altäre (sc. für meine sieben Söhne) errichtet."[225] Der Talmudversion zufolge wird die Mutter nicht vom Tyrannen getötet, sondern bringt sich selbst um, indem sie auf das Dach steigt und sich hinabstürzt. In einem noch in vorislamischer Zeit entstandenen Midrasch zu den Klageliedern Jeremias werden die letzten Worte der Mutter, die hier den Namen *Miriam Bat-Tanhum* erhält, an ihren jüngsten Sohn folgendermaßen wiedergegeben: „Mein Sohn, sei nicht nachgiebig und fürchte dich nicht! Du gehst zu deinen Brüdern und zum Schoße Abrahams. Und richte ihm aus: ‚Du hast einen Altar errichtet und deinen Sohn nicht geopfert. Doch ich habe sieben Altäre errichtet und (sc. alle) meine Söhne auf ihnen geopfert.'"[226] Nicht zufällig finden sich im Umfeld solcher populären Märtyrergeschichten, die in zionischen Schulen als Theaterstücke von Schülern aufgeführt werden, auch *relectures* von Genesis 22, denen zufolge kein Engel Abraham in den Arm fällt. Isaak wird tatsächlich von seinem Vater geschlachtet und zu Asche verbrannt, später aber von Gott wieder auferweckt. Die „Asche Isaaks", ein Terminus aus dem Palästinensischen Talmud (5. Jahrhundert u. Z.), ist ein wichtiges Symbol im militanten Zionismus, Isaak selbst der „Prototyp des jüdischen Märtyrers".[227]

Was die christologische *relecture* der Opfergeschichte im Christentum bewirkte, ist bekannt. Sie macht aus der Erzählung von Abraham und Isaak eine Art kosmisch-göttliches Drama. Gott forderte die Opferung Isaaks *beinahe*, doch die Opferung seines Sohnes Jesus auf Golgatha – man kann auch sagen: die gehorsame Selbsthingabe seines Sohnes – forderte Gott *tatsächlich*. „Dein Wille, Abba, geschehe" (Markus 14,36–37), betet Jesus im Garten Gethsemane zu seinem himmlischen Vater. Die Stilisierung der synoptischen Passionsgeschichte zeigt, wie die Abrahamgeschichte nur noch Vorlage für ihre antitypologische Überhöhung durch die Opferung des Got-

---

[225] Traktat Gittin 57b, zit. nach: Der Babylonische Talmud, a. a. O., Bd. VI, S. 374.

[226] Midrasch Echa Rabba 1, zit. nach: Ruth Kartun-Blum, Political Mothers. Women's Voice and the Binding of Isaac in Israeli Poetry, in: Greiner/Janowski/Lichtenberger (Hg.), Opfere deinen Sohn! Das „Isaak-Opfer" in Judentum, Christentum und Islam, Tübingen 2007, S. 93–108, Zitat S. 95.

[227] Matthias Morgenstern, Vom „Götzenzerstörer" Abraham zur „Leihmutter" Sara. Die Erzeltern Abraham und Sara in 1800 Jahren jüdischer Tradition, a. a. O. S. 108. Vgl. auch Ders., Theater und zionistischer Mythos. Eine Studie zum zeitgenössischen hebräischen Drama unter besonderer Berücksichtigung des Werkes von Johua Sobol, Tübingen 2002.

tessohnes ist. Nicht Abraham selbst, sondern die Gestalt des leidenden, geopferten, getöteten und dann auferweckten Christus bildet die Identitätsgrundlage des Christentums. Im Judentum blieb die Selbstopferung aufs Ganze der Geschichte gesehen (bis 1948) eher die Ausnahme; im Christentum wurde sie vielfach zur Regel, vielerorts zur Norm. Vor allem auf der Basis des neutestamentlichen Hebräerbriefes wurde aus dem Christentum eine regelrechte Märtyrerreligion. Die christlichen Märtyrer berufen sich weniger auf die bedingungslose Opferbereitschaft Abrahams, sondern primär auf die gehorsame Selbstaufopferung Jesu Christi – doch gleichfalls mit der Aussicht auf das himmlische Paradies. Bis heute ist der Heiligenkult als Märtyrerkult etwa in der römisch-katholischen, aber auch in den orthodoxen und orientalischen Kirchen sehr lebendig. Gerade die desaströse Wirkungsgeschichte der Opfererzählung zeigt, dass der Erzvater nicht einfach pauschal „der kostbarste Schatz unserer gemeinsamen Religionsgeschichte (ist)“, wie der katholische Theologe *Karl-Josef Kuschel* etwas zugespitzt in einem Interview einmal meinte.[228] Vielmehr ist Abraham zugleich ein furchtbares Vorbild unheiliger Krieger und Märtyrer in allen drei Religionen geworden. Abraham taugt als Paradigma eines Dialogs der Religionen ebenso wie als Chiffre für einen Kampf der Kulturen. Je nachdem, welchen Abraham die Gläubigen ins Auge fassen, welches Bild sie sich von ihm machen, kann der Erzvater trennend oder verbindend zwischen den Religionen wirken, kann er spalten oder versöhnen, Fanatismus oder Frieden legitimieren, zu Kriegen oder zu Dialogen inspirieren. Abrahams Erben sind es, die mit Berufung auf ihn zerstören oder heilen. Im Namen Abrahams können sie einander in die Wüste schicken oder sich wechselseitig als Gäste einladen, können sie sich gegenseitig dämonisieren und als „Feinde Gottes“, als „Kinder des Satans“ bekämpfen oder im Namen des Gottesfreundes untereinander Freundschaft schließen.

Wie oben am Ende der Einleitung zu diesem Buch erwähnt, soll hier nicht noch einmal über das Für und Wider eines Trialogs im Namen Abrahams debattiert werden. Selbstverständlich gibt es auch – besonders im jüdischen und protestantischen Spektrum – Gegner des Trialogs. Jedenfalls eines solchen Trialogs, der eine Art „abrahami(ti)sche Ökumene“ zum Ziel hat. Diese Skeptiker sagen klipp und klar: „Was eint Juden und Muslime, Muslime und Christen? Abraham nicht.“[229] Gleichwohl

---

[228] DER SPIEGEL Nr. 52/2008, S. 100 in der Titelgeschichte: Abraham. Christen, Juden und Muslime: Wem gehört der Urvater der Religionen?

[229] *Michael Wolffsohn*, Was eint uns, was trennt „die abrahamitischen Religionen“ aus jüdischer Sicht?, in: zur debatte (Zeitschrift der Katholischen Akademie in Bayern) Nr. 6/2008, S. 14. Den *abrahamitischen* Trialog hält Wolffsohn für eine „Kuschel-Theologie“ (ebd. S. 12). Er befürwortet stattdessen einen *werteorientierten* Trialog: „Welche theologischen Probleme haben Juden, Christen und Muslime dagegen mit den Zehn Geboten? Keine. Wer ein ‚Welt-Ethos‘ der Küngschen Art vorzieht, ist sicher ethisch auch auf der sicheren Seite“ (ebd. S. 14).

kann nicht bestritten werden, dass es faktisch vielerorts Begegnungen und Initiativen im Namen des Erzvaters gibt. Abraham kann auch zum Segen für die Menschheit werden. Etwa dort, wo es gelingt, dass Juden, Christen und Muslime sich tolerant und friedlich begegnen und es lernen, sich konstruktiv zu verständigen und zusammenzuarbeiten. In dieser Hinsicht wird Abraham heute von vielen als gemeinsames Vorbild des Glaubens in den drei abrahami(ti)schen Religionen beschworen. Seit mehr als 40 Jahren – genauer gesagt: seit 1972 – gibt es beispielsweise die *Ständige Konferenz von Juden, Christen und Muslimen in Europa*, die alljährlich im Frühjahr für eine ganze Woche zusammenkommt, früher in Bendorf, seit 2004 in Wuppertal. Diese internationale Konferenz versteht sich als „ein Begegnungsforum für Angehörige der drei Glaubensgemeinschaften, die den Glauben an den einen Gott teilen und ihre Wurzeln in der Gestalt Abrahams finden", wie es in der Selbstbeschreibung im Internet heißt.[230] Seit den 1990er Jahren boomt der Trialog. Immer mehr Abrahamhäuser und Abrahamvereine werden gegründet, immer mehr Abrahamfeste und Trialogveranstaltungen werden durchgeführt. Hervorzuheben ist auch das im Februar 2001 von mir mitbegründete *Abrahamische Forum in Deutschland*. Es ist beim Interkulturellen Rat in Darmstadt angesiedelt und hat inzwischen mehr als 350 Veranstaltungen durchgeführt. Gemeinsame Tagungen und Fortbildungen für Rabbiner, Pastoren und Imame wurden veranstaltet. Am wichtigsten aber waren und sind die dreiköpfigen „Abrahamischen Teams", die in Schulen und Gemeinden gehen.[231] Im November 2013 hat sich das Forum als eigenständiger Verein konstituiert. Inzwischen gibt es solche Abrahamische Foren auch auf europäischer und internationaler Ebene. Bundesweit für Aufsehen sorgte die erste „Drei Religionen Grundschule" Deutschlands, die im September 2012 in Osnabrück mit ihrem Unterricht begann.[232]

Inzwischen gibt es auch mehrere Recherchen zu Trialogaktivitäten hierzulande und weltweit. Wie sich in Deutschland Juden, Christen und Muslime für eine Verständigung engagieren und welche positiven Auswirkungen das nicht nur auf die Politik, sondern auf die Gesellschaft im Ganzen hat, beweist eine sozialwissenschaftliche Studie der Politologin Eva Maria Hinterhuber. Hier geht es nicht allein um das Friedenspotential der Religionen, sondern auch um ihre sozialintegrative Wirkmacht. In der Studie werden allein für Deutschland mehr als 50 zivilgesellschaftliche

---

Dass Kuschel Abraham in den drei Religionen auch differenziert zu sehen vermag, zeigen seine diversen, für den Trialog wertvollen Publikationen.

[230] Vgl. http://www.jcm-europe.org/ (März 2014).

[231] Vgl. im Internet: http://www.interkultureller-rat.de/projekte/abrahamisches-forum/ (März 2014).

[232] Vgl. im Internet: http://www.bistum-osnabrueck.de/bildung/drei-religionen-grund schule.html (März 2014).

Trialoginitiativen empirisch dokumentiert, zu denen auch die Stiftung Weltethos gehört.[233] Völlig wirklichkeitsfremd erscheint daher die Behauptung des katholischen Theologen *Hans Kessler*: „Den trilateralen Dialog zwischen Juden, Christen und Muslimen gibt es kaum."[234] Man kann vom Trialog halten, was man will, doch leugnen kann man sein Vorhandensein und seine positiven Auswirkungen auf das Miteinander der drei Religionsgemeinschaften nicht.

Aus muslimischer Sicht kann der Trialog sogar als eine zeitgemäße Form des *Djihād* (dt. Mühe, Anstrengung, Einsatz) betrachtet werden. Es gibt im Koran eine einzige Stelle, an der Abraham im selben Atemzug mit diesem zu Unrecht meist rein negativ assoziierten Ausdruck erwähnt wird. In Sure 22,78 heißt es:

> Und setzt euch für Gottes Sache mit aller Kraft ein![235] Denn er hat euch erwählt und hat euch in der Religion nichts auferlegt, was euch beschwert: Die Glaubensweise eures Vaters Abraham [arab. *millata abīkum Ibrāhīma*]; er (sc. Gott) hat euch Gottergebene genannt, schon vorher und nun hier, dass der Gesandte Zeuge sei für euch und ihr die Zeugen für die Menschen (sc. seid). So haltet das Gebet, und gebt die Armensteuer. Und haltet fest an Gott: er ist euer Herr. Welch guter Herr, welch guter Helfer!

Damit kommen wir nochmals auf das am Ende des achten Kapitels Gesagte zurück. Worin besteht die Glaubensweise Abrahams? Zur Beantwortung der Frage nehmen wir neben Sure 22,78 noch den etwas älteren Vers von Sure 4,125 hinzu. Dort heißt es: „Wer hat eine bessere Religion als wer sich Gott ergibt und dabei Gutes tut und der Glaubensweise Abrahams als eines wahren Gläubigen folgt. Und Gott nahm sich Abraham zum Freund." Die Glaubensweise Abrahams hat diesen beiden Versen zufolge mindestens vier Kennzeichen: sie

– erfordert ein resolutes Engagement für Gottes Sache,
– besteht in der Hingabe an Gott allein,
– besteht im Tun des Guten (einschließlich Gebet und Armensteuer), und
– ist vorbildlich für alle Glaubenden quer durch die monotheistischen Religionen.

Entscheidend ist, dass der Koran fordert, zur Hingabe an Gott müsse das Tun des Guten hinzukommen. In einem ebenfalls bereits zitierten Vers wird dieses Kriterium auf das

---

[233] Abrahamischer Trialog und Zivilgesellschaft. Eine Untersuchung zum sozialintegrativen Potenzial des Dialogs zwischen Juden, Christen und Muslimen, Stuttgart 2009. Hinterhubers Studie basiert auf der älteren von Bauschke: Internationale Recherche von Institutionen zum trilateralen Dialog von Juden, Christen und Muslimen, Berlin 2001.

[234] Trialog zwischen Juden, Christen und Muslimen. Überlegungen aus einer christlichen Perspektive, in: Stimmen der Zeit, 2005/Nr. 3, S. 171–182, Zitat S. 171. Dieses Urteil war bereits 2005 falsch, wie meine in der vorigen Anmerkung erwähnte Dokumentation belegt.

[235] Arab. *wa-djāhidū fī llāhi haqqa djihādihī*. Dieser Satzteil von Vers 78 folgt der prägnanteren Übersetzung von Moustafa Maher. Bobzin übersetzt: „Und müht euch um Gott, wie es ihm zukommt".

Verhältnis von Juden, Christen und Muslimen angewandt (Sure 2,148): „Es hat ein jeder eine Richtung, nach welcher er sich wendet. Wetteifert daher um das Gute!" Der Trialog könnte sich demzufolge nicht als ein Streit über die unterschiedlichen Glaubensinhalte oder Wahrheitsansprüche verstehen, sondern vor allem als ein *ethischer Wettbewerb der Glaubenden* im Hinblick auf die Taten ihres Glaubens. Das wäre ein Gottesdienst der guten Taten nach der Glaubensweise Abrahams. Das wäre interreligiös praktizierte Freundschaft mit Gott. Wohl am schönsten wird der Wettstreit der guten Werke in der berühmten Passage von Sure 5,44–48 über die Juden und ihre Tora, die Christen und das Evangelium Jesu sowie über die Muslime und den Koran formuliert. Im letzten Vers heißt es dann (in der lyrischen Übersetzung von *Friedrich Rückert*):

> Wir haben jedem Volke sein Gesetz gegeben
> Und eine Laufbahn für sein Streben.
> Hätt' es gewollet Gottes Macht,
> Er hätt' Ein Volk aus euch gemacht.
> Allein, daß er euch prüf' im Leben,
> Hat er Besondres euch gegeben.
> So eilet nun im ganzen Chor
> Einander euch im Guten vor.
> Zu Gott ist euer aller Fahrt.
> Da wird euch werden offenbart,
> Worüber ihr uneinig wart.

Der wirkungsgeschichtlich berühmteste Nachfahre dieser Sätze des Korans über den von Gott gewollten ethischen Pluralismus der Abrahamiten ist *Gotthold Ephraim Lessing* gewesen. Vermittelt vor allen Dingen über Giovanni Boccaccios Version der Ringerzählung in seinem „Decamerone" hat er mit seiner sog. Ringparabel in dem Bühnenstück „Nathan der Weise" (1779) die bekannteste Bearbeitung der Idee des ethischen Wetteifers unter Juden, Christen und Muslimen präsentiert, um damit im Zeitalter der Aufklärung um Toleranz zwischen diesen drei Glaubensgemeinschaften zu werben. In dieser Parabel stehen der Vater von drei Söhnen und am Ende der Richter für Gott. Die drei gleich geliebten Söhne, die alle einen Ring von ihrem Vater erhalten haben, repräsentieren die drei Religionen. Das Echo auf die zitierten Koranworte klingt bei Lessing so (3. Aufzug, 7. Auftritt):

> So glaube jeder sicher seinen Ring
> Den echten. – Möglich; daß der Vater nun
> Die Tyrannei des *einen* Rings nicht länger
> In seinem Hause dulden wollen! – Und gewiß;
> Daß er euch alle drei geliebt, und gleich
> Geliebt: indem er zwei nicht drücken mögen,
> Um einen zu begünstigen. – Wohlan!
> Es eifre jeder seiner unbestochnen

Von Vorurteilen freien Liebe nach!
Es strebe von euch jeder um die Wette,
Die Kraft des Steins in seinem Ring' an Tag
zu legen! (…)
Und wenn sich dann der Steine Kräfte
Bei euren Kindes-Kindeskindern äußern:
So lad' ich über tausend tausend Jahre,
Sie wiederum vor diesen Stuhl. Da wird
Ein weisrer Mann auf diesem Stuhle sitzen,
Als ich; und sprechen.[236]

---

[236] Zum Verhältnis Lessings zum Islam vgl. Horsch, Rationalität und Toleranz. Lessings Auseinandersetzung mit dem Islam, Würzburg 2004, bes. S. 71 ff.; Kuschel, Vom Streit zum Wettstreit der Religionen. Lessing und die Herausforderung des Islam, Düsseldorf 1998, bes. S. 305 ff. Vgl. auch Küng/Kuschel/Riklin (Hg.), Die Ringparabel und das Projekt Weltethos, Göttingen 2010.

15. Abraham heute – oder: Der unendliche Strom der Geschichten

Zu allen Zeiten haben gläubige Juden, Christen und Muslime an den uralten Gestalten von Abraham, Sara, Hagar, Ismael und Isaak weitergearbeitet, haben sie um- und neu erzählt, so, dass sie in die jeweiligen Umstände und Herausforderungen derer passten, die diese Geschichte erinnerten und von ihnen erwarteten, dass sie auch noch zu ihnen sprechen. Bis heute endet nicht der Strom immer neuer Geschichten über Abraham. So sind wir in diesem Buch bereits zahlreichen *relectures* begegnet. Bereits die jüdischen *relectures* in vorchristlicher und vorislamischer Zeit – etwa im Jubiläenbuch – lehren uns dasselbe, was uns die Neuerzählungen aus heutiger Zeit in diesem letzten Kapitel zeigen werden: Was Abraham bedeutet oder wer Abraham für uns heute ist, steht nicht von vornherein fest. Und es steht nicht ein für alle Mal fest. Vielmehr ist Abraham das, was wir aus ihm machen, wozu wir ihn gebrauchen oder womöglich eben auch missbrauchen. *Es hat nie „den Abraham" gegeben. Abraham ist immer anders.* So gesehen gibt es viele Gesichter Abrahams, und zwar sowohl innerhalb der drei Religionen, die sich auf ihn berufen, als auch im Vergleich zwischen ihnen. Die verschiedenen Gesichter Abrahams sind letztlich die Gesichter derjenigen, die sich in ihm wiederfinden, die sich in seine Umrisse eingeblendet und projiziert haben. Das haben wir insbesondere mit Blick auf Muhammad, der sich schließlich als den zweiten Abraham verstand, herausgearbeitet. Aber dieser Sachverhalt gilt auch für die anderen Erben des Erzvaters. In „Vater Abraham", in *Imām Ibrāhīm*, im Gottesfreund spiegeln sich seine verschiedenen Kinder und Erben wider: Sie verstehen ihn so, wie sie sich selber verstehen. Abschließend sei dreimal in den unendlichen Strom der Abrahamgeschichten hineingegriffen, gleichsam mit einer jüdischen, einer christlichen und einer muslimischen „Schöpfkelle"…

Das Veto der Mütter (jüdisch)

Von 1968 bis 1970 führten Israel und Ägypten einen sog. Abnutzungskrieg auf dem Sinai, der keinerlei militärische Entscheidung brachte und mit einem Waffenstillstand beendet wurde. Die 1933 in Berlin geborene israelische Dichterin *Raya Harnick* schrieb 1970 einen Zyklus von drei „Gedichten der Abnutzung" (hebr. *Shirei haTashah*), die erst 1983 veröffentlicht wurden: nachdem ihr eigener Sohn im Libanonkrieg 1982 umkam. So haben diese knappen Gedichte etwas eigentümlich Prophetisches an sich. Harnick bringt das Veto zahlloser Mütter zum Ausdruck, ihre Söhne als Opfer im Namen der Religion oder einer Nation darzubringen, die sich der Religion bedient. Der Mittelteil deutet die zionistische Kriegsrhetorik der Jahre des Abnutzungskrieges an, der zufolge die Soldaten keine wehrlosen Opfer mehr seien wie in den Konzentrationslagern, sondern Helden wie die Widerstandskämpfer von Masada.[237] Für Harnick ist das eine absurde Logik. Was ist damit gewonnen, wenn unsere Söhne nicht mehr wehrlos wie Schafe zur Schlachtbank geführt werden, sondern freiwillig und „stolz" ihren Opfergang antreten?

A.
Ich will meinen erstgeborenen Sohn
nicht zum Opfer darbringen.
Ich nicht.
Des Nachts rechnen
Gott und ich,
wem was zusteht.
Ich weiß es und
bin der Tora dankbar.
Aber nicht mein Sohn,
und nicht für ein Opfer.

B.
Nicht länger 1942.
Nicht länger Treblinka.
Nicht länger wie Schafe zur Schlachtbank.
Jetzt stolz.
Jetzt wie Masada.
Jetzt wie Schafe zum Opfergang.

C.
Gott in seiner Güte
baut Jerusalem. (…)
Und jeder Stein,
den er in seiner Güte
baut in Jerusalem,
ist durchtränkt
mit Blut und Tränen.
Ich werde Gott
in seiner Güte
Jerusalem geben.
Und dafür
meinen Sohn
zurücknehmen.[238]

---

[237] *Masada* ist der (zionistische) Inbegriff jüdischen Heldenmuts und Widerstands. Der Krieg gegen die römische Besatzungsmacht endete mit dem kollektiven Selbstmord von fast 1.000 Männern und ihren Familien in der Bergfestung Masada oberhalb des Toten Meeres im Jahre 73 u. Z.

[238] In eigener Übersetzung zit. nach: Ruth Kartun-Blum, Political Mothers. Women's Voice and the Binding of Isaac in Israeli Poetry, a. a. O. S. 98 f. Vgl. auch die Titel von Matthias Morgenstern.

Die Heimholung Hagars (christlich)

Eine der mutigsten *relectures*, die mir bekannt sind, geht von der Frage aus: Was wäre eigentlich passiert, wenn Abraham der Stimme seines Herzens gefolgt wäre und sich gegen Saras Willen, Hagar zu vertreiben, gewehrt hätte? Oder was wäre gewesen, wenn Hagar selbst den Mut aufgebracht hätte, Sara vorzuschlagen: „Lass Ismael und Isaak aufwachsen als Brüder. Jeder soll zwei Mütter und einen Vater haben. Ihr allein seid meine Familie. Gemeinsam werden wir unseren Kindern etwas über den Gott, den wir gefunden haben, beibringen."[239] *Lydia Thalmayer* aus München bietet in ihrem Buch über Abraham ein anschauliches Beispiel für eine visionäre *relecture* im Horizont der Versöhnung. Ich zitiere auszugsweise aus dem Abschnitt „Hagars Heimholung":

> Langsam nähern sich Hagar und Ismael mit ihrem Gefolge Abrahams Zeltdorf bei Hebron. Dort hat man schon Ausschau gehalten. Ein junger Mann kommt ihnen entgegen. Es ist Isaak. Hagar bringt ihr Kamel zum Stehen, lässt Ismael weiterreiten und erlebt in großer Rührung das erste Aufeinandertreffen der Brüder nach so vielen Jahren. Als Ismael sieht, wer ihm entgegenkommt, springt er von seinem Reittier und geht schnellen Fußes auf Isaak zu. Mit ausgebreiteten Armen stehen sie sich gegenüber. In jedem der beiden Gesichter drückt sich erst großes Erstaunen aus, da sie voneinander noch die Vorstellung der Kinderzeit in sich tragen, und so sind es ihre offenen Kindergesichter, in denen sie sich zuerst begegnen. „Ismael!" – „Isaak!" rufen beide gleichzeitig aus. Lange umarmen sie sich, und jeder spürt den Herzschlag des anderen. Liegen nur Jahre oder liegt eine Ewigkeit zwischen ihnen? In diesem Augenblick ist die Zeit aufgehoben. „Ismael, sei gegrüßt und sei willkommen zu Hause", spricht Isaak mit feierlicher Stimme zu seinem Bruder. „Schlage deine Zelte auf neben den meinen, und lass uns wahrhaft Brüder sein." Tränen laufen über ihre Gesichter. Abraham tritt aus seinem Zelt. Alles Geschehene ist auch für ihn Vergangenheit. Die Gegenwart lebt, und die Zukunft wartet auf ihre Gestaltung. In großer Rührung schreitet Abraham auf Hagar und Ismael zu. Er umschließt beide mit seinen Armen. Als er Ismael an sich drückt, spricht er leise: „Mein Wildesel – ich liebe dich." Und Ismael versteht seinen alten Vater und weiß, welchen Platz er in seinem Herzen einnimmt.
>
> Eilige Mägde haben den Ankömmlingen Wasser zur Reinigung und zur Erfrischung bereitgestellt, und Hagar wird von Elieser in ihr altes Zelt geführt. Dort ist alles noch so, wie sie es verlassen hat. Niemand hat etwas weggenommen, nichts wurde verändert. Die kleine Sykomore ist groß geworden. Für ein paar Augenblicke setzt Hagar sich in alter Erinnerung an frühere Zeiten unter ihre Zweige, ehe sie zu Sara gehen wird. Sonderbare Gefühle wecken ihr diese Rückblicke. Wie vieles musste sich wandeln um sie, in ihr, bis schaffende Kräfte ihre eigentliche Gestalt formen konnten. Bis nach außen sichtbar wurde, was in ihrem Innern angelegt war. Isaak ist glücklich über

---

[239] Karen Prager, God's Covenant with Sarah, in: N. M. Hyman, *Biblical Women in the Midrash. A Sourcebook*, Northvale, NJ/London 1997, S. 23–25, Zitat S. 25.

die Ankunft seines Bruders und geht daran, ein großes Wiedersehensfest vorzubereiten. Vieles haben sie sich zu erzählen, alles wollen sie voneinander wissen. Mit klopfendem Herzen begibt sich Hagar dann zu Sara. Vorsichtig hebt sie den Vorhang am Eingang und setzt zaghaft ihren Fuß in das Zelt. Dort liegt Sara, schlafend. (...) Sara öffnet die Augen, und ihr ganzes Gesicht wird zu einem warmen, gütigen Lächeln. Mit ausgestreckten Händen holt sie Hagar zu sich. „Schalom, Hagar – sei mir gegrüßt", spricht sie mit fester Stimme. „Es ist gut, dass du gekommen bist. Glaube mir, längst habe ich dir Abbitte getan. In meinem eigenen großen Schmerz habe ich deinen erkannt und alles durchlitten wie du, und es musste wohl so sein." – „Sara, alles ist längst vergeben, und ich bitte auch dich um Lossprechung." Sanft legt Sara ihre Hand auf Hagars Haupt, und es geschieht in diesem Augenblick der Berührung ein Austausch von Geben und Empfangen. Die Erlassung der Schuld schenken sie einander wie eine kostbare Gabe.[240]

Der lernende Erzvater (muslimisch)

Mit diesem letzten Beispiel kehren wir zum ersten Kapitel des Buches zurück, zum Topos der Gastfreundschaft Abrahams, immerhin neben der Opferbereitschaft das bekannteste und wichtigste Charakteristikum des Erzvaters. Bis heute spielt der gastfreundliche Abraham eine wichtige, vorbildhafte Rolle: generell in der orientalischen Kultur sowie im Dialog des Alltags und der nachbarschaftlichen Begegnungen von Juden, Christen und Muslimen; speziell sodann in der muslimischen Erziehung zu Hause und in der Schule. Schon im Kindergarten ist Abraham eine wichtige Figur, ein Wegweiser für das Suchen und Entdecken Gottes von Kindesbeinen an.[241] Ein schönes Beispiel für das Fortwirken dieses Topos von Abraham, dem „Vater der Gäste", in der gegenwärtigen muslimischen Erziehung, das zugleich die Lebendigkeit Abrahams in der islamischen Tradition bis heute dokumentiert, sei im Folgenden zitiert:

> Abraham, der Gottesfreund, war für seine sprichwörtliche Gastfreundschaft bekannt. Diese ging so weit, daß er nur wenig aß, wenn er allein war, aber wenn er Gäste hatte, bemühte er sich immer, ihnen ein reichhaltiges Mahl anzubieten. Oft lud er auch einfach Vorbeireisende zum Essen ein. So geschah es eines Tages, daß er einen unbekannten Reisenden als Gast bei sich hatte. Als das Essen aufgetragen war, sagte er zu ihm: „Nun sprich: ‚Im Namen Allahs!' und greife zu." Der Fremde erwiderte: „Ich glaube aber gar nicht an Allah", und wollte anfangen zu essen, ohne einen Segenswunsch gesprochen zu haben. Also hielt Abraham seine Hand zurück und sagte: „Wer nicht an Allah denkt, den Geber aller Gaben, der soll auch nicht mit mir essen." Da stand der

---

[240] Abraham und das Vermächtnis seiner Frauen. Eine Vision für Frieden zwischen Juden und Arabern im Sinne der Abrahamischen Ökumene, Oberursel 2001, S. 209 f.

[241] Vgl. etwa Helgard Jamal, Abraham. Mit Kindern Gott entdecken – Mit Natur gestalten – Mit Figuren erzählen, Hamburg-Schenefeld 2006.

Gast auf und ging ohne Gruß fort. Darauf sprach Allah zu Abraham: „Mein Freund, warum hast du deinen Gast gehen lassen?" Abraham antwortete: „Er wollte nicht an Dich denken, den Geber aller Gaben." Allah erwiderte: „Wie kommt es, daß du, Mein Freund, deine Gabe mit einer solchen Bedingung verbindest? Ich lasse doch auch die Sonne scheinen über Gute und Böse und den Regen fallen für Gläubige und Ungläubige. Geh und hole deinen Gast zurück und gib ihm zu essen." Da schämte sich Abraham und ging hinaus, um den Fremden einzuholen. Als dieser Abraham hinter sich herkommen sah, dachte er: „O weh! Und ich dachte, er wäre nur unhöflich. Aber er scheint wohl auch fanatisch zu sein, so daß er mich jetzt verfolgt." Und er fing an zu laufen. Abraham lief hinter ihm her, und endlich holte er ihn ein. „Ich möchte mich bei dir entschuldigen", keuchte er, „Allah hat mir für mein Verhalten Vorwürfe gemacht und mir aufgetragen, dich zurückzubitten und zu bewirten, denn auch Er gibt Seine Gaben ohne Bedingungen." Da nahm der Reisende die Einladung an und dachte: „Einen solchen Gott, der Seinem eigenen Propheten meinetwegen Vorwürfe macht, möchte ich auch gern näher kennenlernen."

Diese Geschichte mit dem Titel „Abrahams Gast" stammt aus einer deutschsprachigen Kinder- und Jugendzeitschrift, die vom Islamischen Zentrum Hamburg herausgegeben wird.[242] Sie ist eine gelungene, pädagogisch wie missionarisch motivierte Neuinterpretation der Gastfreundschaft Abrahams. Weil dieser hier als Vorbild für Kinder und Jugendliche begegnet, wird er keineswegs als schlechthin vollkommenes Vorbild geschildert, wie das sonst im Koran und in der islamischen Tradition meistens üblich ist. Vielmehr begegnet Abraham hier als ein Prophet, der selber noch lernen muss. Und Gott, sein himmlischer Freund, ist es, der ihn erzieht. Dieser *lernfähige und eben darum auch vorbildfähige Abraham* ist für Heranwachsende sicher interessanter und überzeugender als ein allzu idealisierter, vollkommener Abraham ohne jeden Fehl und Tadel (Kapitel 4). Darum ist dieser lernende Erzvater auch ein wichtiges pädagogisches Mittel in der muslimischen Erziehung heute. Immerhin hat – im Unterschied zum Koran – das Abrahambild der späteren islamischen Tradition in dieser Hinsicht zugestanden, dass Abraham ein Prophet war, der ab und zu auch mal Fehler machte. Einer Überlieferung *Abū Huraira* zufolge wies Muhammad einmal darauf hin, Abraham habe immer die Wahrheit gesagt, außer bei drei Gelegenheiten: erstens als er in seines Vaters Hause zum Götzendienst eingeladen wurde und vorgab, krank zu sein; zweitens bei der Zerstörung der Götzen, als Abraham so tat, als hätte ihr Oberster das getan; und schließlich drittens bei ihrer Begegnung mit einem Tyrannen, als Abraham vorgab, Sara sei seine Schwester.[243] Solche Schwächen und Täuschungsmanöver Abrahams, von denen nicht nur die Jüdische Bibel, sondern vereinzelt auch die islamische Tradition berichtet, bilden ein wichtiges Korrek-

---

[242] Aus: Salam Kinder! Zeitschrift für Junge Muslime, 15. Jg., Nr. 88, Juli/August 1998, S. 8f. Die Zeitschrift erscheint seit 1983 als Beilage der Zeitschrift „Al-Fadschr – Die Morgenröte".
[243] Vgl. z. B. Summarized Sahih Al-Bukhāri, a. a. O. Nr. 1413 und Nr. 1043.

tiv zum Idealbild des stets vollkommenen Propheten Abraham. Schwächen tun seiner Prophetie keinen Abbruch – im Gegenteil! Sie machen Abraham sympathischer. Sie machen ihn realistischer. Sie machen ihn glaubwürdiger. Sie lassen ihn als Vorbild für Jung und Alt geeignet erscheinen. Wie können und warum sollten schwache, fehlerhafte Menschen vollkommenen und fehlerlosen Vorbildern nacheifern? Ein *Abraham auf Augenhöhe mit seinen Nachahmern* ist da hilfreicher. Nach meiner Einschätzung sehen das auch immer mehr Muslime so. Stellvertretend für viele sei der Iranist *Abbas Poya* zitiert, der über das Abrahambild der islamischen Tradition sagt, was m. E. auch für den Abraham der islamischen Gegenwart gelten sollte:

> Hier wird Abraham als ein Mensch geschildert, der auch manchmal Angst, Unsicherheit und Schwäche zeigt. Er ist nicht nur ein frommer „Gottsucher", der ausschließlich daran denkt, wie er rigoros die göttlichen Eingebungen in die Tat umsetzen kann. Er zeigt hin und wieder Emotionen und reagiert auf dieses oder jenes Ereignis wie ein „normaler" Mensch.[244]

---

[244] [Die] Gestalt des Abraham im Koran und in der islamischen Tradition, in: Möller/Goßmann (Hg.), Interreligiöser Dialog. Chancen abrahamischer Initiativen, Berlin 2006, S. 83–99, Zitat S. 96 f.

Anhang

Übersichtstabellen

Tabelle 1: Ungefähre chronologische Reihenfolge der Abrahamverse im Koran

Wirkungsort Muhammads	Sure
Mekka 1. Phase: 11 Verse in drei Suren	87,(14–)19
	53,36–37
	51,24–31
Mekka 2. Phase: 103 Verse in sieben Suren	37,83–113
	26,69–89
	15,49–57
	19,41–50; 19,58
	38,45–47
	43,26–28
	21,51–73
Mekka 3. Phase: 48 Verse in sieben Suren	16,120–123
	11,69–76
	14,35–41
	12,6; 12,38
	29,16–27; 29,31–32
	42,13
	6,74–84; 6,161
Medina: 46 Verse in acht Suren	2,124–140; 2,258–260
	3,33; 3,65–68; 3,84; 3,95–97
	57,26
	4,54; 4,125; 4,163
	33,7–8
	22,26–29; 22,43; 22,78
	60,4–6
	9,70; 9,114
Insgesamt: 208 Verse in 25 Suren	

Tabelle 2: Abraham und seine Familie im Koran

Erzählungen, Motive, Personen	Koranstellen (chronologisch aufgeführt)
Besuch der Boten bei Abraham und Sara, Ankündigung der Geburt Isaaks	Sure 51,24ff.; 15,49ff.; 11,69ff.; 29,31–32
Isaak im Koran	Sure 51,24ff. (ohne Namensnennung); 37,99ff.; 15,51ff. (ohne Namensnennung); 19,49; 38,45ff.; 21,72; 11,71; 14,39; 12,6; 12,38; 29,27; 6,84; 2,133; 2,136; 2,140; 3,84; 4,163
Abraham und der Kult seiner Väter	Sure 37,83ff.; 26,69ff.; 19,41ff.; 43,26ff.; 21,51ff.; 29,16ff.; 6,74ff. (Āzar)
Abraham sagt sich von seinem Vater los	Sure 19,48–49; 60,4; 9,114
Abrahams Auswanderung	Sure 37,99; 21,71; 29,26
Abraham und das Opferdrama	Sure 37,99ff.
Abrahams Glaubensbekenntnis	Sure 26,77ff.
Abraham als vorbildlicher Beter	Sure 26,83ff.; 14,35ff.; 60,4–5
Todesstrafe für Abraham durch Steinigung	Sure 19,46
Todesstrafe für Abraham durch Verbrennung im Feuer	Sure 37,97–98; 21,69–70; 29,24
Abraham und der Tyrann (Nimrod)	Sure 2,258; 16,26
Abraham und die Auferstehung	Sure 2,259; 2,260 (Vogelwunder)
Abraham und das Heiligtum in Mekka	Sure 14,35–37; 2,125ff.; 3,95ff.; 22,26–29
Abraham als Führer (*imām*) und schönes Vorbild (*uswa hasana*) der Menschen	Sure 21,73; 16,120; 2,124; 60,4; 60,6
Abraham, ein Prophet wie viele andere	Sure 19,41; 2,136; 3,68; 3,84; 57,26; 4,163; 33,7
Abraham, ein Gerechter (*sālih*) unter anderen	Sure 26,83; 21,72; 16,122; 29,27; 2,130
Abraham, der Freund Gottes	Sure 4,125
Abraham, der Gottsucher und wahre Gläubige (*hanīf*)	Sure 16,120; 16,123; 6,79; 6,161; 2,135; 3,67; 3,95; 4,125
Die Religion Abrahams (*millat Ibrāhīm*)	Sure 16,123; 12,38; 6,161; 2,130; 2,135; 3,95; 4,125; 22,78
Abraham bittet Gott um das Kommen Muhammads	Sure 2,129
Ismael im Koran	Sure 19,54–55; 38,48; 21,85–86; 14,39; 6,86; 2,125ff.; 3,84; 4,163

Erzählungen, Motive, Personen	Koranstellen (chronologisch aufgeführt)
Hagar im Koran	— (indirekt: Sure 14,37)
Abrahams Enkel Jakob im Koran	Sure 19,6; 19,49; 38,45–47; 21,72; 11,71; 12 (vielfach); 29,27; 6,84; 2,132–133 136 140; 3,84; 4,163
Abrahams Neffe Lot und seine Familie	Sure 51,32–37; 54,33–39; 26,160–175; 15,58–77; 21,74–75; 27,54–58; 7,80–84; 11,77–83; 29,26; 29,28–35; 6,86

Tabelle 3: Die Abraham-Nimrod-Legende bei al-Kisā'ī

In der islamischen Tradition werden – nach dem Vorbild der außerbiblischen, vorislamischen jüdischen Tradition – einige Abrahamtexte des Korans, die eigentlich vom Konflikt Abrahams mit dessen Vater und seinem Astralgötterkult handeln, in den großen Legendenkreis um Nimrod eingegliedert, obwohl im Koran von Nimrod nirgendwo die Rede ist. Dies soll exemplarisch und auszugsweise am Beispiel der Abraham-Nimrod-Legende gezeigt werden, wie sie bei al-Kisā'ī (12. Jahrhundert) überliefert ist.[245]

Abschnitt	Inhalt	Bezüge auf den Koran oder Analogien zur Bibel
1	Nimrod wird geboren und ausgesetzt.	—
2	Nimrod besteigt den Thron.	—
3	Nimrods Hochmut. Tārikh[246], ein Handwerker, wird sein oberster Wesir.	—
4	Nimrod wird zehnmal gewarnt, v. a. durch Träume.	Matthäus 2,1 ff.: Die Sterndeuter
5	Sterndeuter erläutern die Träume. Nimrod lässt 100 000 Kleinkinder ermorden.	Matthäus 2,16 ff.: Kindermord durch König Herodes in Bethlehem
6	Abraham wird im Götzentempel gezeugt. Der Stern Abrahams erscheint am Himmel.	Matthäus 2,1 ff.: Der Stern von Bethlehem (Geburt Jesu)

---

[245] Dabei folge ich der Wiedergabe der Legende bei Heinrich Schützinger, Ursprung und Entwicklung der arabischen Abraham-Nimrod-Legende, a. a. O. S. 66 ff.

[246] Dies ist der Name für Abrahams Vater bei al-Kisā'ī. Hier klingt das biblische *Terach* an, wohingegen der Koran und die klassische islamische Tradition ihn bekanntlich *Āzar* nennen.

Abschnitt	Inhalt	Bezüge auf den Koran oder Analogien zur Bibel
7	Abraham wird in aller Heimlichkeit in einer Höhle geboren und verbringt dort seine ersten Jahre.	—
8	Abraham verlässt die Höhle als 4-jähriges Kind und erweist sich sogleich als Monotheist angesichts der Schau von Himmel und Erde.	Sure 6,75 ff. werden zitiert.
9	Abraham kommt zu seiner Familie und lernt erst jetzt seinen Vater Tārikh kennen. Erster Konflikt mit dem Vater.	—
10	Erste Begegnung Abrahams (als Kind) mit Nimrod.	—
11	Abraham soll Götzen verkaufen, über die er sich aber lustig macht. Er findet erste Glaubensanhänger.	—
12	Zweite Begegnung Abrahams (jetzt als 40-Jähriger) mit Nimrod.	Sure 2,258 wird zitiert.
13	Abraham und das Vogelwunder.	Sure 2,260 wird zitiert. Vgl. Sure 3,49 (Jesu Vogelwunder).
14	Abraham wird ins Gefängnis geworfen.	—
15	Abraham zerschlägt die Götzen.	Sure 37,89 ff.; 21,51 ff. werden zitiert.
16	Die Bestrafung: Abraham im Feuer.	Sure 21,69 wird zitiert.
17	Nimrods Flug in den Himmel, um Gott zu töten.	—
18	Nimrods Tod durch eine Mücke.	—

Tabelle 4: Das Opferdrama im interreligiösen Vergleich

Judentum (Genesis 22)	Christentum (Evangelien)	Islam (Sure 37)
Prüfung Abrahams durch Gott: ist von Anfang an als solches erkennbar.	Kosmisches Heils- und Erlösungsdrama.	Prüfung Abrahams und seines Sohnes durch Gott: wird erst im Verlauf der Erzählung deutlich.
Gott (*Elohīm*) ruft Abraham: direktes Gespräch.	Stimme vom Himmel (Gott) beruft Jesus (durch die Taufe).	Abraham hat einen Alptraum (von Gott?).
Das Opfer ist Isaak, der „geliebte Sohn“.	Das Opfer ist Jesus, der „geliebte Sohn“.	Das Opfer bleibt anonym (Isaak oder Ismael).
Abraham schweigt gegenüber Isaak und Sara.	Jesus ringt mit Gott im Gebet (Garten Gethsemane).	Abraham spricht mit seinem Sohn darüber.
Abraham ist dem Befehl Gottes gehorsam.	Jesus fügt sich dem Willen des Vaters im Gehorsam.	Abraham und sein Sohn ergeben sich gemeinsam in das, was sie für den Willen Gottes halten.
Zwei Knechte begleiten Abraham, danach geht Abraham mit Isaak allein weiter.	Die Jünger begleiten Jesus auf seinem Weg, dann aber verlassen und verraten sie ihn.	Es werden keine Begleiter erwähnt: Abraham und sein Sohn sind allein.
Isaak trägt das Feuerholz.	Jesus trägt sein Kreuz (teilweise) . . .	—
Die Opferstätte ist anonym („der Ort“). Tradition: Berg Morija bei Jerusalem.	. . . bis zu „dem Ort“ Golgatha bei Jerusalem.	Die Opferstätte ist anonym. Islamische Tradition: Berg Thabir bei Mekka.
Abraham baut einen Altar.	Golgatha ist der kosmische Altar.	—
Bindung Isaaks: Er wird auf das Holz gelegt.	Jesus wird auf das Kreuz gelegt und gekreuzigt.	Der Sohn wird mit der Stirn zu Boden gelegt.
Intervention Gottes: Ein Engel spricht vom Himmel her. Gott weiß jetzt um Abrahams Glaubensgröße.	Keine Intervention Gottes! Jesus schreit und betet umsonst zu Gott.	Intervention Gottes. Weder ein Engel wird erwähnt noch, dass Gott erst jetzt um Abrahams Glaubensgröße weiß.
Isaak wird verschont. Ein Widder wird stellvertretend für ihn geopfert (= Brandopfer).	Jesus ist das Opfer: Er stirbt am Kreuz als das Lamm Gottes stellvertretend für die Sünden der Menschen (= Sühnopfer)	Der Sohn wird verschont. Ein (nicht explizit erwähnter) Widder wird stellvertretend für ihn geopfert (= Schlachtopfer).

Judentum (Genesis 22)	Christentum (Evangelien)	Islam (Sure 37)
Sara stirbt (Tradition: als sie davon erfährt).	—	— (Tradition: Sara stirbt, als sie davon erfährt.)
Rituelle Vergegenwärtigung: An hohen Feiertagen wird in ein Widderhorn geblasen (Schōfar).	Rituelle Vergegenwärtigung in der Feier des Abendmahls/der Eucharistie oder popularisiert in Form von Passionsspielen.	Rituelle Vergegenwärtigung und kollektive Wiederholung durch das alljährliche Opferfest in Mekka und weltweit.

Literaturverzeichnis

Primärquellentexte Heilige Schriften: Ausgaben, Übersetzungen, Kommentare

(nach Namen oder Bezeichnungen alphabetisch geordnet)

DER HEILIGE QUR-ĀN: Arabisch und Deutsch (**Ahmadiyya**-Ausgabe), 6. überarbeitete Auflage 1996

The Holy Qur'ān. Containing the Arabic Text with English Translation and Commentary by (Maulawi) Muhammad **Ali**, Lahore 2. Auflage 1920

The Holy Qur'an. Text, Translation and Commentary by Abdullah Yusuf **Ali**, Beirut 1968

The Message of the QUR'ĀN. Translated and explained by Muhammad **Asad,** Gibraltar 1980

Die Botschaft des KORAN. Übersetzung und Kommentar von Muhammad Asad, Düsseldorf 2009

Maulana Abul Kalam **Azad**: The Tarjumān al-Qur'ān. Edited and rendered into English by Syed Abdul Latif, New Delhi 1990

Der Koran: Aus dem Arabischen neu übertragen von Hartmut **Bobzin**, München 2010

Die Bibel: **Einheitsübersetzung** der Heiligen Schrift (Gesamtausgabe), Stuttgart 1980

Al-Ghazālī, Shaykh Muhammad: A Thematic Commentary on the Qur'an, Kuala Lumpur 2001

Der Koran, ausgewählt, angeordnet und im Metrum des Originals übertragen von Hubert **Grimme**, Paderborn 1923

Der Koran Arabisch – Deutsch. Übersetzung und wissenschaftlicher Kommentar von Adel Theodor **Khoury**, Gütersloh 1990 ff.

Der Koran Arabisch – Deutsch. Übersetzt und kommentiert von Adel Theodor **Khoury**, Gütersloh 2004

Al-Muntakhab. Auswahl aus den Interpretationen des Heiligen Koran. Arabisch – Deutsch, übersetzt von Moustafa **Maher**, hg. vom Religionsministerium und dem Obersten Rat für Islamische Angelegenheiten Ägypten, Kairo 1999

Das **Neue Testament** und frühchristliche Schriften. Übersetzt und kommentiert von Klaus Berger und Christiane Nord, Frankfurt/M./Leipzig 6. revidierte Auflage 2003

Der Koran. Übersetzt von Rudi **Paret**, Stuttgart/Berlin/Köln 6. Auflage 1993

Der Koran. Kommentar und Konkordanz von Rudi Paret, Stuttgart 2. Auflage 1977 = 8. Auflage 2012

Der Koran in der Übersetzung von Friedrich **Rückert**, hg. von Hartmut Bobzin, Würzburg 1995

Al-Hilālī, Muhammad Taqi-ud-Din/Khān, Muhammad Muhsin: Interpretation of the Meanings of THE NOBLE QUR'ĀN in the English Language. A Summarized Version of At-**Tabarī**, Al-Qurtubī, and Ibn Kathīr with Comments from Sahīh Al-Bukhārī, Riyadh 1996

Der Babylonische **Talmud**. Ins Deutsche übersetzt von Lazarus Goldschmidt, Bd. I-XII, Neuausgabe Frankfurt/M. 1996 = Sonderdruck 2002

Die **TORA** in jüdischer Auslegung, hg. von W. Gunther Plaut (5 Bde.), Gütersloh 4. Auflage 2011

Der Koran. Übersetzt und eingeleitet von Hans **Zirker**, Darmstadt 2. Auflage 2007

Weitere jüdische und islamische Quellen

(nach Namen oder Bezeichnungen alphabetisch geordnet)

Apokalypse Abrahams, übersetzt von Belkis Philonenko-Sayar und Marc Philonenko (Jüdische Schriften aus hellenistisch-römischer Zeit, Bd. V/5), Gütersloh 1982, S. 413–460

Summarized Sahih **Bukhārī** Arabic – English. Translated by Muhammad Muhsin Khan, Riyadh 1417H (1996)

Al **Ghasāli**: Das Elixier der Glückseligkeit. Aus dem Persischen und Arabischen übertragen von Hellmut Ritter, Neuausgabe Kreuzlingen/München 2008

Der **Hadīth**: Urkunde der islamischen Tradition, ausgewählt und übersetzt von Adel Theodor Khoury, 5 Bände, Gütersloh 2008 bis 2010

Ibn Arabi, Muhyiddin: Die Weisheit der Propheten (Fusus al-Hikam), Neuausgabe Zürich 2005

Ibn Ishāq: Das Leben des Propheten. Aus dem Arabischen übertragen und bearbeitet von Gernot Rotter, Kandern 1999

Stories Of The Prophets [Collected by] Imam Imāduddin Abul-Fida Ismā'īl **Ibn Kathīr** Ad-Dimashqi. Rendered into English by R. A. Azami, Riyadh u. a. 2nd revised Edition 2003

Des Flavius **Josephus** Jüdische Altertümer. Übersetzt und mit Einleitung und Anmerkungen versehen von Dr. Heinrich Clementz, Bd. I (Buch I bis X), Halle 1899 = Wiesbaden 11. Auflage 1993

Das Buch der **Jubiläen**, übersetzt von Klaus Berger (Jüdische Schriften aus hellenistisch-römischer Zeit, Bd. II/3), Gütersloh 1981, S. 273–576

Der **Midrasch** Bereschit Rabba. Das ist die haggadische Auslegung der Genesis. Zum ersten Male ins Deutsche übertragen von Aug[ust] Wünsche, Leipzig 1881

Die **Mischna**. Textkritische Ausgabe mit deutscher Übersetzung und Kommentar, hg. von Michael Krupp, Jerusalem 2002 ff.

Philo von Alexandrien: Über Abraham (De Abrahamo), in: Die Werke in deutscher Übersetzung, hg. und übersetzt von Leopold Cohn u. a., Bd. 1, Breslau 1909, S. 93 ff.

—: Über die Tugenden (De virtutibus), in: Die Werke in deutscher Übersetzung, hg. und übersetzt von Leopold Cohn u. a., Bd. 2, Breslau 1910, S. 315 ff.

Islamische Erzählungen von Propheten und Gottesmännern. Qiṣaṣ al-anbiya' oder 'Arā'is al-maġālis von Abū Ishāq Ahmad b. Muhammad b. Ibrāhīm **at-Ta'labī**. Übersetzt und kommentiert von Heribert Busse, Wiesbaden 2006

Janssen, Enno: Das **Testament** Abrahams [= griechische Rezension A], in: Jüdische Schriften aus hellenistisch-römischer Zeit, Bd. III/2, Gütersloh 2. Auflage 1980, S. 193–256

Heide, Martin: Das Testament Abrahams. Edition und Übersetzung der arabischen und äthiopischen Versionen, Wiesbaden 2012

Themenhefte und Zeitschriften zu Abraham (Auswahl, chronologisch)

National Geographic Deutschland: Wer war Abraham? Auf den Spuren des Urvaters von Juden, Christen und Muslimen, Heft vom Dezember 2001

Evangelische Theologie: Abraham trennt! Abraham vereint?, 62. Jg., Heft 5/2002

Time Magazine: Abraham, Bd. 160, Nr. 14 vom 30. September 2002

Blätter Abrahams. Beiträge zum interreligiösen Dialog, München 2002 ff. (jährlich)

FOCUS: Abraham: Der Stammvater von Juden, Christen und Muslimen als Friedensstifter?, Heft Nr. 24 vom 7. Juni 2003

Welt und Umwelt der Bibel: Abraham. Heft Nr. 30–4, 2003

zur debatte (Zeitschrift der Katholischen Akademie in Bayern): Der eine Stammvater Abraham? Zum Verhältnis von Juden, Christen und Muslimen, Ausgabe Nr. 6/2008

DER SPIEGEL: Abraham: Christen, Juden, Muslime: Wem gehört der Urvater der Religionen?, Heft Nr. 52 vom 20. Dezember 2008

Evangelische Zentralstelle für Weltanschauungsfragen: Im Dialog mit Abraham. EZW-Texte Nr. 209, hg. von Friedmann Eißler, Berlin 2010

Sonstige Literatur

Abrahamisches Forum in Deutschland (Hg.): Gemeinsame Feiern zum Opferfest, Darmstadt 2006

Alabay, Baar: Kulturelle Aspekte der Sozialisation: Junge Türkische Männer in der Bundesrepublik Deutschland, Wiesbaden 2012

Arkoun, Mohammed: Der Islam. Annäherung an eine Religion, Heidelberg 1999

Armstrong, Karen: Im Kampf für Gott. Fundamentalismus in Judentum, Christentum und Islam, München 2004

Asad, Muhammad: Der Weg nach Mekka (1955), Hamburg/Zürich 1992

Assmann, Jan: Moses der Ägypter. Entzifferung einer Gedächtnisspur, München 1998
—: Die Mosaische Unterscheidung. Oder: Der Preis des Monotheismus, München 2003

Augustinus, Aurelius: Bekenntnisse – Confessiones. Zweisprachige Ausgabe von Joseph Bernhart, Frankfurt/M. 1987

Aydin, Mahmut: Islam in a World of Diverse Faiths – A Muslim View, in: L. Ridgeon/ P. Schmidt-Leukel (Hg.), Islam and Inter-Faith Relations, London 2007, S. 33–54

Bal, Mieke u. a.: Und Sara lachte … Patriarchat und Widerstand in biblischen Geschichten, Münster 1988

Baudler, Georg: Die Befreiung von einem Gott der Gewalt. Erlösung in der Religionsgeschichte von Judentum, Christentum und Islam, Düsseldorf 1999

Bauschke, Martin: Jesus – Stein des Anstoßes. Die Christologie des Korans und die deutschsprachige Theologie (Kölner Veröffentlichungen zur Religionsgeschichte Bd. 29), Köln/ Weimar/Wien 2000
—: Internationale Recherche von Institutionen zum trilateralen Dialog von Juden, Christen und Muslimen (Trialog und Zivilgesellschaft, Bd. 1), Berlin 2001

—: Grundzüge einer Theologie des Trialogs von Juden, Christen und Muslimen, in: „Was macht den Menschen ganz und heil?" Menschen als Gottesgeschöpfe in Judentum, Christentum und Islam. 3. Interreligiöse Sommeruniversität, hg. von S. Fritsch-Oppermann/F. E. Anhelm, Rehburg-Loccum 2002, S. 261–278

—: Der jüdisch-christlich-islamische Trialog, Artikel in: Handbuch der Religionen, hg. von M. Klöcker/U. Tworuschka, München 2004 (Kap.: II – 4.2.17, S. 1–31)

—: Jesus als Beispiel der Gott-Mensch-Beziehung im Koran, in: H. Schmid/A. Renz/J. Sperber (Hg.), Heil in Christentum und Islam. Erlösung oder Rechtleitung? (Hohenheimer Protokolle Bd. 61), Stuttgart 2004, S. 101–119

—: „Gast im Haus – Gott im Haus. Oder: Wenn Wünsche wahr werden." Der biblische Mythos vom Besuch Gottes bei Abraham und der griechische Mythos von Philemon und Baukis, in: Ders., Abraham und Aschenputtel. Brückenschlag zwischen Bibel und Märchen, Stuttgart 2006, S. 126–158

—: Der jüdisch-christlich-islamische Trialog. Wissenschaftliche Studie, München 2007

—: A Christian View of Islam, in: L. Ridgeon/P. Schmidt-Leukel (Hg.), Islam and Inter-Faith Relations. The Gerald Weisfeld Lectures 2006, London 2007, S. 137–155

—: Gemeinsam vor Gott? Christliche Positionen zum gemeinsamen Beten von Juden, Christen und Muslimen, in: CIBEDO. Beiträge zum Gespräch zwischen Christen und Muslimen, Nr. 3/2007, S. 21–26

—: Der Spiegel des Propheten: Abraham im Koran und im Islam, Frankfurt/M. 2008

—: Von der Feindschaft um des Glaubens willen: Abraham und sein Vater, in: Münchener Theologische Zeitschrift 60. Jg., Nr. 1/2009, S. 29–41

—: Ist der Erzvater ein Segen oder ein Fluch für die Völker? Zur Rolle Abrahams im interreligiösen Dialog, in: Im Dialog mit Abraham. EZW-Texte Nr. 209, hg. von Friedmann Eißler (Ev. Zentralstelle für Weltanschauungsfragen), Berlin 2010, S. 9–22

—: Der Sohn Marias: Jesus im Koran, Darmstadt 2013

Bauschke, M./Homolka, W./Müller, R. (Hg.): Gemeinsam vor Gott. Gebete aus Judentum, Christentum und Islam, Gütersloh (2004) 2. Aufl. 2006

Bechmann, Ulrike: Zurück zu Abraham. Chancen und Risiken der Berufung auf Abraham in den „abrahamitischen Religionen", in: Blätter Abrahams. Beiträge zum interreligiösen Dialog, Heft 4/2005, S. 7–25. Auch abgedruckt unter dem Titel: Abraham – Beschwörungsformel oder Präzisierungsquelle? Bibeltheologische und religionswissenschaftliche Untersuchungen zum Abrahamparadigma im interreligiösen Dialog, in: Viele Väter Abraham (Augsburger Wissenschaftspreis für Interkulturelle Studien 2006), Berlin 2006, S. 33–50

Beck, Edmund: Die Gestalt des Abraham am Wendepunkt der Entwicklung Muhammeds. Analyse von Sure 2,118–135, in: Le Muséon 95, 1952, S. 73–94. Abgedruckt auch in: R. Paret (Hg.), Der Koran, Darmstadt 1975, S. 111–133

Behr, Harry Harun: Die Abraham-Konstruktion im Koran, in: Ders./D. Krochmalnik/ B. Schröder (Hg.), Der andere Abraham. Theologische und didaktische Reflektionen eines Klassikers, Berlin 2011, S. 109–145

Behr, Harry H./Krochmalnik, Daniel/Schröder, Bernd (Hg.): Der andere Abraham. Theologische und didaktische Reflektionen eines Klassikers, Berlin 2011

Ben-Chorin, Schalom: Jüdischer Glaube. Strukturen einer Theologie des Judentums anhand des Maimonidischen Credo, Tübingen 2. Auflage 1979

Bilgin, Beyza: Beyza Teyzeden Hikâyeler 1, Ankara 2001

Blois, François de: Elchasai – Manes – Muḥammad. Manichäismus und Islam in religionshistorischem Vergleich, in: Der Islam 81, 2004, S. 31–48

Boase, Roger (Hg.): Islam and Global Dialogue. Religious Pluralism and the Pursuit of Peace, Aldershot 2005

Bobzin, Hartmut: Mohammed, München 2000

Böttrich, Christfried/Ego, Beate/Eißler, Friedmann: Abraham in Judentum, Christentum und Islam, Göttingen 2009

Bouman, Johan: Der Koran und die Juden. Die Geschichte einer Tragödie, Darmstadt 1990

Brandscheidt, Renate: Abraham: Glaubenswanderschaft und Opfergang des von Gott Erwählten, Würzburg 2009

Buber, Martin: Der Glaube der Propheten (1950), Heidelberg 2. Auflage 1984

Buckenmeier, Achim: Abraham. Vater der Gläubigen, Augsburg 2003

Burton, Richard Francis: Persönlicher Bericht einer Pilgerreise nach Mekka und Medina 1853, Neuausgabe Lenningen 2005

Chebel, Malek: Histoire de la circoncision, Paris 2005 (Neuausgabe)

Chilton, Bruce: Abraham's Curse: Child Sacrifice in the Legacies of the West. The Roots of Violence in Judaism, Christianity, and Islam, New York u. a. 2008

Cohen, Mark R.: Unter Kreuz und Halbmond. Die Juden im Mittelalter, München 2005

Crüsemann, Frank: Abraham und die Bewohner des Landes. Beobachtungen zum kanonischen Abrahambild, in: Evangelische Theologie, 62. Jg., 2002, S. 334–348

Dehn, Ulrich (Hg.): Noah – Allianz unter dem Regenbogen? Juden, Christen und Muslime im Gespräch (EZW-Texte 163), Berlin 2002

— (Hg.): Wo aber ist das Opferlamm? Opfer und Opferkritik in den drei abrahamitischen Religionen (EZW-Texte 168), Berlin 2003

Drewermann, Eugen: Über die Unsterblichkeit der Tiere: Hoffnung für die leidende Kreatur, Düsseldorf 2012

Eißler, Friedmann: Abrahamische Ökumene – eine Option?, in: theologische beiträge 36, 2005, S. 173–187

Evangelisch aus fundamentalem Grund. Wie sich die EKD gegen den Islam profiliert, hg. von Jürgen Micksch, Frankfurt/M. 2007

Evangelische Kirche im Rheinland (Hg.): Abraham und der Glaube an den einen Gott, Düsseldorf 2009

Falaturi, Abdoljavad: Abraham – Stammvater dreier Religionen? (unveröffentlichtes Manuskript eines Vortrags vom Dezember 1992 auf der ersten Trialog-Tagung der Kölnischen Gesellschaft für Christlich-Jüdische Zusammenarbeit)

Faruqi, Isma'il Raji Al- (Hg.): Judentum, Christentum, Islam. Trialog der abrahamitischen Religionen, Frankfurt/M. 1986

Firestone, Reuven: Journeys in Holy Lands: The Evolution of the Abraham-Ishmael Legends in Islamic Exegesis, New York 1990

Flusser, Vilém: Jude sein. Essays, Briefe, Fiktionen, Mannheim 1995

Geiger, Abraham: Was hat Mohammed aus dem Judenthume aufgenommen?, Bonn 1833

Görg, Manfred: Abraham als Ausgangspunkt für eine „abrahamitische Ökumene"?, in: A. Renz/St. Leimgruber (Hg.), Lernprozess Christen Muslime. Gesellschaftliche Kontexte – Theologische Grundlagen – Begegnungsfelder, Münster 2002, S. 142–151

—: In Abrahams Schoß. Christsein ohne Neues Testament, Düsseldorf 1993

Gräbe, Uwe: „Abraham" – ein hilfreiches Modell jüdisch-christlich-muslimischer Verständigung?, in: Ökumenische Rundschau 49, 2000, S. 337–345

Greiner, Bernhard/Janowski, Bernd/Lichtenberger, Hermann (Hg.): Opfere deinen Sohn! Das „Isaak-Opfer" in Judentum, Christentum und Islam, Tübingen 2007

Grimes, Jessica: Reinterpreting Hagar's Story, in: lectio difficilior Nr. 1/2004, S. 1–12. Vgl. online unter: http://www.lectio.unibe.ch/04_1/Grimes.Hagar.pdf (März 2014)

Haeger, Kaja S.: Die Beschneidung als Initiationsritus und ihre Bedeutung für die Herausbildung männlicher Geschlechtsidentität. Marokkanische Jungen in der Pubertät: Eine qualitative Untersuchung, Stuttgart 2005

Hagemann, Ludwig: Propheten – Zeugen des Glaubens. Koranische und biblische Deutungen, Würzburg/Altenberge 2. Auflage 1993

Hagencord, Rainer: Die Würde der Tiere. Eine religiöse Wertschätzung, Gütersloh 2011

— (Hg.): Wenn sich Tiere in der Theologie tummeln. Ansätze einer theologischen Zoologie, Regensburg 2010

Hammoudi, Abdellah: Saison in Mekka. Geschichte einer Pilgerfahrt, München 2007

Hartwig, D./Homolka, W./Marx, M. J./Neuwirth, A. (Hg.): „Im vollen Licht der Geschichte": Die Wissenschaft des Judentums und die Anfänge der kritischen Koranforschung, Würzburg 2008

Heil, Johannes/Kramer, Stephan (Hg.): Beschneidung – Das Zeichen des Bundes in der Kritik. Zur Debatte um das Kölner Urteil, Berlin 2012

Hinterhuber, Eva Maria: Abrahamischer Trialog und Zivilgesellschaft. Eine Untersuchung zum sozialintegrativen Potenzial des Dialogs zwischen Juden, Christen und Muslimen, Stuttgart 2009

Homolka, Walter: Leo Baeck: Jüdisches Denken – Perspektiven für heute, Freiburg/Br. 2006

Horovitz, Josef: Koranische Untersuchungen, Berlin/Leipzig 1926

Horsch, Silvia: Rationalität und Toleranz. Lessings Auseinandersetzung mit dem Islam, Würzburg 2004

Hyman, Naomi Mara: Biblical Women in the Midrash. A Sourcebook, Northvale, NJ/London 1997

Imbach, Josef: Mit Abraham unterwegs. Vom Abenteuer des Glaubens, Würzburg 2002

Jacob, Benno: Das Buch Genesis, Berlin 1934, Nachdruck Stuttgart 2000

Jahn, Karl: Die Geschichte der Kinder Israels des Rašīd ad-Dīn. Einleitung, Übersetzung, Kommentar und 82 Texttafeln, Wien 1973

Jamal, Helgard: Abraham. Mit Kindern Gott entdecken – Mit Natur gestalten – Mit Figuren erzählen, Hamburg-Schenefeld 2006

Kant, Immanuel: Der Streit der Fakultäten, in: Werke in sechs Bänden, hg. von Wilhelm Weischedel, Bd. VI, Darmstadt 1983, S. 263–393

Kartun-Blum, Ruth: Political Mothers. Women's Voice and the Binding of Isaac in Israeli Poetry, in: Greiner/Janowski/Lichtenberger (Hg.), Opfere deinen Sohn! Das „Isaak-Opfer" in Judentum, Christentum und Islam, Tübingen 2007, S. 93–108

Katar, Mehmet: Art. Abraham, islamisch, in: Lexikon des Dialogs. Grundbegriffe aus Christentum und Islam, hg. von Richard Heinzmann, Bd. 1, Freiburg/Br. 2013, S. 33–34

Kepel, Gilles: Die Rache Gottes. Radikale Moslems, Christen und Juden auf dem Vormarsch, München 2001

Kessler, Hans: Trialog zwischen Juden, Christen und Muslimen. Überlegungen aus einer christlichen Perspektive, in: Stimmen der Zeit, 2005/Nr. 3, S. 171–182

Kierkegaard, Sören: Furcht und Zittern, in: Werkausgabe, hg. von E. Hirsch und H. Gerdes, Bd. 1, Düsseldorf/Köln 1971, S. 1–173

Kippenberg, Hans G.: Gewalt als Gottesdienst. Religionskriege im Zeitalter der Globalisierung, München 2008

Kippenberg, Hans G./Seidensticker, Tilman (Hg.): Terror im Dienste Gottes. Die „Geistliche Anleitung" der Attentäter des 11. September 2001, Frankfurt/New York 2004

Klappert, Bertold: Abraham eint und unterscheidet. Begründungen und Perspektiven eines nötigen Trialogs zwischen Juden, Christen und Muslimen, Langfassung in: RheinReden. Texte aus der Melanchthon-Akademie Köln 1996/1, S. 21–64. Gekürzt auch in: R. Weth (Hg.), Bekenntnis zu dem einen Gott?, Neukirchen/Vluyn 2000, S. 98–122

Kratochwil, Gabi: Die neuen arabischen Frauen. Erfolgsgeschichten aus einer Welt im Aufbruch, Zürich 2012

Kratz, Reinhard G.: „Öffne seinen Mund und seine Ohren". Wie Abraham Hebräisch lernte, in: Ders./T. Nagel (Hg.), „Abraham, unser Vater". Die gemeinsamen Wurzeln von Judentum, Christentum und Islam, Göttingen 2003, S. 53–66

Kratz, Reinhard G./Nagel, Tilman (Hg.): „Abraham, unser Vater". Die gemeinsamen Wurzeln von Judentum, Christentum und Islam, Göttingen 2003

Kreusch, Ahmed (al-Mansouri Salahuddin): Das Opfer: Die Prüfung des Propheten Ibrahim und seines Sohnes Ismail, 2009 (unveröffentlichtes Manuskript)

Krupp, Michael: Den Sohn opfern? Die Isaak-Überlieferung bei Juden, Christen und Muslimen, Gütersloh 1995

Küng, Hans/Kuschel, Karl-Josef/Riklin, Alois (Hg.): Die Ringparabel und das Projekt Weltethos, Göttingen 2010

Küster, Volker: Verwandtschaft verpflichtet. Erwägungen zum Projekt einer „Abrahamitischen Ökumene", in: Evangelische Theologie 62, 2002, S. 384–398

Kuschel, Karl-Josef: Streit um Abraham. Was Juden, Christen und Muslime trennt – und was sie eint, München 1994

—: Vom Streit zum Wettstreit der Religionen. Lessing und die Herausforderung des Islam, Düsseldorf 1998

—: Juden – Christen – Muslime: Herkunft und Zukunft, Düsseldorf 2007

Leemhuis, Fred: Ibrahim's sacrifice of his son in the early post-Koranic tradition, in: E. Noort/ E. Tigchelaar (Hg.), The Sacrifice of Isaac. The Aqedah, Genesis 22 and Its Interpretations, Leiden/Köln 2002, S. 125–139

Levenson, Jon D.: The Conversion of Abraham to Judaism, Christianity and Islam, in: Hindy Najman/Judith H. Newman (Hg.), The Idea of Biblical Interpretation. Essays in Honor of James L. Kugel, Leiden 2004, S. 3–40

Lewis, Bernard: Die Juden in der islamischen Welt, München 2004

Luxenberg, Christoph: Die syro-aramäische Lesart des Koran. Ein Beitrag zur Entschlüsselung der Koransprache, Berlin 2000

Magonet, Jonathan: Die subversive Kraft der Bibel, Gütersloh 1998
—: Abraham – Jesus – Mohammed. Interreligiöser Dialog aus jüdischer Perspektive, Gütersloh 2000

Martin-Achard, Robert: Art. Abraham I: Im Alten Testament, in: Theologische Realenzyklopädie Bd. 1, 1977, S. 364–372

Micksch, Jürgen: Abrahamische und Interreligiöse Teams (Interkulturelle Beiträge 21), Frankfurt/M. 2003

Middelbeck-Varwick, A./Gharaibeh, M./Schmid, H./Yaar, A. (Hg.): Die Boten Gottes. Prophetie in Christentum und Islam, Regensburg 2013

Mirza, Younus Y.: Ishmael as Abraham's Sacrifice: Ibn Taymiyya and Ibn Kathīr on the Intended Victim, in: Islam and Christian-Muslim Relations, Bd. 24/Nr. 3, 2013, S. 277–298

Möller, Reinhard/Goßmann, Hans-Christoph (Hg.): Interreligiöser Dialog. Chancen abrahamischer Initiativen, Berlin 2006

Mohagheghi, Hamideh: Opfer im Islam? Abraham und sein Sohn, in: Ulrich Dehn (Hg.), Wo aber ist das Opferlamm? Opfer und Opferkritik in den drei abrahamitischen Religionen, Berlin 2003, S. 50–55

Morgenstern, Matthias: Theater und zionistischer Mythos. Eine Studie zum zeitgenössischen hebräischen Drama unter besonderer Berücksichtigung des Werkes von Johua Sobol, Tübingen 2002
—: Vom „Götzenzerstörer" Abraham zur „Leihmutter" Sara. Die Erzeltern Abraham und Sara in 1800 Jahren jüdischen Tradition, in: R. Möller/H.-Chr. Goßmann (Hg.), Interreligiöser Dialog. Chancen abrahamischer Initiativen, Berlin 2006, S. 101–126

Mühling, Anke: „Blickt auf Abraham, euren Vater": Abraham als Identifikationsfigur des Judentums in der Zeit des Exils und des Zweiten Tempels, Göttingen 2011

Mythos Abraham: Texte von der Genesis bis Franz Kafka, hg. von Michael Niehaus und Wim Peeters, Stuttgart 2009

Nagel, Tilman: „Der erste Muslim". Abraham in Mekka, in: R. Kratz/T. Nagel (Hg.), „Abraham, unser Vater". Die gemeinsamen Wurzeln von Judentum, Christentum und Islam, Göttingen 2003, S. 133–149
—: „Abraham, der Gottesfreund". Deutungen muslimischer Korankommentatoren, in: R. Kratz/T. Nagel (Hg.), „Abraham, unser Vater". Die gemeinsamen Wurzeln von Judentum, Christentum und Islam, Göttingen 2003, S. 150–164

Naumann, Thomas: Ismael – Abrahams verlorener Sohn, in: R. Weth (Hg.), Bekenntnis zu dem einen Gott?, Neukirchen/Vluyn 2000, S. 70–89

—: Die biblische Verheißung für Ismael als Grundlage für eine christliche Anerkennung des Islam?, in: A. Renz/St. Leimgruber (Hg.), Lernprozess Christen – Muslime: Gesellschaftliche Kontexte – Theologische Grundlagen – Begegnungsfelder, Münster u. a. 2002, S. 152–170

Neubrand, Maria: Paulus und Abraham. Die Nachkommenschaft Abrahams nach Röm 4, in: Blätter Abrahams, Heft 5/2006, S. 41–56

Nomachi, Ali Kazuyoshi: Mekka. Mit Texten von Seyyed Hossein Nasr, München 1997

Noort, Edward/Tigchelaar, Eibert (Hg.): The Sacrifice of Isaac. The Aqedah, Genesis 22 and Its Interpretations (Themes in Biblical narrative 4), Leiden/Köln 2002

Paret, Rudi: Mohammed und der Koran. Geschichte und Verkündigung des arabischen Propheten, Stuttgart 7. Auflage 1991

—: Art. Ibrāhīm, in: The Encyclopaedia of Islam. 2nd Edition, Bd. III, Leiden/London 1986, S. 980–981

—: Art. Ismāʿīl, in: The Encyclopaedia of Islam. 2nd Edition, Bd. IV, Leiden/London 1990, S. 184–185

Pechmann, Ralph/Kamlah, Dieter (Hg.): So weit die Worte tragen. Wie tragfähig ist der Dialog zwischen Christen, Juden und Muslimen? Gießen 2005

Poya, Abbas: [Die] Gestalt des Abraham im Koran und in der islamischen Tradition, in: R. Möller/H.-Chr. Goßmann (Hg.), Interreligiöser Dialog. Chancen abrahamischer Initiativen, Berlin 2006, S. 83–99

Prager, Karen: God's Covenant with Sarah, in: N. M. Hyman, Biblical Women in the Midrash. A Sourcebook, Northvale, NJ/London 1997, S. 23–25

Quack, Joachim Friedrich: Die traditionelle Beschneidung, ihr Verbot und ihre Sondergenehmigung im Alten Ägypten, in: J. Heil/St. Kramer (Hg.), Beschneidung – Das Zeichen des Bundes in der Kritik. Zur Debatte um das Kölner Urteil, Berlin 2012, S. 17–22

Radscheit, Matthias: Weibliche Engel. Ein Videocover, in: B. Greiner u. a. (Hg.), Opfere deinen Sohn! Das „Isaak-Opfer" in Judentum, Christentum und Islam, Tübingen 2007, S. 302–304

Renz, Andreas: Muslime als „unsere Brüder und Schwestern im Glauben Abrahams". Dokumente und Stellungnahmen der katholischen Kirche zum Islam, in: Ders./St. Leimgruber (Hg.), Lernprozess Christen Muslime: Gesellschaftliche Kontexte – Theologische Grundlagen – Begegnungsfelder, Münster u. a. 2002, S. 108–125

Richter-Bernburg, Lutz: Göttliche gegen menschliche Gerechtigkeit. Abrahams Opferwilligkeit in der islamischen Tradition, in: B. Greiner u. a. (Hg.), Opfere deinen Sohn! Das „Isaak-Opfer" in Judentum, Christentum und Islam, Tübingen 2007, S. 243–256

Rickers, Folkert: Dialog der abrahamischen Religionen. Ihre Verantwortung für den Frieden in der Welt in transkultureller Sicht, in: Dirk Chr. Siedler (Hg.), Religionen in der Pluralität. Ihre Rolle in postmodernen transkulturellen Gesellschaften, Berlin 2003, 87–108

Ridgeon, Lloyd/Schmidt-Leukel, Perry (Hg.): Islam and Inter-Faith Relations. The Gerald Weisfeld Lectures 2006 (University of Glasgow), London 2007

Rösel, Christoph: Abraham – Wege und Umwege des Glaubens, Brunnen-Verlag 2007

Roy, Olivier: Heilige Einfalt. Über die politischen Gefahren entwurzelter Religionen, München 2010

Sachs, Nelly: Fahrt ins Staublose. Gedichte, Frankfurt/M. 1961

Sacks, Jonathan: Wie wir den Krieg der Kulturen noch vermeiden können, Gütersloh 2007

Safrai, Chana: Abraham und Sara – Spender des Lebens, in: Evangelische Theologie 62, 2002, S. 348–361

Schieder, Rolf: Sind Religionen gefährlich? Religionspolitische Perspektiven für das 21. Jahrhundert, Berlin 2. Auflage 2011

Schmitt, Éric-Emmanuel: Monsieur Ibrahim und die Blumen des Koran, Frankfurt/M. 2004

Schreiner, Stefan: Die „Bindung Isaaks" in islamischem Gewande, in: Judaica. Beiträge zum Verstehen des Judentums 59, 2003, S. 49–55

—: Die „Bindung Isaaks" – Die ʿAqeda in jüdischer und islamischer Überlieferung, in: Ders., Die jüdische Bibel in islamischer Auslegung, hg. von Fr. Eißler/M. Morgenstern, Tübingen 2012, S. 46–67

Schützinger, Heinrich: Ursprung und Entwicklung der arabischen Abraham-Nimrod-Legende, Bonn 1961

Schulze-Berndt, Hermann: Abrahams Erben. Warum Juden, Christen und Muslime zur Zusammenarbeit berufen sind, Frankfurt/M. 2005

Schumann, Olaf: Abraham, der Vater des Glaubens, in: Ders., Hinaus aus der Festung. Beiträge zur Begegnung mit Menschen anderen Glaubens und anderer Kultur, Hamburg 1997, S. 13–60

Sloterdijk, Peter: Gottes Eifer. Vom Kampf der drei Monotheismen, Frankfurt/M./Leipzig 2007

Solomon, Norman: Towards a Jewish Theology of Trilateral Dialogue, in: R. Boase (Hg.), Islam and Global Dialogue. Religious Pluralism and the Pursuit of Peace, Aldershot 2005, S. 203–214

Speyer, Heinrich: Die biblischen Erzählungen im Qoran, Gräfenhainichen 1931

Springer, Jürgen: Religionsfrieden durch Abraham?, in: Christ in der Gegenwart, Nr. 34/2008, S. 371–372

Stöhr, Martin (Hg.): Abrahams Kinder. Juden-Christen-Moslems, Frankfurt/M. 1983

—: Das Bekenntnis zu dem einen Gott in der Vielfalt der Gottesbilder bei Juden, Christen und Muslimen, in: R. Weth (Hg.), Bekenntnis zu dem einen Gott?, Neukirchen/Vluyn 2000, S. 90–97

Szulc, Tadeusz Witold: Abraham – der Patriarch des Friedens, in: National Geographic Deutschland, Nr. 12 (Dezember) 2001, S. 132–171

Teschner, Klaus: … und du wirst ein Segen sein. Auf Saras und Abrahams Spuren, Neukirchen-Vluyn 1993

Thalmayer, Lydia: Abraham und das Vermächtnis seiner Frauen. Eine Vision für Frieden zwischen Juden und Arabern im Sinne der Abrahamischen Ökumene, Oberursel 2001

Thomsen, Elsebeth: New Light on the Origin of the Holy Black Stone of the Kaʿba, in: Meteoritics, Bd. 15/Nr. 1, 1980, S. 87–91

Thyen, Johann-Dietrich: Bibel und Koran. Eine Synopse gemeinsamer Überlieferungen, Köln/Weimar/Wien, 3. Auflage 2000

Troeger, Eberhard: Gemeinsames Zeugnis für Gott durch die abrahamitischen Religionen? (Arbeitshilfe Nr. 14, hg. von der Deutschen Evangelischen Allianz), Bad Blankenburg 2005

Tröger, Karl-Wolfgang: Abraham im Koran (Theologische Versuche Bd. XVI), Berlin 1986

—: Wem gehört Morija? Der interreligiöse Dialog zwischen Tradition und Realität, in: CIBEDO. Beiträge zum Gespräch zwischen Christen und Muslimen 10. Jg., Frankfurt/M. 1996/Nr. 2, S. 50–53

—: Abraham und Ibrahim. Was bedeutet religiöse Identität?, in: Religionen im Gespräch (RIG), Bd. 6 (Hoffnungszeichen globaler Gemeinschaft), Balve 2000, S. 249–259

Troll, Christian: Religionen und Frieden im Licht des gemeinsamen Vaters Abraham (2004), im Internet: http://www.sankt-georgen.de/leseraum/troll22.pdf (April 2014)

Ucar, Bülent: Die Todesstrafe für Apostaten in der Scharia. Traditionelle Standpunkte und neuere Interpretationen zur Überwindung eines Paradigmas der Abgrenzung, in: H. Schmid/A. Renz/J. Sperber/D. Terzi (Hg.), Identität durch Differenz? Wechselseitige Abgrenzungen in Christentum und Islam, Regensburg 2. Auflage 2009, S. 227–244

Ünal, Halit: Art. Beschneidung islamisch, in: Lexikon des Dialogs. Grundbegriffe aus Christentum und Islam, hg. von Richard Heinzmann, Bd. 1, Freiburg/Br. 2013, S. 101–102

Verfassungsschutzbericht 2012, hg. vom Bundesministerium des Innern, Berlin 2013

Watt, W. Montgomery/Welch, Alford T. (Hg.): Der Islam, Bd. 1 (Mohammed und die Frühzeit – Islamisches Recht – Religiöses Leben), Stuttgart u. a. 1980

Wellhausen, Julius: Prolegomena zur Geschichte Israels (1878), 6. Ausgabe 1927 = Berlin/ New York 2001

Wenzel, Catherina: Abraham – Ibrāhīm: Ähnlichkeit statt Verwandtschaft, in: Evangelische Theologie 62, 2002, S. 362–384

—: „Und als Ibrāhīm und Ismāʿīl die Fundamente des Hauses (der Kaʿba) legten …" (Sure 2,127). Abrahamsrezeption und Legitimität im Koran, in: Zeitschrift für Religions- und Geistesgeschichte 54, Nr. 3/Juli 2002, S. 193–209

Westermann, Claus: Genesis 12–36 (Biblischer Kommentar – Altes Testament, Bd. 1/2), Neukirchen-Vluyn 1979

Wiesel, Elie: Die Opferung Isaaks: Geschichte des Überlebenden, in: Ders., Adam oder das Geheimnis des Anfangs. Brüderliche Urgestalten, Freiburg/Basel/Wien 4. Auflage 1980, S. 75–105

Wimmer, Stefan Jakob: Abrahams Kochtopf und andere Schätze. Zur Reliquiensammlung des Topkapı Saray, Istanbul, in: Blätter Abrahams. Beiträge zum interreligiösen Dialog, Heft 4/2005, S. 69–78

Wolffsohn, Michael: Was eint uns, was trennt „die abrahamitischen Religionen" aus jüdischer Sicht?, in: zur debatte (Zeitschrift der Katholischen Akademie in Bayern) Nr. 6/2008, S. 12–14

Zirker, Hans: Gott aus der Sicht der abrahamischen Religionen, in: Lexikon für Religionspädagogik, hg. von F. Rickers/N. Mette, Bd. 1, Neukirchen-Vluyn 2001, S. 747–752

—: Anmerkungen zum „Dialog der abrahamischen Religionen", in: Moslemische Revue 22 (77), 2001, S. 130–142

Register der zitierten Koranstellen